Inhalt

Inhalt

Inhalt

Inhalt

Inhalt

Widmung

Ich möchte dieses Buch gerne allen angehenden integrierten Aufgestiegenen Meistern oder ICH BIN Meistern auf dem Planeten Erde widmen, die ihr Leben diesem edlen Zweck weihen, und es in solch selbstloser, egoloser, heiligen, bescheidenen und von Demut erfüllten Weise dem reinen Dienste Gottes widmen, und dabei helfen, das Neue Jerusalem und das siebente Goldene Zeitalter einzuläuten.

Einführung

Die geliebte Quan Yin hat ein revolutionäres, innovatives und außergewöhnliches Buch über drei verschiedene Themenbereiche geschrieben. Quan Yin verfasste eine der außergewöhnlichsten Schulungen, die jemals erstellt wurden. Sie zeigt den Menschen und Lichtarbeitern, wie sie perfekte Gesundheit erlangen können, und dies durch die 90 % an spirituellem und psychologischem Wissen über diesen Bereich, das in den meisten verfügbaren Büchern nicht enthalten ist. Dies zu lesen ist ein Muss für alle Menschen und Lichtarbeiter, denn die höchste Ebene der vollständigen Gesundheit ist nur möglich, wenn man die 90 % dessen versteht, was in fast allen Büchern und Schulungen auf diesem Planeten über das Thema Gesundheit fehlt, und dies schließt die höchste Ebene der spirituellen, psychologischen und physischen Vitalität und die Unangreifbarkeit von Krankheiten oder Unausgewogenheit jeglicher Art mit ein. Dies könnte als Verständnis von Gesundheit und Vitalität des breit gefächerten Bewusstseins beschrieben werden, wie es zuvor noch nicht vermittelt wurde.

Doch das ist noch nicht alles, denn Quan Yin bringt ein revolutionäres, völlig innovatives, neues Verständnis der „Fülle“ und wie sie erlangt werden kann, hervor. Sie teilt uns darin nicht nur mit, wie man die Fülle im finanziellen und materiellen Bereich erlangt. Zum ersten Mal bringt Quan Yin durch meine und Lady Chings Channelings ein integriertes Verständnis der Fülle des breit gefächerten Bewusstseins hervor, das beschreibt, wie man die Fülle im spirituellen, mentalen, emotionalen, energetischen, ätherischen und in allen weiteren Bereichen des Lebens erlangen kann. Quan Yin überbringt ein revolutionäres neues Verständnis des Begriffs der Fülle und was diese aus der Perspektive der Geistigen Welt und der Aufgestiegenen Meister wirklich bedeutet.

Im dritten Teil des Buches wird Quan Yin näher auf diesen Bereich eingehen und all die Aufgestiegenen Meister überbringen euch hiermit, unseren geliebten Lesern, ein sehr tiefgründiges Buch. Es zu lesen ist buchstäblich ein Muss für alle, die sich am Anfang befinden, für diejenigen, die den geistigen Weg schon eine Zeit lang gegangen sind, für alle Fortgeschrittenen des Weges und alle Eingeweihten, ungeachtet dessen, auf welchem speziellen Weg sie sich befinden. Denn Quan Yin ist über den außerordentlichen Weg des Buddhismus hinausgegangen, um eine der tiefgründigsten Schulungen für Suchende und Meister aller Religionen, spiritueller Wege, mystischen Schulen, Gurus, spirituellen Lehrer und spiritueller Literatur hervorzubringen. Quan Yin tat dies in ihrer bekannt anmutigen und sanften Art und auf ihre bekannt poetische und eloquente Weise. Es ist wahrlich ein Buch und eine Schulung für die Zeitalter!

Vorwort

Quan Yins Meisterprinzipien für Gesundheit, Kraft & Fülle unterscheiden sich von allen normalen oder gewöhnlichen Prinzipien, denn sie richten sich direkt an die angehenden spirituellen Aufgestiegenen Meister. Es wird auch auf einigen Grundkenntnissen aufgebaut, die in den Aufstiegsbüchern von Dr. Joshua David Stone enthalten sind. Es wäre daher sehr hilfreich, wenn man die Prinzipien in seinen Büchern *Seelenpsychologie, Wie man sich vom negativen Ego befreit* und in seinem Zweiteiler *Wie man sich vom Denken und Fühlen der Angst befreit* gelesen und verstanden hätte, und man ein aktiviertes Bewusstsein besitzt und ein Beispiel der Befreiung vom negativen Ego abgeben kann, um die absolute Wahrheit und den Nutzen von *Quan Yins Meisterprinzipien für Gesundheit, Kraft & Fülle* zu erkennen. Diese Meisterprinzipien gilt es nur für einen absolut göttlichen Zweck zu erlangen und nicht nur zur Egoermächtigung oder gar für Machttrips. Als spiritueller Meister ist man zum Dienst einer gewissen spirituellen Mission bestimmt. Es wäre außerdem von großem Nutzen, wenn der Leser Kenntnis über seine spirituelle Mission in diesem Leben besitzen würde, worüber er auch im Buch *Deine Aufstiegs-Mission* von Dr. Stone nachforschen kann.

Wenn man ein solches Bewusstsein hat, dann ist man gut vorbereitet, um sich die *Meisterprinzipien für Gesundheit, Kraft und Fülle* selbst anzueignen. Ansonsten macht man den Zweck, diese Ziele zu erreichen, zunichte. Diese Ziele zu erlangen, sind für einen spirituellen Zweck, für Gott allein und für die Anerkennung Gottes im Inneren gedacht. Dieses Buch ist nicht in Kapitel unterteilt, sondern in Prinzipien, die gut verstanden werden sollen. Es gibt zudem einige Beispiele lebender Seelen, deren Leben von den spirituellen Meistern berührt wurde und die sich zu diesen spirituellen Meistern für das Neue Zeitalter entwickelten.

Das Buch ist in die folgenden Meisterprinzipien unterteilt:

1. Gesundheit
2. Kraft
3. Fülle

Wenn man diese Prinzipien meistert und alles, was es gibt als Meisterprinzipien des Lebens integriert, so wird man sich zum Meister aller Meister entwickeln. Dies ist das Vermächtnis und das inbrünstige Gebet von Quan Yin, während sie dies an ihre Schüler weiterreicht.

Die Autoren

Lektion 1 - Gesundheit

„SUCHE NACH DER QUELLE DES LEBENS. WÄHREND DIESER SUCHE WIRST DU VÖLLIGE GANZHEIT ODER HEILUNG ERFAHREN.“

Die sprudelnde Quelle des Lebens liegt in der göttlichen Natur und in demjenigen, den Gott als seinen Sohn oder als seine Söhne auserwählt hat. Wie es in der Schrift, im Logos, geschrieben steht: *„Ich bin gekommen, um das Leben in seiner ganzen Fülle zu bringen."* Wenn wir uns dem „ICH BIN“ nähern, werden wir automatisch von reichem Leben erfüllt: Ganzheit und Heilung. Quan Yin drückt in diesem Meisterprinzip aus, dass alle angehenden Meister zuerst den Heiler suchen sollen und die Heilung wird dann folgen.

In den meisten Fällen liegt das Problem darin, dass der Mensch weder sucht noch strebt. Er nimmt einfach seinen Platz in einer verwirrten Welt ein und erkennt nicht, dass er lebt und ein lebendiges Wesen auf dem Planeten Erde ist. Es gibt für ihn keinen Sinn im Leben, außer zu essen, zu trinken, eine Familie zu gründen und eine Arbeit zu haben. Manchmal reicht ihm einfach nur irgendeine Arbeit, die Essen auf den Tisch bringt, ob er diese Arbeit mag oder nicht, ob er eine Art Zufriedenheit empfindet oder nicht, ob er einen Sinn in dieser Aufgabe sieht oder nicht, er macht einfach weiter.

Eines Tages wacht dieser Mensch dann auf und merkt, dass er krank ist. Er hat eine degenerierende Krankheit und er wird sterben! Dieser Moment ist der große Moment der Gnade, der Moment, an dem er tatsächlich aufwachen könnte und er steht dieser Erkenntnis plötzlich von Angesicht zu Angesicht gegenüber. Die Krankheit hat ihn mit Angst überwältigt und er weiß nicht, was er tun soll. Er will einfach nur, dass dieser physische Körper geheilt wird und ganz ist, doch er hat keine Idee, wie oder wo er anfangen und wen er um

Hilfe fragen soll. Der Tod wurde zu seinem Feind Nummer 1 und steht vor seiner Tür. Er geht dann gewöhnlich nur zum Arzt, ohne sich die anderen Körperebenen, wie die emotionale Körperebene, die intellektuelle Körperebene und vor allem die spirituelle Körperebene anzuschauen. Wenn all diese Ebenen nicht in Harmonie und ausgeglichen sind, dann zeigen sie oft Krankheitssymptome auf der physischen Ebene. Häufiger als man meint, geschieht dies zu dem Zeitpunkt, an dem die Seele ihre Suche beginnt. Und nur in dieser Phase nimmt eine Seele ihre Heilungsreise ernst. Nur jetzt wird das, was einst eine Tragödie war, zur Lebenslektion.

Doch die Reise ist mehr als eine Heilungsreise, es ist eine Reise der Suche nach dem Leben, denn das Leben sucht den Lebensspender. Ohne den Lebensspender, dem ICH BIN, gibt es kein Sein. Daher beginnt Quan Yin eines der Meisterprinzipien für Gesundheit damit, die Quelle des Lebens zu suchen. Solange du auf diesem Planeten Erde in einem physischen Körper bist, gibt es keinen anderen Weg des Seins, als die Quelle des Lebens zu suchen, immer, in allem, überall und jeden Tag. Denn die Quelle, der Lebensspender, ist das Einzige, das dich erhalten kann.

SUCHE DIE QUELLE DES LEBENS.

Die geliebte Quan Yin macht hier, in diesem Eröffnungskapitel und in dieser ersten Lektion, meiner bescheidenen Meinung nach, den springenden Punkt des gesamten Buches deutlich. Alle Heilung geschieht, indem man das Einssein mit Gott auf allen Ebenen erkennt. Dies ist die wahre Definition von Heilung! Was nutzt es, wenn du physisch gesund, jedoch spirituell, mental, emotional und energetisch von Gott getrennt bist? Würdest du dies vollständige Gesundheit nennen? Wie Quan Yin später in diesem Buch erwähnt, bedeutet Gesundheit nicht notwendigerweise die Abwesenheit von Symptomen. Ein Mensch ist wirklich gesund, wenn er ein entwickeltes Bewusstsein, das eins ist mit Gott, besitzt, und wie Meister Jesus sagt: *„Wenn das Auge klar ist, wird der ganze Körper licht sein."*

Jegliche Heilung tritt ein, wenn man die Einheit mit Gott erkennt. Wenn man eins mit Gott ist, besitzt man inneren Frieden und Gleichmut, ungeachtet dessen, was im physischen Körper vor sich geht. In Wahrheit ist es unmöglich, einen symptomfreien Körper zu haben, denn auch das beschleunigte spirituelle Wachstum verursacht hin und wieder Symptome. Auch eine beschleunigte Reinigung verursacht manchmal Symptome. Wenn ein Mensch im Bewusstsein von Gott getrennt ist, wird er schließlich Symptome aufzeigen, denn das große Hermetische Gesetz besagt: „Wie innen, so außen. Wie oben, so unten." Der physische Körper manifestiert, wie Quan Yin sagt, unsere Gedanken, Gefühle, Emotionen, Energien, Worte und Taten. Der einzig sichere Weg, um die physische Gesundheit des Menschen zu seinem höchsten Potenzial zu erlangen, ist die Einheit mit Gott zu suchen.

Lektion 2 - Gesundheit

„ERKENNE DEINE SEELE – DEN MEISTER DEINES PHYSISCHEN KÖRPERS."

Die Seele ist ganz, vollständig, sie liebt frei, ist entspannt und der Meister deines physischen Körpers. Der Körper ist nicht der Meister, obwohl es so scheint, als ob er lenkt und diktiert, was er will. Immer dann, wenn es irgendeine Unausgewogenheit bezüglich des Geistes, der Emotionen und des Intellekts gibt, drückt der Körper tatsächlich die äußere Form einer Krankheit aus. Daher sollte man dem physischen Körper nicht erlauben, das Regime zu übernehmen hinsichtlich der Frage, was, wann und wie man seine spirituelle Mission ausführen sollte. Viele Heilige und Meister führten ihre spirituelle Mission auf Erden weiter aus, obwohl ihr physischer Körper nicht ganz gesund war oder sie sich in keiner guten gesundheitlichen Verfassung befanden. Dies ist ein ganz wesentlicher Punkt, den Quan Yin gern allen jungen, angehenden

Meistern deutlich machen möchte. Seit Anbeginn der Suche nach Meisterschaft, galt es dieses großartige Prinzip zu lernen. Als Neuling wurde eine Seele, die bemüht war, ihre spirituelle Mission zu erfüllen, sehr krank. Der Mann hatte einen Traum. Der Traum zeigte den jungen potenziellen Meister auf einem Schlachtschiff. Es war ungewöhnlich. Er hatte in der realen Welt eine Verletzung der Beine und dachte, dass dies ein großes Hindernis für seine spirituelle Arbeit sei. Doch in seinem Traum sah er sich selbst buchstäblich auf Deck des Schiffes festgeschnallt. Er hatte nichts, woran er sich festhalten konnte, nur seine Beine waren an Deck festgebunden. All die anderen Besatzungsmitglieder befanden sich in der Kabine unter Deck, wo es sicher war. Doch dieser junge potenzielle Meister war an Deck, wo er die Wellen, den Wind, den Sturm und all die Qual eines stürmenden Schiffes ertragen musste. Das Schiff schaukelte und schwankte und überschlug sich, doch der junge Mann rührte sich nicht von der Stelle. Er blieb weiterhin auf seiner Reise, als das Schiff auf dem, wie es schien, stürmischen Atlantischen Ozean reiste. Er war sehr mutig. Er war kühn, entschlossen, tapfer, unerschütterlich und hatte nur ein Ziel vor Augen: seine spirituelle Mission zu erfüllen. Später, als der Mann erwachte und erkannte, dass dies nur ein Traum war, enthüllte ihm sein Geistführer die Wahrheit über den Traum.

Er sagte: „Erlaube niemals irgendetwas, dich von der Erfüllung deiner spirituellen Mission abzuhalten. Der Traum zeigte die Realität dieser Lehre. Obwohl du nicht laufen kannst, waren deine Beine an Deck des Schiffes festgebunden und zeigten dir deine Entschlossenheit, vorwärts zu gehen. Selbst bei Wind, Regen, Sturm und Qualen warst du entschlossen. Die Besatzung war ein Symbol für die Heiligen, die Engel und die anderen Meister, die dich unterstützen, und obwohl du sie nicht sehen kannst, sind sie da. Erlaube daher niemals irgendetwas, auch keiner Krankheit, dich von der Erfüllung deiner spirituellen Mission abzuhalten. Du kannst sie erfüllen, wenn du entschlossen bleibst. Sei der Meister deines physischen Körpers.“

Egal unter welchen Umständen du dich befindest, du bist niemals allein. Die Meister sind immer da, gemeinsam mit den Engeln und den Heiligen.

Vergegenwärtige dir dieses wichtige Prinzip:

ERKENNE DEINE SEELE, DEN MEISTER DEINES KÖRPERS.

(Dies ist ein wahrer Traum von einem jungen angehenden Meister).

Wie Quan Yin so eloquent aufzeigt, ist die Seele der Meister des physischen Körpers. Viele Menschen meinen, dass die Seele in der Zirbeldrüse oder in der Hypophyse oder im Herzen sitzt. Dies ist eine Illusion, meine Freunde. Die Seele durchdringt den gesamten Körper. Ein Aspekt der Seelenfunktion ist das Unterbewusstsein. Das Unterbewusstsein leitet den physischen Körper. Dies kann deutlich durch Hypnose unter Beweis gestellt werden, bei der eine Suggestion gegeben und jegliches Symptom hervorgebracht werden kann, oder es kann die Suggestion gegeben werden, keinen Schmerz mehr zu spüren, oder ein Mensch kann zwischen zwei Stühlen liegen und ihm wird gesagt, dass sein Körper nun zu einem Stahlbalken wird und dies geschieht dann! Suggestionen können gegeben werden, um Blutungen zu stoppen und sie werden gestoppt. Letztlich wird dies auch in Krankenhäusern erkannt werden und während den Operationen wird ein Spezialist anwesend sein, der dem Unterbewusstsein des Patienten Suggestionen geben wird, um die Heilung zu beschleunigen und während der Operation zu helfen.

Die meisten Menschen auf der Erde setzen ihre persönliche Kraft mit dem Energielevel ihrer physischen Gesundheit gleich. Wenn sie ihre Energie oder Gesundheit verlieren, dann liegt es halt am physischen Körper. Dies wird ein Opfer des Körpers zu sein genannt. Jeder Mensch muss lernen, der Meister seines Körpers zu sein! Ein Meister verbleibt in der Selbstmeisterschaft und in der persönlichen Kraft, auch wenn er physisch erschöpft oder krank ist oder wenn er eine chronische Krankheit hat. Der Meister bleibt gleichmütig bei Gewinn oder Verlust, in Freude oder im Schmerz, bei Krankheit oder Gesundheit, im Sieg oder in der Niederlage, bei Lob oder Kritik. Der physische Körper funktioniert unter universellen Gesetzen, so wie auch der Verstand, die Emotionen, die Seele und der Geist es tun. Wenn wir Symptome aufzeigen oder krank werden, bedeutet dies in Wahrheit, dass Gott zu uns spricht. Viele Menschen versuchen, sich über den physischen Körper mit dem Verstand oder dem Geist hinwegzusetzen. Der integrierte spirituelle Meister ist in Balance mit allen drei Ebenen.

Dann gibt es die Frage, ob man verweichlicht und wie ein Hypochonder lebt oder ob man sich gehen lässt und die Signale des Körpers ignoriert. Beides ist nicht gut. Viele Menschen in der Welt sind verweichlicht und sind in dem Augenblick ganz aufgelöst, in dem sie körperliche Krankheitssymptome bekommen. Wenn man jedoch andererseits gar nicht auf sich achtet und die Botschaften des Körpers ignoriert, dann löst man eine viel umfangreichere Gesundheitslektion aus, und daher muss ein Ausgleich darin gefunden werden.

Wie Quan Yin aufgezeigt hat, ist es entscheidend, seinen spirituellen Weg weiter zu verfolgen, ungeachtet dessen, was im physischen Körper vor sich geht. Man kann vollständig aufsteigen, sich Einweihungen unterziehen und die Lichtkörper verankern und aktivieren, selbst mit chronischen Gesundheitslektionen. Man braucht keine perfekte Gesundheit, um zu dienen!

Es ist hinsichtlich der Gesundheitslektionen extrem wichtig, sich im Leben darauf zu konzentrieren, was man tun kann und nicht darauf, was man nicht tun kann. Wenn wir beispielsweise einen Menschen betrachten, der einen Autounfall hatte und zwei Monate lang im Krankenhaus verbringt und völlig aus seinem normalen Leben gerissen wird. Statt sich dabei auf all die Dinge zu konzentrieren, die er nicht tun kann, lautet die Lektion, sich zu fügen und sich auf innere Dinge zu konzentrieren. Mehr zu meditieren, mehr spirituelle Bücher zu lesen, mehr zu beten. Die Idee dabei ist, aus Zitronen Limonade zu machen.

Ich hatte einen Klienten/Schüler, der einige ernsthafte, langwierige, chronische Gesundheitslektionen hatte und der jedes Mal, wenn er einen Rückfall hatte und mit dem aufhören musste, was er tat, innerlich umschaltete und sehr erfolgreich wurde, indem er etwas anderes tat. Er wurde weltberühmt auf Gebieten, in denen er niemals berühmt geworden wäre, denn er konzentrierte sich auf das, was er tun konnte und nicht auf das, was er nicht tun konnte.

Auch in einer anderen Situation, in der eine Klientin/Schülerin sehr ernsthafte, chronische Gesundheitslektionen hatte und schließlich auf astronomisch hohen Ebenen spiritueller Entwicklung landete, wussten wir beide ganz sicher, dass sie dies niemals erreicht hätte, wenn sie in ihrem gesamten Leben völlig gesund gewesen wäre. Denke darüber nach, wie mein Freund Djwhal Khul so gern sagt!

Lektion 3 - Gesundheit

„SPIRITUELLE REGENERATION ERZEUGT GUTE GESUNDHEIT."

Es steht sowohl im Alten wie auch im Neuen Testament geschrieben, dass man, wenn man sein Leben ändert, Dinge bereut oder sich vom Bösen abwendet und sich zu Gott hinwendet, das Versprechen der Regeneration und der Heilung erfährt. Wenn man dem Wort glaubt und es befolgt, dann bringt dies die wahre Wiederbelebung und Regeneration mit sich. Seine eigenen Fehler anzuerkennen und vorwärts zu gehen besitzt das Element, sich dem Licht hinzuzuwenden. Wenn man in der Fülle des Lichtes steht, gibt es keine Dunkelheit. Die Dunkelheit mag das Licht verdecken, doch das Licht ist stärker. Daher sollte eine Seele, die danach strebt, ein Meister zu werden, stets im spirituellen Christus-/Buddha-/Gottesbewusstseins verbleiben. Es ist voller Licht und die Regeneration ist stets möglich.

Es gibt das Beispiel eines angehenden jungen Meisters, der eines Tages nicht mehr im Einklang mit seinen Versprechen und seiner Hingabe lebte. Plötzlich verwandelte sich die Liebe, in der er sich badete, in einen Pool aus Angst. Er fürchtete sich vor den Konsequenzen seiner Untreue, seiner unbeugsamen Fehler und Schwächen, den falschen Schritten, die er unternahm und dem Misserfolg, den er erfuhr. Er befand sich wahrlich in schrecklicher Furcht und im Stress. Er fürchtete, dass er sich damit noch nicht einmal verstecken konnte. Wie konnte er seine Fehltritte verbergen? Seine Fehler? Sein Fallen? Er wusste ja, dass Gott alles sehen konnte und alles weiß. Die Angst war zu viel für ihn.

Er wurde sehr krank. Zuerst begann er zu husten, dann folgten Fieber, Schwitzen, Übelkeit, Erkältung und noch weitere Symptome überkamen ihn in den darauf folgenden Tagen. Zudem quälte ihn noch eine Liste karmischer Resultate. Er beschloss, sich hinter Felsen und Steinen zu verbarrikadieren. Er nahm ein Metallschild, um sich zu schützen und schwere Decken, um sich vor Wind, Regen und was ihn auch immer an schlechtem Schicksal heimsuchen würde zu bedecken. Er konnte nicht einmal mehr schlafen. Seine Vorstellungen hielten ihn wach. Er dachte weiterhin an die negativen Konsequenzen, die ihn treffen könnten. Am Ende der Woche war er nicht nur krank, sondern er war auch noch ein Nervenbündel. Seine emotionale Ebene übernahm die Oberhand.

Eines Morgens kam ein Mitschüler vorbei und fragte ihn, was es mit dieser Verbarrikadierung auf sich habe. Und er antwortete ihm, er wolle sich vor den Wölfen schützen, die ihm Schaden zufügen könnten. Der Schüler zeigte auf ein niedliches, kleines, haariges Tier und fragte ihn, ob er davor Angst hätte. Es ist doch nur ein Eichhörnchen, sagte der Schüler, warum also all die Decken und Steine zur Verbarrikadierung? Der junge Meister erwiderte, für den Fall, dass es schlechtes Wetter, Regen, Sturm oder andere Angriffe geben würde. Der Schüler fragte ihn nach dem Warum, wenn es doch so schön und sonnig sei und ob es ihm nicht zu warm mit all diesen Decken sei? Und ihre Konversation setzte sich weiterhin in dieser Art fort. Der angehende Meister drückte all seine Ängste aus und der Mitschüler machte nette und freundliche Bemerkungen.

Schließlich erkannte der junge Meister durch seinen Gefährten, dass es nichts Falsches daran gibt, Fehler zu machen. Fehler dienen dazu, Lektionen zu lernen und die Vorstellung, dass bestimmte Dinge nicht passieren sollen, war nur wieder ein weiterer Angstfaktor, denn bei der Suche nach der Wahrheit kann man ehrlich und offen sein. Am Ende heilte ihn die spirituelle Regeneration von all seinen Ängsten, und so wie eine unkontrollierbare Vorstellung übermächtig werden und einen krank machen kann, so kann auch die Wahrheit der Realität und die Demut ein Werkzeug zur spirituellen Regeneration für gute Gesundheit sein. Quan Yin lehrt jungen Meistern, dass ihr Weg ein Weg der Regeneration und der Heilung ist. Alle Ereignisse sind Erfahrungen im Leben, welche bei der spirituellen Entwicklung zur Erleuchtung führen. Fehler sind ein Teil dieser Erfahrungen. Manchmal lassen uns Fehler lächerlich, ungeschickt und komisch aussehen. Indem wir auf harte und manchmal komische Weise lernen, erkennen wir, dass die spirituelle Regeneration eine gute Gesundheit erzeugt.

Die geliebte Quan Yin hat somit Recht, wenn sie sagt, dass „spirituelle Regeneration gute Gesundheit erzeugt." Sie heilt nicht unbedingt alle Symptome, denn einige Dinge sind karmisch und andere Dinge wiederum zur „Glorie Gottes", in den meisten Fällen jedoch bringt sie entweder vollständige Heilung oder eine viel bessere Gesundheit. Ich mache die Ausnahme von der Regel, dass spirituelle Regeneration immer gute Gesundheit erzeugt, denn ich hatte eine Anzahl von Schülern, bei denen mir dies gezeigt wurde. In einem Fall hatte eine Frau ernsthafte Schäden durch einem Fall von Pankreatitis und Hepatitis. Sie ging zu traditionellen und holistischen Ärzten, die ihr alle halfen, jedoch den Schaden, der angerichtet war, nicht beheben konnten. Diese Frau war sehr gut darin, mit dem Pendel zu arbeiten und sie fing an, mit einem Buch von Hanna Kröger zu arbeiten, welches alle möglichen Ursachen von Krankheiten aufzeigte. Sie ging durch das gesamte Arbeitsbuch mit ihrem Pendel hindurch und zu aller Überraschung kam nicht ein einziges positives Resultat aus dem gesamten Buch hervor. Sie war natürlich völlig klar auf allen Ebenen - spirituell, mental, emotional, energetisch, hinsichtlich der vergangenen Leben wie auch bakteriell, virologisch und im mykologischen Bereich usw. Nur eine Sache schlug im gesamten Arbeitsbuch an und diese wurde mehrfach überprüft, was die Genauigkeit ihrer Pendeldiagnose bestätigte. Diese eine Sache, die in diesem gesamten Arbeitsbuch anschlug, welches jegliche Ursachen ihrer chronischen Gesundheitslektionen umfasste, war die Aussage: „Dieser Zustand war zur Glorie Gottes."

Es ist daher für Lichtarbeiter auf Erden sehr wichtig, nicht zu selbstgerecht in ihren Glaubensvorstellungen zu sein. Denn es gibt einen Unterschied zwischen Weisheit und Wissen. Es gibt beispielsweise Bücher auf dem Markt, die von der metaphysischen Ursache von Krankheiten oder Gesundheitslektionen handeln. In diesen Büchern werden den Lichtarbeitern in dieser Welt sture Antworten gegeben, wie zum Beispiel, dass alle Halsbeschwerden vom Kehlchakra stammen. Dies mag in vielen Fällen stimmen, es ist jedoch nicht immer so. Jeder Naturarzt oder homöopathische Arzt wird dir sagen, dass es eine direkte Verbindung zwischen der Leber und dem Hals gibt. Ein Problem in der Leber wird sich im Hals manifestieren. Ein Problem der Bauchspeicheldrüse wird sich in den Ohren, den Füßen und den Beinen manifestieren. Diese Bücher über die metaphysische Ursache kann man gern zum Spaß lesen, doch die Lichtarbeiter auf der Erde fassen dies als reine Wahrheit auf und lassen andere Menschen dann in eine Falle gehen, indem sie diese sturen Antworten bezüglich ihren Symptomen geben, welche in Wahrheit komplexe Lektionen sind. Nicht alle Kopfschmerzen haben die gleiche Ursache. Quan Yin, die Geistige Welt, die Meister und ich bitten die Lichtarbeiter inständig, sich von solch kindischen Behauptungen fernzuhalten. Wir alle kennen die Aussage: „Gefährliches Halbwissen." Daher sind die Dinge, von denen Quan Yin in diesem Buch spricht, so wichtig.

Ein weiteres Ausnahmebeispiel, von dem Quan Yin gesprochen hat, sind die karmischen Lektionen aus vergangenen Leben, die nicht dazu bestimmt sind, in diesem Leben vollständig geheilt zu werden. Alle Menschen können definitiv eine bessere Gesundheit haben, doch wenn jemand Gott spielt und behauptet, dass alle Gesundheitslektionen geheilt werden können und sollten, dann sprechen sie aus dem negativen Ego und nicht aus der vollkommenen Ausrichtung auf Gott.

Eine weitere Ausnahme von der Regel könnte ein Mensch sein, der zu viel Schaden aus vergangenen Gesundheitslektionen auf sich geladen hat, wie beispielsweise jemand, der zu viele Drogen genommen oder der massives Narbengewebe von einem Herzinfarkt hat usw. Es ist wahr, dass Gott in der Lage ist, jeden von allem auf wundersame Weise zu heilen und dies ist eine Tatsache, doch dies ist nicht immer für jeden bestimmt. Dies ist nicht immer karmisch angebracht. Meister Jesus heilte nicht jeden, den er traf. Er erkannte spirituell, wann es angebracht war. Es ist daher sehr wichtig, von Weisheit und nicht nur von Wissen zu sprechen. Ein Mensch mag ein enormes Heilungswissen haben und dies auch bei 99,99 % aller Menschen anwenden, es ist aber sehr wichtig, nicht Gott zu spielen und dieses Wissen auf alle anderen zu projizieren, denn Gott ist unergründlich und der physische Körper ist extrem komplex.

Während ich mich mit diesem Thema befasse, legen viele irdische Lichtarbeiter Steine auf die Wege anderer Menschen und sagen Dinge wie: „Warum hast du dieses physische Symptom, was hast du falsch gemacht" und ähnliche Dinge.

Hast du dich jemals gefragt, mein Freund, ob dieser Mensch etwas richtig gemacht hat? Mit anderen Worten, wenn man sich spirituell beschleunigt, dann muss der physische Körper der neuen Schwingung und Resonanz standhalten. Dies kann als spirituelle Veränderung und Reinigung bezeichnet werden. Diejenigen, die spirituell weiter entwickelt sind und die tatsächlich eine viel intensivere spirituelle Beschleunigung als andere erfahren, könnten daher vermehrt gesundheitliche Symptome aufweisen. Einige sind außerdem sensibler als andere. Einige Seelen sind weiter entwickelt, haben sich mehr verfeinert, haben ihre spirituellen und physischen Sinne weiter geöffnet. Lichtarbeiter legen gerne Steine in die Wege anderer Menschen mit ihren fehlgeleiteten Theorien, fehlerhaften Glaubensvorstellungen, und sie wenden dasselbe Wissen an allen an, das sich jedoch nicht auf alle übertragen lässt. Sei also vorsichtig vor einer solchen Unlauterkeit, denn es gibt „weiße Grabstätten, die mit den Knochen der Toten gefüllt sind". Im Hinblick auf das Gesagte können also 99 % aller gesundheitlichen Zustände geheilt werden, wenn man sein Bewusstsein auf allen Ebenen auf Gott gerichtet hat. Selbst ein Mensch mit chronischen Gesundheitslektionen, der vollständig geheilt oder auch nicht geheilt werden kann, wird durch die spirituelle Regeneration eine viel bessere Gesundheit erfahren, wie Quan Yin so eloquent aufzeigt.

Es gibt viele Gründe dafür. Der Hauptgrund ist, dass das Bewusstsein dieser Menschen eins mit Gott ist. Zweitens ist ihr Denken positiver und diese positiven Gedanken programmieren das Unterbewusstsein dahingehend, perfekte Gesundheit zu kreieren. Das Unterbewusstsein denkt nicht logisch und ist absolut dazu in der Lage, entweder Krebs oder völlige Gesundheit zu kreieren. Es kümmert sich nicht darum, welche von beiden Möglichkeiten es kreiert, denn es hat keinen logischen Verstand. Es ähnelt einem Computer, der auf Atomkrieg oder auf Weltfrieden programmiert werden kann. Seine Handlung hängt davon ab, was du als Computerprogrammierer programmierst. Es wird durch deine Gedanken und Vorstellungen programmiert und daher ist es gut, es mit Gesundheitsaffirmationen und kreativen Visualisierungen zu programmieren.

Jedes Gefühl und jede Emotion, die du fühlst, manifestiert sich auch in deinem Körper, wie Quan Yin aufzeigt. Der Universelle Geist sagte durch Edgar Cayce, dass es unmöglich für jemanden sei, wütend zu sein und keine Unstimmigkeit der Leber zu haben. Wenn man nicht weiß, wie man Süßes gibt oder nimmt, dann wird sich dies in Lektionen der Bauchspeicheldrüse manifestieren. Unangebrachte Anwendung von Macht wird sich in Problemen des Verdauungssystems manifestieren und Irritationen und Ungeduld ebenfalls im Bauchbereich. Der physische Körper ist ein Spiegel unseres Bewusstseins. Wir alle werden physisch attraktiver und hübscher durch die Gedanken und Gefühle, die wir manifestieren. Der physische Körper verändert sich tatsächlich. In Hypnose kann eine Frau dazu programmiert werden, größere Brüste wachsen zu lassen, allein durch die Macht der Suggestionen. Einem kahlen Mann können Haare wachsen. Edgar Cayce verlor seine Stimme für ein ganzes Jahr und wurde geheilt, als ein Hypnotiseur die Suggestion gab, dass sein Hals besser durchblutet werden soll.

Daher ist es entscheidend, die Lektion in *Ein Kurs in Wundern* zu verstehen, die besagt: „Krankheit ist eine Verteidigung gegenüber der Wahrheit." Die Wahrheit ist, dass wir alle der Christus, der Buddha, das Ewige Selbst und eine Inkarnation Gottes sind. Wir sind nach dem Abbild Gottes und ihm gleich geschaffen. Wir sind eine lebendige ewige Seele. Gott wird nicht krank, wie können wir also krank werden? Dies ist das Ideal, das wir alle aufrecht erhalten sollten. Sprich zu dir selbst: „Ich bin eine Inkarnation Gottes und daher bin ich unverwundbar gegenüber Krankheit." Erinnere dich daran, dass das Unterbewusstsein das in deinem physischen Körper manifestieren wird, was du denkst und dir vorstellst.

Daher ist das, was Quan Yin sagt, so wahr!

Ein weiterer Grund, warum dies wahr ist, liegt darin, dass man durch spirituelle Regeneration, von Licht und einer spirituellen Strömung erfüllt wird. Dies elektrisiert den gesamten ätherischen und physischen Körper, wie auch all die Energiefelder. Das Licht tötet all die Keime und Bakterien ab. Die Chakren werden ausbalanciert und dadurch werden die sieben Hauptdrüsen richtig mit Energie genährt und haben weder eine Über- noch eine Unterfunktion.

Ein anderer Grund, warum dies wahr ist, liegt darin, dass, wenn wir uns spirituell regenerieren, wir enger mit Gott, Christus, dem Heiligen Geist, unserer mächtigen ICH BIN - Gegenwart, unserer Überseele, unserem Überbewusstsein, den Aufgestiegenen Meistern wie der geliebten Quan Yin, den Erzengeln und Engeln, den christusbewussten Außerirdischen und Elohim arbeiten und sie arbeiten dann mit dem inkarnierten Menschen, um ihm dabei zu helfen, energetische Ausgeglichenheit in den Körper zu bringen. Ein spirituell regenerierter Mensch ruft Gott und die Macht Gottes um Heilung und energetische Ausgeglichenheit an, wie auch um die rechte Führung, wie man alle Dinge heilt.

Wenn wir spirituell regeneriert sind, dann besitzen wir nicht nur die Meisterschaft über unsere Gedanken, Gefühle, Emotionen und Energien, sondern auch über unser Verhalten, unser gesprochenes Wort, unsere Essgewohnheiten, unsere Fitness und unsere

Stressebene. Wir leben mehr im Tao und sind nicht unausgeglichen. Unser Bewusstsein ist vom spirituellen Christus-/Buddha-/Gottesbewusstsein erfüllt, das die gesamte ätherisch/physische Struktur energetisiert. Die Chakren verwandeln sich in sieben goldene Kerzenleuchter, anstatt in die sieben Phiolen des Zorns. Der spirituell regenerierte Mensch ist erfüllt von einem höheren Lichtquotienten, von einem Licht- und Liebesstrom, er ist glücklich, besitzt inneren Frieden, ist der Meister und die Ursache seiner Realität und nicht das Opfer. Diese letzte Qualität stärkt das physische Immunsystem, denn in Wahrheit haben wir drei Immunsysteme und nicht nur eins. Wir haben ein physisches wie auch ein psychologisches und ein spirituelles Immunsystem.

Unser psychologisches Immunsystem beeinflusst in großem Ausmaß unser physisches Immunsystem. Die meisten Menschen auf der Erde sind Opfer und sie übernehmen die geistige und emotionale Erkältung und Grippe der anderen. Wie Quan Yin so eloquent aufzeigt, müssen wir unsere goldene Schutzblase aufrechterhalten und die Negativität und negativen Suggestionen der anderen von unserer Schutzblase abperlen lassen wie Wasser vom Federkleid einer Ente oder sie abprallen lassen wie von einem Gummikissen.

Eine Frau geht die Straße entlang und trifft auf einen Bekannten, der zu ihr sagt: „Hallo. Du siehst nicht gut aus, wirst du krank?“ Wenn diese Frau nicht von ihrer goldenen Schutzblase umgeben ist, dann wird sie anfangen, sich krank zu fühlen, obwohl mit ihr alles in Ordnung ist. Ich habe eine Lizenz für Hypnose, neben meiner Arbeit als Psychologe und Ehe-, Familien- und Kinderberater, und wie ich häufig betone, hypnotisiere ich die Menschen meistens nicht, sondern ich enthypnotisiere sie. Sie befinden sich in Hypnose oder im Opferbewusstsein und ich versuche, sie aus diesem Zustand herauszubringen. Wir alle haben von psychosomatischen Krankheiten gehört, die selbst herbeigeführt oder durch das Übernehmen negativer Suggestionen anderer herbeigeführt werden können.

Es ist außerdem wichtig zu verstehen, dass es einen Unterschied zwischen Schmerz und Leiden gibt. Wenn man spirituell regeneriert ist, dann ist das Bewusstsein entwickelt und man kann manchmal noch Schmerzen spüren, man leidet aber nicht mehr, weil der Schmerz oder die chronische Krankheit einen nicht ergreift. Wir werden ausführlicher darüber in Quan Yins wundervollem Kapitel über die Transzendenz sprechen.

Lektion 4 - Gesundheit

„DEIN KÖRPER HAT DIE MACHT, SICH SELBST ZU HEILEN."

Quan Yin lehrt uns, dass unter den richtigen Umständen, das Licht unserer ursprünglichen Existenz wieder hervorgebracht werden kann, so dass wir vollständig und in guter Gesundheit sind, so wie der Schöpfer uns erschuf. Es liegt an uns, unseren Körper zurück in diesen natürlichen Zustand der guten Gesundheit zu bringen. Wir selbst haben ihm durch schlechte Ernährung, schlechte Essgewohnheiten, Junkfood, übermäßige Verhätschelung, übermäßigen Stress, unnatürliche Bedingungen, schlechte Schlafzeiten, Überarbeitung, Vergiftung etc. geschadet. Wir haben in unserem Inneren die Macht, dies zu ändern. Wir können eine professionelle medizinische Beratung in Anspruch nehmen oder uns von einem Arzt unserer Wahl beraten lassen und ein gutes umfassendes Programm für eine bessere Gesundheit erstellen. Dann wird der Körper kräftig genug sein, um sich selbst zu heilen. Quan Yin gibt kein bestimmtes Gesundheitsprogramm vor. Heutzutage gibt es viele solcher guten Programme. Und jeder Mensch ist anders konzipiert. Quan Yin zeigt einfach auf, dass es für den Körper möglich ist, das passende Programm für sich selbst zu entdecken, im Einklang mit dem Rat des Arztes, und dann entscheidet er sich dafür, sich selbst zu heilen. Man muss suchen und für sich selbst herausfinden, was das Beste ist. Manchmal muss man umschalten, das Programm ändern, bis man das Richtige gefunden hat. Aber es gibt für jeden etwas, das für seinen Körper am Besten ist. Es gibt kein Programm, das für alle gleichermaßen gut ist.

Wie Quan Yin häufig sagt:

„WÄHLE DAS BESTE UND LASS DEN REST SEIN."

Es kann geschafft werden. Amen! Amen! Amen!

Wie Quan Yin so meisterhaft aufzeigt, haben unsere Körper die Fähigkeit, sich in den meisten Fällen zu heilen und in jedem Fall ihren Gesundheitszustand zu verbessern, doch es gibt keine Versprechen, dass man völlig symptomfrei sein wird. Der physische Körper wurde von Gott in der Schöpfung dahingehend programmiert, sich selbst natürlich zu heilen. Wenn ein Mensch sich erkältet, dann geht dies letztlich vorüber, auch wenn wir uns nicht gut ernähren oder Affirmationen und Visualisierungen anwenden.

Wenn wir uns schneiden, dann heilt dieser Schnitt natürlich, egal was wir tun. Wie ich bereits sagte, die unpassende Programmierung unseres Unterbewusstseins oder die falsche Ernährung, der Mangel an physischer Bewegung, frischer Luft, Sonne, Licht und spiritueller Regeneration kann den Heilungsprozess manchmal deutlich verzögern, wie auch der Mangel an Schlaf, schlechte Gewohnheiten, zu viel Sex, wenn man durch sein Verlangen beherrscht wird, negative Emotionen, negatives Denken, die Erschaffung negativer Energien, Unausgeglichenheit, das negative Ego usw. Wenn wir diese Dinge kontrollieren und mit Gottes universellen Gesetzen auf allen Ebenen in Ausgeglichenheit und Harmonie bleiben, dann wird die Heilung sogar noch schneller eintreten.

Es gibt bestimmte Dinge, die den physischen Körper tatsächlich schädigen und chronische Gesundheitsprobleme erschaffen können, die sogar die Geistige Welt und die Meister nicht heilen können. Zum Beispiel haben Entspannungsdrogen über einen längeren

Zeitraum einen extrem negativen Effekt wie auch langzeitlicher Alkoholmissbrauch, das Rauchen von Zigaretten und andere solch schlechte Angewohnheiten und Süchte. Ein weiteres Beispiel dafür ist das ständige Angewiesensein auf künstliche Stimuli um Energie zu bekommen, statt diese Energie durch Gott zu erlangen. Jeder Mensch auf Erden lernt durch Gnade oder durch Karma. Jeder Mensch lernt durch den einfachen Weg oder durch die Schule der harten Schläge.

Dies ist der Grund dafür, warum du deine Süchte und schlechten Angewohnheiten unbedingt aufgeben musst, bevor zu viel Schaden entsteht. Das wundersame Heilen durch die Geistige Welt und die Meister ist in extremen Fällen der Gesundheitsschädigung sehr selten. Es kann geschehen und jeder sollte darum beten, aber die Wahrheit ist, dass es sehr selten geschieht. Sogar die Geistige Welt und die Meister sind in dem, was sie tun können, eingeschränkt, denn sie können Licht und Energie senden, was großartig ist und deine Gesundheit und Vitalität enorm verbessern wird, aber in extremen Fällen des Schadens auf Grund langzeitlicher Drogensucht, Rauchen, missbrauchendem Lebensstil löst man eine langwierige chronische Gesundheitslektion aus, wenn man nicht durch Gnade lernt. Dieses Buch dient dazu, um allen dabei zu helfen, durch Gnade anstatt durch Karma zu lernen.

Es ist entscheidend zu verstehen, dass jeder einen anderen „Punkt der Ausgewogenheit" auf allen Ebenen hat. Zum Beispiel geben Lichtarbeiter ihre Ernährungstipps gern an andere weiter. Dies ist eine dieser glatten Antworten und Halbwissen ist eine gefährliche Angelegenheit. Vegetarier tun dies, Fleischesser tun dies und Makrobioten tun dies. Es ist das negative Ego und eine Korruption, meine Freunde. Hört zu und hört gut zu, ein jeder, und ich meine damit, ein jeder Mensch, hat einen anderen „Punkt der Ausgewogenheit". Das Essen von Äpfeln einer Person mag für einen anderen Menschen Gift sein. Die meisten professionellen Ernährungstherapeuten erteilen ihren Rat aus dem Verstand heraus, obwohl es, wie ich vorhin schon sagte, einen Unterschied gibt zwischen Weisheit und Wissen. Wenn du wirklich wissen willst, was die grundlegenden Bedürfnisse des physischen Körpers sind, dann lerne den Umgang mit einem Pendel. Ich garantiere dir, dass 90 % dessen, was du isst, inklusive der Nahrungsergänzungen, die du einnimmst, wahrscheinlich nicht das ist, was dein Körper überhaupt will. Man muss lernen, sich an den körperlichen Grundbedürfnissen zu orientieren und nicht am Verstand, an einem Buch oder an irgendwelchen Nahrungsergänzungsmitteln. Ich sage nicht, dass diese Dinge dir schaden werden, doch es ist nicht notwendigerweise das, was der Körper will. Ich weiß von einem Fall, bei dem ein Schüler ernsthafte Gesundheitslektionen hatte bis zu dem Punkt, dass er dem Tode nah war. Kein Arzt konnte ihm helfen. Als eine Gruppe von uns dies untersuchte, war die einzige Sache, die er essen konnte Hirse, ein gelbes Korn. Dies war alles, was er für ein ganzes Jahr essen konnte und dieser Mann wurde wundersam geheilt. 99,99 % aller Ernährungstherapeuten würden sich im Grab umdrehen, wenn sie dies hören würden. Und doch war es der „Punkt der Ausgewogenheit" dieses Mannes. Dies ist ein extremes Beispiel, aber ich glaube, dass ich meinen Punkt damit klar verständlich ausgedrückt habe. Dasselbe trifft auf körperliche Übungen zu oder auf jegliche anderen Trends, denen die Menschen nachgehen. Lege keine Steine auf die Wege der anderen und lass niemanden Steine auf deinen Weg legen. Folge dem Schlag deiner eigenen Trommel.

In Bezug auf ein Leben von Lichtnahrung, was ein großer Trend ist, sage ich, tue es nicht! Diese Führung kommt direkt von der Geistigen Welt und den Meistern. Es ist mir egal, wer dir sagt, du sollst es tun, oder welches Buch du liest oder wen du kennst, der es tut. Es ist nichts, was die Geistige Welt und die Meister möchten, dass du es tust. Es ist in Ordnung, teilweise von Licht zu leben, mit anderen Worten, zusätzliches Licht anzufordern, neben der guten Ernährung, aber das ist alles. Es gibt nur eine Hand voll Menschen auf Erden, die spirituell dazu bestimmt sind, von Licht zu leben, aber der Rest ist es nicht. Dies kommt von Gottes Mund zu deinem Ohr. Wenn du es tust und es spirituell nicht richtig für dich ist, dann wirst du nur fehlernährt werden. Ich kenne eine Anzahl von Menschen, die ernsthaft krank wurden und gestorben sind, weil sie solchen Büchern und Ratschlägen gefolgt sind. Es ist eine spirituelle Verblendung, meine Freunde.

Es ist auch wichtig zu erkennen, dass der Tod nicht das Ende allen Seins und allen Lebens ist. Wir sind ewige Wesen, unsterbliche Seelen und nicht physische Körper, und obwohl Suizid oder Euthanasie laut der Geistigen Welt und den Meistern spirituell nicht richtig sind, sollte der physische Tod, wenn er bestimmt ist, oder der physische Aufstieg und die Auferstehung, bejubelt werden. Denn wie wir alle wissen, gibt es keinen Tod, nur einen Übergang von Dimension zu Dimension. Traditionelle Ärzte versuchen, einen Menschen physisch am Leben zu erhalten. Die Wahrheit jedoch ist, dass es Fälle gibt, in denen das Höhere Selbst und die Seele entschieden haben zu gehen, und in solchen Fällen sollte der physische Körper nicht festgehalten werden, wenn Gott dies einmal bestimmt hat. Wir sind nicht unser physischer Körper. Es ist schwer zu verstehen, dass eine so große Anzahl von Menschen dies aber glaubt. Es ist entscheidend, sich immer an den Sinn im Leben zu erinnern, der besagt, spirituell zu wachsen und zu dienen und seine spirituelle Mission des Besuches dieser planetaren mystischen Schule zu erfüllen, und wenn dies erfüllt wurde und Gott uns zurück in die Geistige Welt ruft, warum sollten wir am physischen Körper unter allen Umständen festhalten, wenn es doch so etwas wie den Tod gar nicht gibt?

Auf der anderen Seite ist es entscheidend, dass eine Seele nicht Suizid oder Euthanasie in Erwägung zieht, da dies spirituell nicht korrekt ist. Es ist nur richtig zu gehen, wenn Gott entscheidet, dich zu nehmen. Gott ist ein gnädiger und mitfühlender Gott und wenn die Gesundheitslektionen eines Menschen so ernst werden, dass er seine spirituelle Mission nicht mehr erfüllen kann, dann gäbe es keinen Grund, hier zu sein und Gott würde dieser Bitte nachgehen. Meistens jedoch geben die Menschen auf, gefangen in Depressionen und dem negativen Ego und sie lernen ihre Lektionen nicht. Daher erwägen sie Suizid oder Euthanasie. Es ist also wichtig, sich über solche Dinge im Klaren zu sein, was spirituell richtig ist und was nicht. Es könnte außerdem interessant für dich sein, dass ein Arzt, der die Euthanasie praktiziert, wie zum Beispiel Dr. Kevorkian, das Karma seiner Taten auf sich nimmt, wenn er nicht den Willen Gottes tut. Auf eine Art spielt er Gott. Denke darüber nach.

Lektion 5 - Gesundheit

„HEILUNG IST GANZHEIT. MAN KANN DURCH VIELE WEGE GANZHEIT ERLANGEN. ERLANGE GANZHEIT DURCH ERKENNTNIS."

Quan Yin, eine Aufgestiegene Meisterin, legt hier für uns einige Meisterprinzipien der Heilung dar. Es gibt viele davon und nicht alle können in diesem kleinen Buch wiedergegeben werden. Dies hier sind einfach einige allgemeine Prinzipien. Ein Teil der Heilungsreise schließt die Entdeckung, ein Bewusstsein und die Kenntnis über die verschiedenen Methoden und Techniken, die uns heute zugänglich sind, mit ein. Es ist unsere Entscheidung, nur wir können die Entscheidungen für unser Leben treffen. Wenn man jedoch das gesamte Selbst untersucht und erkennt, worin die Ursachen und die Methoden liegen, welche zur Ganzheit zurückführen, muss man eine generelle Idee darüber haben, welche Möglichkeiten einem zur Verfügung stehen. In diesem Teil ist eine Liste von drei Arten an Heilungsinstrumenten aufgeführt, die uns heutzutage zur Verfügung stehen und die in der Vergangenheit nicht existierten.

Die drei Arten der Heilungsinstrumente:

1. Göttliche oder spirituelle Heilung:

Direktes Gebet (Gottesintervention durch die Kraft der Liebe, die auf „reiner bedingungsloser Liebe Gottes" basiert). Dies schließt die erwiderte Liebe, die Einhaltung der Goldenen Regel, die Vergebung und die Reue mit ein.

Andere Gebete: Meditation / Kontemplation / Fürsprache

Wunder: durch Gott, Jesus, den Heiligen Geist, die Engel, die Heiligen, die Meister und einige heilige Seelen etc.

Engelsheilung und Gebete: Intervention der Engel

Aufstiegsheilung und Gebete: Intervention der Meister

2. Geistige / emotionale Heilung:

Ätherische Heilung
Metaphysische Heilung
Psychologische Heilung
Psychiatrische Heilung
Visualisierung
Rückführung (durch vergangene Leben, Karma)
Geführte Therapie des Verstandes
Exorzismus
Mentale Telepathie
Fernheilung
Heilung durch Träume, Seelenreisen
Psychische Heilung
Magnetische Heilung
Schwingungsheilung
Hypnose
Heilung durch Channeln
Strahlungsheilung
Prana-Heilung
Reiki
und vieles mehr

3. Physische Heilung des Körpers:

A: Traditionelle, konservative medizinische Heilung aller Arten, inklusive Chirurgie etc.

B: Alternative, natürliche Heilung und Ergänzungsheilung:

Akupunktur
Akupressur
Reflexzonentherapie
Chiropraktik
Homöopathie
Bio-Elektronik
Magnet-Heilung
Kalimasada
Dahn Nhak
Tai Chi
Qi Gong
Darmspülung
Lymphdrainage
Aromatherapie
Handauflegen / Heilende Berührung
Bäder
Verschiedene Massagearten
Kräuterkunde
und vieles mehr

Diese drei Arten der Heilung umfassen den gesamten Menschen hinsichtlich Körper, Geist und Seele. Diese drei Arten der Heilung könnten als Instrument der Heilung betrachtet werden bezüglich der Anwendung und den Umständen. Keine ist besser als die andere. Durch ihre Kenntnis wird man darüber entscheiden, welche zur gegebenen Zeit am geeignetsten ist. Der Hauptgrund dafür ist:

1. Zu heilen
2. Krankheiten vorzubeugen
3. Eine gute Gesundheit beizubehalten

Ein Meister der Gesundheitsprinzipien Quan Yins sollte über ein knappes Wissen darüber verfügen, welche Methoden heutzutage zugänglich sind, um sie richtig nutzen zu können.

Die Energiezentren (Chakren)

Obwohl hier nur sieben Chakren aufgelistet sind, gibt es doch mehrere. Diese sieben wurden ausgewählt, um die Dinge zu vereinfachen.

Kronenchakra
Das Dritte Auge (Anjina)
Kehlchakra
Herzchakra
Solar Plexus Chakra
Sakralchakra
Wurzelchakra

Das morgendliche Aktivieren der Chakren ist eine weitere Methode der inneren Heilung und der Erhaltung von Energie und der guten Gesundheit. Zusätzlich helfen noch Meditation, Kontemplation und Gebete. Aus dieser allgemeinen Betrachtung der verschiedenen Heilungsarten kann man versuchen, eine oder mehrere zu beherrschen und bei Bedarf anzuwenden.

DER KÖRPER HAT DIE MACHT, SICH SELBST ZU HEILEN.

Wie Quan Yin so meisterhaft aufzeigt, sind Ganzheit und spirituelle Erkenntnis der Schlüssel zur Heilung des physischen Körpers. Wir alle müssen mit dem Selbst und mit Gott im Reinen sein, um ganz zu sein. Dies bedeutet, dass wir uns selbst lieben müssen und dass wir unser inneres Kind richtig behandeln und Gott und die Meister lieben. Wir müssen uns außerdem erlauben, die Liebe Gottes und der Meister zu empfangen. Ganzheit entsteht, wenn wir das richtige Gleichgewicht an Liebe, Weisheit und Kraft wie auch ein Gleichgewicht der sieben Strahlen der Macht, Liebe, Weisheit, aktiven Intelligenz, Harmonie, der Wissenschaft des Neuen Zeitalters, Hingabe und Idealismus und der zeremoniellen Ordnung und Magie finden.

Wir müssen lernen, für uns selbst zu sorgen und Gott und unser Höheres Selbst werden dann auch für uns sorgen. Wir müssen lernen, ganz und vollständig im Inneren zu sein, sonst werden wir unsere Ganzheit in anderen halbherzigen Beziehungen suchen und nicht in einer richtigen Beziehung. Wenn wir die Liebe und unseren Wert nicht in uns selbst finden, dann werden wir die Liebe und Zustimmung in anderen suchen. Wie ein berühmter Buchtitel lautet: „Was andere über mich denken, geht mich nichts an."

Wenn wir nicht unsere eigene Kraft in uns selbst besitzen, dann werden wir sie den anderen abgeben, ein Bedürfnis haben, andere zu dominieren oder sie an unser unlogisches Unterbewusstsein, an den Emotionalkörper, an das Begehren des niederen Selbstes, an das innere Kind oder das negative Ego abgeben. Wir müssen danach streben, uns selbst zu heilen, wie die geliebte Quan Yin so eloquent auf allen Ebenen aufgezeigt hat. Lichtarbeiter sind manchmal komisch. Einige meinen, dass alles an der Ernährung liegt, andere denken, dass es an Bewegung liegt und andere wiederum glauben, dass alles am Geist liegt, wie bei der „Christian Science". Einige denken, die Antwort sei das Beten. Andere denken, es sei die Psyche. Sehr viele Menschen denken durch ein solch limitiertes Filtersystem. Die Wahrheit ist, dass Heilung in integrierter Weise auf allen Ebenen stattfinden muss.

Gebet und Meditation ist entscheidend! Das Anrufen göttlicher Energien und des Lichts zur Heilung! Gott und die Himmlische Hierarchie um Hilfe zu bitten!

Wir haben bereits darüber gesprochen, wie entscheidend der Geist und die Emotionen sind, wenn es um Heilung geht. Wir haben noch nicht über die ätherische Ebene gesprochen, die sehr wichtig ist. Der Ätherkörper ist die energetisch geformte Blaupause für den physischen Körper. Die Menschen verstehen nicht, dass der Ätherkörper in vergangenen Leben oder auch in diesem Leben Schaden nehmen konnte. Wenn der Ätherkörper also nicht repariert wurde, kann der physische Körper nicht geheilt werden. Dies ist ein Beispiel dafür, dass sture Antworten der Lichtarbeiter darüber, die Antwort nur bei der Ernährung oder in der Psyche zu suchen, der

Gipfel der Ignoranz ist. Alle Ebenen müssen beachtet werden. Wenn du dir nicht sicher bist, ob dein Ätherkörper repariert wurde, dann rufe die Himmlische Welt an, damit sie eine „ätherische Operation" durchführen können, um den Ätherkörper zu reparieren. Oder noch besser, bitte Gott, deine mächtige ICH BIN - Gegenwart und die Meister um Hilfe bei der Verankerung deines „monadischen Blaupausen-Körpers", um deinen Ätherkörper als Blaupause zu ersetzen. Dies ist ein Blaupausen-Körper der höheren Ebene, welcher deinen physischen Körper bearbeiten kann.

Es ist außerdem entscheidend bei der Heilung anderer, keine Prognosen die auf Wissen und nicht auf Weisheit beruhen, über deren Heilungsverlauf abzugeben. Viele Lichtarbeiter auf Erden tun dies und es ist das negative Ego, das spricht, aber die Wahrheit ist, dass alle Heilung von Gott kommt und niemand sollte irgendwelche Aussagen darüber machen, es sei denn, er weiß wirklich, worüber er spricht.

Es ist auch wichtig, sich deine eigene und die Heilung anderer aus der Perspektive des breit gefächerten Bewusstseins anzuschauen und nicht einfach nur etwas Heilungstheorie anzuwenden und zu denken, dass diese bei allen anderen gleichermaßen zutrifft, bevor du nicht mit Weisheit „alle" Ursachen, auf allen Ebenen mit einem breit gefächerten Bewusstsein betrachtet hast. Eine andere Sache, die Krankheit verursachen kann, ist die blockierte Energie, die nicht richtig durch alle Meridiane und Nadis fließt. Es gibt, wie bereits erwähnt, viele Hilfsmittel, die genutzt werden können, um den Energiefluss frei fließen zu lassen. Ein anderer Punkt, der häufig übersehen wird und der Krankheiten verursachen kann, sind die negativen außerirdischen Implantate. Es ist für alle von Vorteil, wenn man diese entfernt. Rufe die Akademie an und wir können dir dabei helfen.

Ein anderer Grund für Krankheit, der nicht in Betracht gezogen wird, sind die negativen Pfeile, die von anderen Menschen, astralen Kräften und negativen Außerirdischen kommen. Jeder negative Gedanke und jedes negative Gefühl eines Menschen sendet einen negativen Pfeil an die Person, an die er denkt. Diese Pfeile bleiben in

den Organen, den Drüsen und dem gesamten Körper ätherisch stecken. Es ist eine gute Sache, diese Pfeile zu entfernen. Ich hatte beispielsweise einen Fall mit einem Ehepaar, denen ich geholfen habe und bei dem die Frau wie eine wutproduzierende Maschine war. Die Leber und die Organe des Mannes waren derart voller Pfeile, dass ich die Meister rufen musste, damit sie dabei helfen, diese zu entfernen.
Bei einem anderen Fall attackierten negative Außerirdische eine Frau, die meine Klientin/Schülerin war. Sie war verheiratet mit einem Mann, der in eine außerirdische Gruppe involviert war, die tatsächlich ein Kult war. Die Frau stimmte mit ihrem Mann hinsichtlich dieser Gruppe nicht überein, denn sie wusste, dass dies niedere Außerirdische waren; ihr Mann glaubte dies aber nicht und war irgendwelchen Einwänden gegenüber verschlossen. Die negativen Außerirdischen sendeten stets Pfeile an seine Ehefrau, die sie ständig entfernen musste.
Ein anderer Punkt, den ich hier gern ansprechen möchte, sind psychiatrische Drogen. Meine Freunde, seid euch im Klaren darüber, dass Gefühle und Emotionen durch Gedanken verursacht werden, nicht durch Chemikalien. Die Ärzteschaft ist völlig unredlich in ihrem Tun! Ich sage hier nicht, dass Psychopharmaka keinen Effekt hätten und meine, dass sie in seltenen Fällen sogar angebracht sein könnten. Meiner bescheidenen Meinung nach als professioneller Psychologe und integrierter spiritueller Meister, wird hierbei jedoch eine Art Opferbewusstsein geschaffen, und auf lange Sicht vergiftet eine solche Behandlung die meisten ihrer Klienten mit Drogen, sowohl physisch als auch psychologisch. Die Drogen werden verordnet wie Bonbons als Antibiotika, was ohne es werten zu wollen, ein Gipfel an Ignoranz ist.

Ein anderer wichtiger Punkt ist, dass eine Gruppe wie die „Sience of Mind-Gruppe" eine spirituelle Behandlung mittels eines Gebets durchführt, was jedoch gar kein Gebet ist! Es ein Gebet zu nennen ist eine Illusion. Es ist kein Gebet. Ein Gebet ist eine Bitte um Hilfe an Gott, die Meister oder die Engel. Affirmationen oder Behandlungen sind großartig und sollten als Instrument genutzt werden, aber sie sind keine Gebete, wie sie es ausdrücken. Sie haben Denken mit Beten verwechselt.

Es ist außerdem völlig unredlich für Anhänger der christlichen Wissenschaft sich nur auf geistige Behandlung zu verlassen und jegliche Gebete und physische Methoden der Behandlung zu ignorieren. Dies entstammt dem fragmentierten limitierten Filterbewusstsein, ohne dies werten zu wollen.

Nun zu der traditionellen und holistischen Form der Behandlung. Obwohl es traditionelle Ärzte gibt, die ziemlich barbarisch sind in den meisten Formen ihrer Diagnostik und Behandlung, haben sie doch ihren Platz in der traditionellen Medizin. Ihr Vertrauen liegt eben in Medikamenten und toxischen Formen der Diagnostik, wie dem Verabreichen von Farbstoffen, dem Einsatz von Strahlung und anderen solchen Dingen, die in der Zukunft verboten sein werden. Homöopathie, Kräuterkunde und energetische Formen des Austestens werden solch toxisch angreifende Formen des Austestens ersetzen. Traditionelle Ärzte schauen nur auf ein Zehntel dessen, was Heilung tatsächlich ist. Sie sind ausgezeichnet in diesem Zehntel, dafür möchte ich ihnen ein Lob aussprechen. Sie sind allerdings völlig blind den anderen 90 % gegenüber, was Heilung eigentlich ausmacht. Dieses Zehntel ist jedoch auch wichtig und sollte nicht abgetan werden. Die Konsultation von Homöopathen, Naturheilkundlern, energetischen und holistischen Therapeuten ist entscheidend bei der Gesundheit der Menschen.

Physische Formen der Heilung sind ein Teil dessen, sich selbst in Harmonie mit den physischen Gesetzen des Universums zu bringen. Mentale und emotionale Formen der Heilung sind entscheidend, um sich selbst in Harmonie mit den psychologischen Gesetzen des Universums zu bringen. Spirituelle Formen der Heilung sind entscheidend, sich selbst in Harmonie mit den spirituellen Gesetzen des Universums zu bringen.

Die nächste wichtige Frage ist, warum müssen wir leiden? Warum hat Gott dies so kreiert? Wenn wir das Leiden nicht hätten, dann würden die Menschen in ihren alten Wegen, ihren schlechten Gewohnheiten, ihrem falschen Denken, ihrer falschen Psychologie, ihrem falschen Bewusstsein, ihrem Mangel an Ausrichtung auf Gottes Gesetze auf ewige Zeiten hin stecken bleiben. Es ist das physische Leiden oder das Leiden auf allen Ebenen, das uns nach Wahrheit suchen lässt. Das Leiden ist der Anstifter, der uns auf den spirituellen Weg treibt und uns dort hält, bis wir uns mit der Liebe und dem Geist Gottes verbunden haben und dann unser kindisches Verhalten loslassen. Wie Johannes in der Bibel sagt: *„Ich war blind und jetzt kann ich sehen."* Wenn die spirituelle Blindheit einmal vorüber ist, dann ist alles, was wir wollen nur noch Gott, und der Materialismus, die Wünsche des niederen Selbst, das negative Ego, das Opferbewusstsein, die schlechten Angewohnheiten, das übermäßige Verlangen des Appetits und der fünf Sinne und das unspirituelle Leben interessieren uns nicht mehr.

Die richtige Einstellung und Perspektive für alle Lichtarbeiter den physischen Gesundheitslektionen gegenüber ist, sie zu segnen und Gott für sie zu danken, selbst wenn dich einige von ihnen schon dein ganzes Leben lang begleiten. Denn in den Gesundheitslektionen spricht tatsächlich Gott zu dir. Wie Quan Yin so eloquent aufzeigt, ist dies auch ein Weg, dich im spirituellen Christus-/Buddha-/Gottesbewusstsein zu üben und dessen Meisterung zu demonstrieren. Denn nur ein Meister unter den Meistern kann spirituell und im irdischen Sinne beim Ausführen seiner spirituellen Mission auf einem sehr hohen Niveau sogar mit chronischen Gesundheitslektionen erfolgreich sein. Jeder muss sein Kreuz tragen. Jeder! Einige haben physische Gesundheitslektionen, andere geistige, emotionale, energetische, verhaltensmäßige, irdische wie zum Beispiel finanzielle, beziehungsmäßige, geschäftliche und in vielen anderen Bereichen Lektionen zu meistern. Die Lektion besteht darin, dein Kreuz mit einem Lächeln zu tragen. Die Lektion ist, „auf dem Kreuzweg zu lachen" und während du dein Kreuz trägst. Die Lektion ist, dein transzendentales Bewusstsein zu demonstrieren, über welches wir später in einem anderen Kapitel sprechen werden.

Ein anderer entscheidender Punkt bei der physischen Heilung ist, geerdet zu bleiben. Viele Lichtarbeiter leben nicht in ihrem physischen Körper. Sie befinden sich tatsächlich außerhalb ihres physischen Körpers. Oder sie leben in den höheren Chakren, jedoch nicht in den niederen. Dies verursacht eine Verringerung an Energie, schlechtere Gesundheit und Unausgewogenheit in den Chakren und Drüsen. Die sieben physischen Hauptdrüsen werden von der Energie aus den Chakren genährt. Wenn die Chakren unausgewogen sind, dann verursacht dies entweder eine Über- oder eine Unterproduktion in den Drüsen. Folglich manifestieren sich Dinge wie Adrenalinerschöpfung oder –vergiftung oder eine Schilddrüsenüberfunktion oder -unterfunktion.

Eine Übung, die ich praktiziere und die ich wärmstens empfehle, ist, jeden Morgen und jeden Abend vor dem Schlafengehen Gott und die Meister zu bitten, meine Energien zu erden. Ich fühle dann sofort die Energie, wie sie den gesamten Körper bis zu den Füßen hin durchströmt. Dann, nach etwa fünf Minuten, bitte ich darum, dass meine Körper ausgeglichen werden, womit ich meine fünf Hauptkörper meine (den spirituellen, mentalen, emotionalen, ätherischen und physischen). Nach fünf Minuten bitte ich um Hilfe bei der Ausbalancierung meiner Chakren. Ich fühle sofort, wie jedes Chakra vollständig mit Energie erfüllt wird. Ich führe dies immer vor dem Schlafengehen durch und ich schlafe dadurch viel besser. Dann praktiziere ich es am Morgen, um meine morgendliche Meditation zu beginnen.

Ich bitte außerdem die Geistige Welt und die Meister um Energie und Licht, wenn ich an der Steigerung meines Durchhaltevermögens und der Stärkung meiner Organe arbeite. Metatron ist derjenige, der mir während des Tages, während ich arbeite, am meisten hilft. Doch wenn ich ätherisch oder physisch eine Unausgewogenheit spüre, rufe ich Gott, Christus, den Heiligen Geist, die drei Ms, die gesamte kollektive Kerngruppe und die Heiler, mit denen ich arbeite an und sie beginnen sofort mit mir zu arbeiten und gleichen alle Unausgewogenheit aus. Wenn ich mich gut fühle, dann bleibe ich während des gesamten Tages bei Metatron.

Ich bete auch nachts zu Gott, während des Schlafens, wann immer ich das Bedürfnis habe, und dies lässt mich in Gottes Kokon aus Energie die ganze Nacht hindurch geborgen sein und hilft mir, besser zu schlafen und am Morgen erfrischt aufzuwachen.

Es ist auch eine gute Idee, tagsüber um das Platinnetz von Metatron, Mahatma und Melchizedek zu bitten, um dich von jeglichen unausgeglichenen Energien, die du aufgenommen haben könntest, reinigen zu lassen. Eine weitere gute Sache ist, deine Heilungsengel, Dr. Lorphan, die galaktischen Heiler zusammen mit Erzengel Raphael und den Arcturianern anzurufen, die auch sehr gut sind bei Gesundheitslektionen.

Ich rufe stets Gott und die Meister für alle Bereiche an, sei es physisch, energetisch, mental, emotional und spirituell. Auf diese Weise lebt man ein spirituell regeneriertes und wiederhergestelltes Leben, was zur Auferstehung und zum Aufstieg führt. Ich rufe auch Sananda zur Heilung an, denn er ist ebenfalls ein außergewöhnlicher Heiler. Ich arbeite mit allen von ihnen, denn sie arbeiten alle unterschiedlich und ich fühle mich hinterher physisch bei jedem etwas anders. Ich finde, dass einige bei bestimmten Dingen besser sind als andere. Wenn du eine ernsthafte Infektion hast, dann rufe die Platinengel an, damit sie dort in deinem Körper leben mögen, wo sich die Infektion befindet, bis du geheilt bist.

Wenn du Bakterien oder Viren wahrnimmst, dann rufe den Viren- und Bakterienstaubsauger an, damit er sie aus deinem Körper heraussaugen kann. Es funktioniert! Wenn jemand um dich herum eine Erkältung oder eine Grippe hat, dann rufe die Geistige Welt und die Meister an, damit sie die Energie desjenigen unter Quarantäne stellen und eine Schutzblase um dich und um dein Haus herum errichten. Bitte sie außerdem darum, dein Haus drei Mal täglich von Keimen zu reinigen.

Dies sind ein paar Tricks, die ich gelernt habe, die, wie ich dachte, von Wert sein könnten.

Auferstehung und physischer Aufstieg ist die Hinwendung des physischen Körpers in das Licht. Dies geschieht, wenn man ein wiederhergestelltes Leben lebt und der Sinn dieses Buches ist, dich zu lehren, wie dies geht.

Lektion 6 - Gesundheit

„ALS EIN MEISTER BIST DU DAZU BERUFEN, EIN HEILER ZU SEIN."

In diesem Meisterprinzip weist Quan Yin darauf hin, dass ein Meister ein vollständiges Wesen ist, das geheilt ist. Dies bedeutet nicht, dass ein Meister in vollkommen guter Gesundheit als Mensch auf dieser Erde weilt. Aber es bedeutet, dass ein Meister, während er ein paar Gesundheitsprobleme hat, seine Gesundheitssituation überwunden oder gemeistert hat, und dass dies seine Seelenaktivität nicht beeinträchtigt. Nimm beispielsweise die Aufgestiegenen Meister Franziskus oder die Heilige Theresia vom Kinde Jesu, die, als sie noch eine junge Nonne war, von Tuberkulose heimgesucht wurde und im Krankenbett lag, und die nun die Patronin aller Missionare der Welt ist. Es gibt außerdem den Dalai Lama, der Hepatitis hatte oder Mutter Teresa und viele andere. Dies könnte als Einweihungen, die man hier auf Erden durchläuft, betrachtet werden. Ein Gesundheitszustand sollte kein Grund dafür sein, dass eine Seele davon abgehalten wird, ein Aufgestiegener Meister zu sein. Es könnte in Wahrheit eine Herausforderung, ein weiterer Beweis der Meisterschaft sein.

Zu sagen, dass ein Meister dazu berufen ist, ein Heiler zu sein bedeutet, dass er seine eigene Heilung herbeigeführt und transzendiert hat, und nun dazu berufen ist, anderen zu helfen. Durch seine Fürsprache oder Intervention kann man Ganzheit oder Heilung suchen, die wiederum nicht nur den physischen Körper, sondern auch den emotionalen, intellektuellen und hauptsächlich den spirituellen Körper mit einschließt. Dies ist wahre Meisterung und Ermächtigung. Denn ein Meister ist jemand, den wir anrufen und dessen Hilfe wir erwarten können. Dazu berufen zu sein, ein Heiler zu sein, ist kein Macht-Trip des negativen Egos, sondern ein Ruf an ein wahrlich egofreies Wesen.

Als Heiler nimmt der Meister zunächst die gesamte Person wahr und manchmal untersucht er sie, einschließlich aller Körperarten, die bereits erwähnt wurden. Dann wählt er die beste und angebrachteste Art der Heilung, die wir bereits besprochen haben. Bevor er aber eine dieser Methoden anwendet, schaut der Meister sich die vergangenen Leben des Patienten genau an und macht sich daran, die Umstände zu verstehen. Dies bedeutet zudem, dass man die Entscheidungen des Patienten überprüft, ob er sich tatsächlich dafür entschieden hat, in seinem vergangenen oder gegenwärtigen Leben krank zu sein oder nicht, und wie der Zustand seines Ätherkörpers zu Zeiten der Krankheit war. Als Seele waren wir in unserem vergangenen Leben das gleiche Wesen wie in unserem gegenwärtigen. Dies mag viele von euch schockieren, dass wir „uns tatsächlich dazu entschieden haben, krank zu sein..." Unsere Entscheidung ist unsere eigene, selbst dann, wenn wir uns in der Gegenwart nicht daran erinnern. Doch die Seele erinnert sich.

Es könnten notwendige Lektionen vorhanden sein, die im Leben gelernt und erfahren werden müssen. Es ist gut zu wissen und sich zu erinnern, dass alles unserem höchsten Interesse dient und für unser höchstes Gut bestimmt ist.

Es gibt ein Beispiel eines angehenden Meisters, der unter Nierenproblemen litt. In seinem gegenwärtigen Leben schrie er unter Schmerzen zu seinem Meisterführer und bat ihn um Heilung. Der Meister sagte ihm: „Aber erinnerst du dich denn nicht, dass du sagtest, du wolltest eines Tages ein großer Heiler sein? Du sagtest dies vor einer langen Zeit in einem vergangenen Leben. Du sagtest, du wolltest ein sehr großer Heiler sein und den Menschen bei all ihren physischen Leiden helfen. Erkennst du, was du gesagt hast? Weißt du was es heißt, physisch zu leiden? Hast du jemals ein solches Leid erfahren?" Der angehende Meister verneinte. „Dies hier ist eine Möglichkeit für dich, solche Schmerzen zu erfahren. Schaffst du dies trotz deines Schmerzes? Bist du noch immer gewillt, ein großer Heiler zu sein? Oder glaubst du, dass du dies nicht kannst?" Der angehende Meister fing an zu verstehen und erkannte was vor sich geht und stimmte mutig zu, seinen eigenen Schmerz zu überwinden und sich erneut dafür zu entscheiden, ein Heiler zu sein. In diesem Augenblick war er geheilt.

ERINNERE DICH DARAN:
„DU BIST DAZU BERUFEN, EIN HEILER ZU SEIN."

Was Quan Yin hier aufzeigt, „ALS EIN MEISTER BIST DU DAZU BERUFEN, EIN HEILER ZU SEIN", ist natürlich völlig wahr. Wir alle lehren das, was wir lernen wollen. Ein Heiler zu sein, ist die wahre Profession aller Söhne und Töchter Gottes. Es ist entscheidend zu verstehen, dass ich, wenn ich von einem Heiler spreche, von einem „integrierten Heiler mit einem breit gefächerten Bewusstsein" spreche und nicht nur vom Handauflegen oder was auch immer. Dies ist nur ein Bruchteil dessen, was einen wahren Heiler wirklich ausmacht. Der wahre Heiler heilt auf allen Ebenen. Er heilt spirituell durch Gebete, Meditation, Channeling, die Arbeit auf den inneren Ebenen, Seelenreisen, Mantren, Chanten, spirituelle Arbeit usw. Wir heilen mental durch Affirmationen, Visualisierungen, positive Suggestionen, Selbst-Hypnose, geistige Behandlung, spirituelle Seelsorge, Vorträge usw. Energetisch heilen wir durch das Senden von Energie und Licht, Heilungsmethoden und durch das Anrufen Gottes und der Meister, um dasselbe zu tun. Wir heilen physisch durch Ernährung, Fitness, holistische Gesundheit, Homöopathie, Kräuter, Nahrungsergänzung, Massage, Berührung, physische Therapien. Wir heilen auf irdischer Ebene dadurch, dass wir anderen auf irdische Weise helfen, wie beispielsweise im finanziellen Bereich, indem wir etwas reparieren, in Geschäftsfragen, in der Zusammenarbeit, indem wir jemandem mit dem Auto mitnehmen, durch Sozialarbeit usw. Das Entscheidende hierbei ist, dass wir verstehen, dass wir dazu bestimmt sind, anderen und uns selbst auf allen Ebenen zu helfen. Begrenze nicht deine Sicht hinsichtlich der Heilung. Alles ist Heilung. Jeder Gedanke, den du denkst, jedes Gefühl, das in dir entsteht, jedes Wort, das du sprichst, jedes bisschen Energie, das du sendest, jede Tat und Handlung, die du unternimmst dient entweder zum Segen oder zum Fluch der Menschen. Entweder man kreiert ein Wunder oder es kommt zum Jammer. Entscheide, wozu du dienen willst.

Die höchste Form der Heilung ist die Verkörperung Gottes auf Erden und ein Leben als integrierter Aufgestiegener Meister. Wenn du so lebst, dann praktizierst du konstant die „Präsenz Gottes“. Du demonstrierst konstant die bedingungslose Liebe, die in Wahrheit der „Faktor X“ der Heilung ist. Du kannst andere heilen, wenn jedoch die Liebe fehlt, dann wird die Heilung nicht klappen. Die Liebe ist der höchste Heiler von allen. Wenn du als integrierter Aufgestiegener Meister lebst und Gott auf Erden ausdrückst, dann ist alles was du tust Heilung. Selbst deine Aura, der Klang deiner Stimme, dein Aussehen ist allen gegenüber heilend, wenn du ein Zimmer betrittst. Jegliche Heilung ist in Wahrheit das Heilen der illusionären Trennung zwischen Gott und seiner Sohn- und Tochterschaft. Jegliche Heilung ist in Wahrheit das Umschalten von Angst auf Liebe, vom negativen Ego mit seinem trennenden angstbegründeten Denken zum spirituellen Christus-/Buddha-/ Gottesbewusstsein, vom niederen Selbst zum Höheren Selbst. Du bist dazu bestimmt, konstant zu heilen, indem du Gottes Plan der Erlösung demonstrierst und nicht den Plan des Egos von Krieg, Konflikt und Angriff. Strebe also danach, jeden Augenblick des Lebens ein „integrierter Heiler mit einem breit gefächerten Bewusstsein“ zu sein.

Es kann nicht genügend betont werden, dass perfekte Gesundheit nicht bedeutet, dass du symptomfrei bist. Es bedeutet, dass du die passenden Symptome hast, die du für deine Lektionen benötigst, die du im Moment lernen musst. Gesundheitslektionen zu haben bedeutet nicht, dass du ungelöstes Karma besitzt. Die Lektionen mögen bereits vor langer Zeit gelernt worden sein, doch der physische Schaden, der in vergangenen Lektionen angerichtet wurde, könnte noch viel mehr Zeit zur Heilung beanspruchen, als für die mentale und emotionale Lektion nötig war. Daher müssen Lichtarbeiter, die sture Antworten geben oder die glauben, dass alle Lektionen durch einen entsprechenden psychologischen Prozess sofort geheilt werden können, sich die Heilung aus der Perspektive des größeren breit gefächerten Bewusstseins anschauen. Der physische Körper, die Themen Gesundheit und Krankheit sind viel komplexer und lassen sich nicht auf solch niedere Formen des

Wissens herab reduzieren. Nur weil du einst einen Kurs belegt hast oder ein Buch gelesen hast oder ein Reiki-Meister geworden bist, heißt das noch lange nicht, dass du die Unergründlichkeit Gottes und die Komplexität des physischen Körpers und all dessen, was Gesundheit oder Unausgewogenheit kreiert, verstehst. Lichtarbeiter wären allgemein gut beraten, wenn sie mehr Bescheidenheit und Demut in solchen Angelegenheiten zeigen und um die Führung Gottes bitten würden, anstatt ihre Theorien den anderen zu Unrecht aufzuzwingen.

Ich möchte ein weiteres Beispiel aufzeigen, in dem eine meiner Klientinen eine berühmte Psychologin zur Mutter hatte. Ihre Mutter wollte, dass sie in ihre Fußstapfen tritt. Meine Klientin aber befand sich auf einem spirituellen Weg und wollte ihrer Mutter nicht auf dem traditionellen psychologischen Weg folgen. Eines nachts hatte ihre Mutter einen Traum, in dem sie aufhören sollte, ihre Tochter unter Druck zu setzen, dass diese ihrem Weg und ihrer bestimmten Philosophie folgen solle, da dies nichts für ihre Tochter sei. Die meisten anderen hätten diesen Weg wohl einschlagen können, nicht aber ihre Tochter, denn sie befand sich auf dem „Weg der Heiligen". Ihre Mutter ließ daraufhin los.

Meine geliebten Leser, ich erzähle diese Geschichte, da dasselbe auf eure physischen Heilungstheorien, seien sie psychologisch, spirituell oder irdisch, zutrifft. Zwinge deine Theorien keinem anderen Menschen auf, denn sie passen nicht für jeden. Nicht alle Gesundheitslektionen werden dadurch geheilt, dass man sich deren psychologischer Ursache bewusst wird. Nicht alle Gesundheitslektionen werden durch Ernährung geheilt oder durch Reiki, Gebet, Licht usw. Obwohl deine bestimmte Form der Therapie bei 99,99 % der Menschen geholfen haben könnte, mag sie doch bei den ganzen 100 % der Menschen nicht wirken. Lasse dich also nicht von deinem negativen Ego leiten, das davon überzeugt ist, dass es hilft.

Es ist gut, deine Form der Heilung anzuwenden, wenn dies erwünscht ist, zwinge es jedoch niemandem auf, der nicht ausdrücklich darum gebeten hat.

Auch wenn gewisse gechannelte Anweisungen zur Heilung aufkommen, dann muss verstanden werden, dass im Gegensatz zu dem, was die meisten Menschen glauben, es so etwas wie reines Channeln gar nicht gibt. Channeling ist keine, ich wiederhole, keine direkte Telefonverbindung zu Gott und den Meistern. Es ist eine mitgestalterische Kraft. Jeder, der dies nicht glaubt, lebt in der Selbsttäuschung. Ein jedes Channeln ist ein mitgestalterischer Prozess, der vom Bewusstsein der Person, die das Channeling durchführt, vom Bereich aus dem gechannelt wird und von der Klarheit oder dem Mangel an Klarheit und von der spirituellen Entwicklung des Channels beeinflusst wird. Jedes Channeling gelangt durch einen Filter. Es mag sich wie ein Aufgestiegener Meister, der einen Rat gibt, anhören, doch die Information ist auch durch die Persönlichkeit und das Bewusstsein der Person, die das Channeling durchführt, gefärbt. Bei jeglicher Heilungsarbeit aus gechannelten Quellen muss dies beachtet und die Klarheit und der verfärbte Faktor, die spirituelle Entwicklung, die Ebene aus dem das Gechannelte stammt, das Bewusstsein und der Filter-Faktor der channelnden Person abwogen werden hinsichtlich der Entscheidung, ob jemand diese Form der Heilung anwenden möchte oder lieber weiter suchen will.

Daher, ich spreche nun persönlich, sollte man sich in den meisten Fällen von äußerem Channeling und von Medien tunlichst fernhalten, mit Ausnahme seltener Fälle. In meiner Situation habe ich die 22 Ebenen der Einweihung und der Lichtkörper durchlaufen, bin ein integrierter spiritueller Meister, ein vollständiges und gleichwertiges Mitglied der Spirituellen Hierarchie, von denen es nur drei auf der Erde gibt. Ich finde, dass die meisten Channelings und Medien völlig ungenau sind. Nicht nur der physische Körper ist unglaublich komplex, sondern auch der Mensch und in meinem Fall insbesondere ein Meister. Wenn ich Heilung oder eine Beratung möchte, dann würde ich dies, außer in seltenen Fällen, lieber durch meinen eigenen Kanal empfangen. Viele Lichtarbeiter geben ihre Heilungsempfehlungen gerne dann ab, wenn sie nicht darum gebeten werden oder es nicht erwünscht ist und dies ist nicht angebracht. In seltenen Fällen erbitte ich mit einigen engen Freunden Führung, doch nur dann, wenn ich es möchte und wenn ich darum bitte. Eine Sache, die ich herausgefunden habe und die mir unzweifelhaft gezeigt wurde ist, dass alle äußeren Channels durch Filter sprechen und ihre Filter sind, meines Erachtens, nicht die gleichen wie die meinen, und in vielen Fällen geben sie daher ungenaue Informationen, die ich demjenigen zuschreibe, der das Channeling durchführt und nicht den „Aufgestiegenen Meistern“. Das heißt nicht, dass die Menschen das Channeln völlig sein lassen sollten, denn es kann einen mit großartigen Informationen versorgen. Man darf allerdings nicht alles ganz wörtlich nehmen und muss erkennen, was vom Channel und was von den Aufgestiegenen Meistern oder von Gott kommt.

Ich möchte außerdem aufzeigen, dass die Aufgestiegenen Meister selbst nicht ganz unfehlbar sind und dass auch sie Fehler machen können. Wenn die spirituelle Leiter ein zehn Zentimeter langes Lineal darstellen würde, dann befänden sie sich im Bereich von zwei Zentimetern auf dem Lineal. Sie sind also nicht kosmisch allmächtig, allwissend und allgegenwärtig. Die meisten Menschen stellen die Aufgestiegenen Meister auf eine Art Podest, wie eine Ikone und messen ihnen unfehlbare Kräfte bei, die sie nicht haben. Es sind Leute wie du und ich, meine Freunde, die es auf die nächst höhere Ebene geschafft haben. Einige sind klarer als andere. Einige sind liebevoller als andere, einige sind disziplinierter als andere usw. Alle Aufgestiegenen Meister sind verschieden. Die Meister tragen immer noch Aspekte des negativen Egos in sich, die sie noch bereinigen müssen und dies entspricht der Wahrheit. Sie müssen dies nicht mehr so intensiv tun wie die Menschen auf Erden, aber sie besitzen immer noch Aspekte davon.

Einer der Wege, wie ich zu einem selbst- und gottrealisierten Meister geworden bin, war der des Vertrauens mir selbst und hauptsächlich meiner inneren Führung gegenüber, und nicht der des Abgebens meiner Kraft der Meisterung an jemand anderen. Wie die Meister einst zu mir sagten, Joshua, was du tust liegt jenseits des Channelns, du bist das Licht. Ich habe gelernt, das Licht zu sein und es zu channeln. Wenn auch du ein integrierter spiritueller Meister sein willst, dann musst du lernen, beides zu tun und deine Kraft nicht den Meistern abzugeben, obwohl du ihnen gleichwohl den angebrachten Respekt, den sie als ältere Geschwister verdienen, entgegenbringst, jedoch nicht in Form einer falsch idealisierten Ikone, da Projektion keine Basis in der Realität hat. Einige Meister sind still, andere sind extrovertiert. Also genau das Gegenteil.

Wir haben nun genug über die Entwicklung der richtigen Beziehung zum Channeln und zur Heilung gesagt. Über allem gilt: „Bleib dir selbst treu." Folge dem Schlag deiner eigenen Trommel. Vertraue vor allem deiner eigenen inneren Führung und, wie Quan Yin aufzeigt, besitze die spirituelle Unterscheidungskraft hinsichtlich aller Dinge, die das äußere Channeln derer mit einschließt, die sich nicht auf der gleichen Ebene des Bewusstseins, der Entwicklung, dem Bereich aus dem gechannelt wird, der Klarheit bezüglich ihrer Filter wie du befinden. Auch jenseits dessen sollte man spirituelle Unterscheidungskraft besitzen, selbst dann, wenn du meinst, diejenigen seien weiter entwickelt, denn das macht sie nicht notwendigerweise verständnisvoller dem Selbst gegenüber, das du bist. Schütte jedoch nicht das Kind mit dem Bade aus und mache auch nicht das Gegenteil, denn viele Erkenntnisse können erlangt werden, wenn die spirituelle Unterscheidungskraft genutzt und nichts wortwörtlich genommen wird, und es wird keine Kraft in die Informationen oder die Meister eingebracht, die diese Informationen geben. Denn alles Channeln durchläuft den Filter der Person, die channelt. Wenn du nur eines hiervon hörst, dann dies! Es wurde mir deutlich in einem Traum gezeigt, in dem ich verschiedene Menschen, die Gott channeln, fragte. In diesem Traum wurden mir 15 verschiedene Menschen gezeigt, die Gott channelten, jedoch alle 15 channelten Gott durch einen unterschiedlichen Filter, aus einer unterschiedlichen Ebene, mit einer anderen spirituellen Ausrichtung, einem unterschiedlichen Bewusstsein usw. Wir sehen Bücher auf dem Markt von Menschen, die Gott channeln und in Wahrheit ist dies zum Teil Illusion. Es ist ein Channeln Gottes durch ihre Filter, was in Wahrheit gar nicht so fortgeschritten entwickelt sein muss. Die Lichtarbeiter tendieren dazu, unwahrscheinlich naiv zu sein, wenn es ums Channeln geht. Der weit verbreitete Glaube in der New-Age-Bewegung ist, dass, wenn es gechannelt ist, es die Wahrheit ist. Nichts liegt der Wahrheit ferner.

Nun würde ich gern zu dem Thema der Chakren zurückkehren, das ich vorhin begonnen habe. Ich sprach bereits vom dritten Chakra und den Nebennieren und dem fünften Chakra und der Schilddrüse. Ich habe darüber gesprochen, dass, wenn diese Chakren zu aktiv oder zu passiv sind, die Drüsen beeinflusst werden, was natürlich auf alle Chakren und alle Drüsen zutrifft. Ein weiterer sehr interessanter Punkt bezüglich der Chakren und der Gesundheit ist, dass das vierte Chakra, das mit der bedingungslosen Liebe zu tun hat, mit der Thymusdrüse verbunden ist, die mit dem Immunsystem zusammenhängt. Ist das nicht interessant, dass, wenn ein Mensch bedingungslos liebt, sein Immunsystem besser funktioniert? Eine noch interessantere Wechselbeziehung hat das sechste Chakra, oder das Chakra des Dritten Auges, das mit der Hypophyse in Verbindung steht, welches die Meisterdrüse des gesamten physischen Körpers ist. Wenn ein Mensch sein Bewusstsein entwickelt, wie ich es in diesem Buch bereits erwähnt habe, dann öffnet sich sein Drittes Auge und dies veranlasst die Hypophyse, zu ihrem höchsten Maße zu funktionieren, was alle anderen Drüsen beeinflusst, da die Hypophyse die Meisterdrüse ist. Ist das nicht faszinierend?

Hier ist ein weiterer faszinierender Punkt, der vom Universellen Geist, gechannelt durch Edgar Cayce, stammt, den ich persönlich als einen der großartigsten Channel spiritueller Informationen betrachte, den diese Welt jemals kannte und welcher der „schlafende Prophet" genannt wurde. Der Universelle Geist sagte, entgegen der meisten Bücher, die du je gelesen hast, dass das zweite Chakra mit der Leydigschen Drüse, welche das Testostoron produziert, in Verbindung steht. Die Leydigsche Drüse ist mit der Selbstheilung verbunden. Wenn etwas mit dem physischen Körper nicht in Ordnung ist, dann hilft die Leydigsche Drüse dabei, die Gesundheit im Inneren wieder herzustellen. Daher sagte Quan Yin so meisterhaft, dass es weise ist, bezüglich seiner Sexualität maßvoll zu sein. Denn es gibt ein Reservoir an Energie in den ersten beiden Chakren, das von diesen Drüsen für ihre Arbeit genutzt wird. Wenn dieses Reservoir an Energie verbraucht ist, besitzen diese Drüsen weniger Energie, mit der sie arbeiten können. Das erste Chakra steht in Verbindung mit den Keimdrüsen. Das siebte Chakra ist mit der Zirbeldrüse verbunden.

Die Chakren stehen außerdem mit den Nervengeflechten innerhalb der Wirbelsäule in Verbindung, die ebenfalls die Gesundheit stark beeinflussen. Die Schlüsselfrage ist, wie öffnet man die sieben Siegel oder die Chakren, wovon in den Offenbarungen des Johannes im Neuen Testament die Rede ist? Dies geschieht durch die Entwicklung des Bewusstseins. Jeder Gedanke, den du denkst, manifestiert sich durch eines der Chakren. Wenn du ausgeglichen und auf dein Bewusstsein ausgerichtet bist und lernst, das spirituelle Christus-/Buddha-/Gottesbewusstsein zu demonstrieren, manifestiert sich dies in der Öffnung und der Ausgeglichenheit der Chakren. Dies lässt die Drüsen weder übermäßig noch zu schwach arbeiten und bewirkt dann die richtige Balance im Nervengeflecht der Wirbelsäule.

Hier folgt ein schneller Überblick, obwohl ich mir sicher bin, dass du dies bereits weißt:

Das siebte Chakra ist die Verbindung zu Gott.
Das sechste Chakra ist die Öffnung des Dritten Auges und die spirituelle Vision.
Das fünfte Chakra ist die Hingabe an Gottes Willen und die Kommunikation.
Das vierte Chakra ist die bedingungslose Liebe.
Das dritte Chakra hat mit dem persönlichen Willen und der geistigen und emotionalen Ausgeglichenheit zu tun.
Das zweite Chakra hat mit der Sexualität, Selbstheilung und Kreativität zu tun.
Das erste Chakra hat mit Überlebensthemen zu tun.

Wenn dein Bewusstsein auf allen Ebenen ausgeglichen ist und du dein negatives Ego mit seinem angstbegründeten Denken überwunden hast und dein spirituelles Bewusstsein entwickelst, dann leuchten diese Chakren auf wie sieben Kirchen und sieben goldene Kerzenleuchter - einer der Schlüssel zur Erleuchtung.

Nun würde ich gerne über die Samenatome der metaphysischen Konstitution eines jeden Menschen sprechen. Wir alle besitzen drei Samenatome: ein geistiges, ein emotionales und ein physisches. Dies sind Aufnahmeatome unseres persönlichen Karmas. Das Interessante ist, dass diese Samenatome das Karma aus vergangenen und aus diesem Leben verteilen. Dies ist einer der Wege, wie Karma oder das, was wir säen oder ernten, wieder zu uns zurückgelangt. Sie verteilen das Karma auf mystische Weise in den Blutstrom, welcher die Drüsen beeinflusst, die dann wiederum die Organe beeinflussen. Wie wir daran erkennen können, ist die physische Gesundheit ein sehr komplexes Thema.

Die Geistige Welt und die Meister leiten mich nun dazu an, die folgende Liste einiger Ursachen für physische Krankheiten zu erstellen, es sind etliche dabei, an die du bestimmt nicht gedacht hättest. Einige davon sind:

Spirituelle Ursachen
Geistige Ursachen
Emotionale Ursachen
Energetische Ursachen
Ätherische Ursachen
Ursachen aus vergangenen Leben
Tatsächlicher physischer Schaden des physischen Körpers
Elektrische Schäden der Organe oder anderer Systeme, die sich von ätherischen Schäden unterscheiden
Die Schwächung von Organen und Drüsen auf Grund von Missbrauch über eine längere Zeit hinweg
Vergiftung auf spiritueller, mentaler, emotionaler, übersinnlicher, energetischer und physischer Ebene sowie im Beziehungsbereich oder auf der äußeren Ebene
Negative außerirdische Implantate
Negative Elementale
Gesundheitslektionen, die von den Seelenausdehungen übernommen wurden
Genetische Ursachen für Krankheit, die durch die Eltern vererbt wurden
Das Karma der Vorfahren
Psychologische Ursachen
Übersinnliche Ursachen
Unausgewogenheit der Chakren
Die Verteilung von Karma durch die Samenatome

Ernährungsbedingte Ursachen
Erdkristalle
Schädigung der Meridiane und Nadis
Spirituelle Veränderung
Unfälle
Gruppenkarma
Allgemeine rassenbedingte Herkunft der Menschheit
Zustand des planetaren Lebens
Verbindung zwischen dem ätherischen und dem physischen Körper ist zu locker

Dieser Liste wurden auch die folgenden hinzugefügt:

Allgemeines Karma
Astrologischer Einfluss, der den physischen Körper beeinflusst
Übersinnlicher Angriff
Kernangst-Programmierungen und das Unkraut, das sie erzeugen
Astrale Wesen
Seelenfragmentierung
Waffen, die im Energiefeld und den Chakren aus vergangenen oder aus diesem Leben feststecken
Pfeile und Nadeln, die in den Organen und Drüsen feststecken
Übersinnliche Parasiten
Physische Erkrankung durch Bakterien, Viren und Pilze
Graue Felder
Schäden am Energiefeld des Körpers
Chakraschäden
Extreme Aufstiegsbeschleunigung
Stufen der Einweihung und der Lichtkörper zu nehmen, die zuvor nicht auf der Erde durchlaufen wurden und die den physischen Körper zwingen, sich anzupassen
Irritationen, übersinnliche Löcher und undichte Stellen in der Aura und in den Energiefeldern
Gesundheitslektionen der Menschen, die zur Glorie Gottes sind

Wie ihr sehen könnt, meine Freunde, ist Gesundheit ein sehr komplexes Thema mit vielen Gesichtern, und nicht einfach eine Form oder eine Ebene der Heilung ist eine Garantie dafür, dass Heilung auch wirklich stattfinden wird. Um wirklich ein Meisterheiler zu sein, muss man all die Dinge auf dieser Liste in Betracht ziehen, um sicher zu gehen, dass eine Methode des breit gefächerten Bewusstseins zur Heilung stattfindet. Die Heiler der Zukunft werden integrierte Meisterheiler sein, wie Lehrer, Priester, Psychologen, Medien, Hellseher, Ganzheitliche Behandler, Energiearbeiter, Lichtarbeiter, Klangheiler, Aromatherapeuten, Physiotherapeuten, Sozialarbeiter, Ernährungsberater, Gebetsspezialisten, Behandlungsspezialisten, Hypnosespezialisten, um hier nur einige zu nennen. Dies sind die „integrierten Heiler mit einem breit gefächerten Bewusstsein". Diese Art von Heiler spricht nicht nur aus dem Wissen, das sie in Büchern oder in Workshops erlernt haben, sondern auch aus wahrer Weisheit. Viele Lichtarbeiter auf Erden meinen, dass ihr Bruchstück die komplette Lösung sei oder, dass sie alles wüssten, was es über Heilung zu wissen gibt, was wirklich komisch ist. Wie aus dieser Liste entnommen werden kann, ist dies ein sehr komplexer, multidimensionaler Prozess mit vielen Gesichtern, wie Quan Yin so eloquent aufgezeigt hat.

Zu eurer Freude beschließe ich hiermit dieses Kapitel des Buches:

Die zehn Gesetze und sechs Regeln nach Djwhal Khul, entnommen aus dem Buch *Esoterische Heilung* von Alice Bailey.

I. Gesetz

Jede Krankheit ist das Ergebnis gehemmten Seelenlebens; das gilt für alle Formen in allen Reichen. Die Kunst des Heilers besteht darin, die Seele freizumachen, so dass ihr Leben durch die Aggregate von Organismen strömen kann, aus denen jede Form besteht.

II. Gesetz

Krankheit entsteht durch drei Einflüsse und ist diesen unterworfen. Es sind dies:

1. Des Menschen eigene Vergangenheit, womit er den Preis für weit zurückliegenden, uralten Irrtum bezahlt.
2. Das allen Menschen gemeinsame Erbteil an jenen verdorbenen Energieströmen, die Gruppenursprungs sind.
3. Er hat, wie alle Naturformen, teil an dem, was der Herr des Lebens Seinem Körper auferlegt. - Diese drei Einflüsse nennt man „Das Urgesetz des Teilhabens am Übel". Dieses Gesetz muss eines Tages jenem neuen, „seit Urzeiten herrschenden Gesetz des Guten" weichen, das hinter allem steht, was Gott geschaffen hat. Dieses Gesetz muss durch den geistigen Willen des Menschen zur Wirksamkeit gebracht werden.

I. Regel

Der Heiler soll sich darin schulen, die innere Gedanken- oder Begierdenstufe des Patienten zu erkennen. Dadurch kann er erfahren, aus welcher Quelle die Störung kommt. Er soll Ursache und Wirkung miteinander in Beziehung setzen und dann genau die Stelle erkennen, durch welche die Abhilfe kommen muss.

III. Gesetz

Krankheiten entstehen dadurch, dass sich die Lebensenergie eines Menschen grundlegend zentralisiert. Von der Ebene, auf der diese Energien konzentriert sind, gehen auch jene bestimmenden Bedingungen aus, die zu schlechter Gesundheit führen und die sich daher als Krankheit, oder aber als Freisein von Krankheit auswirken.

IV. Gesetz

Sowohl physische wie psychologische Krankheit hat ihren Ursprung im Guten, Schönen und Wahren; sie ist nur ein verzerrtes Spiegelbild göttlicher Möglichkeiten. Die gehemmte Seele, die nach voller Ausdrucksverleihung eines göttlichen Wesenszuges oder einer inneren, geistigen Realität strebt, erzeugt in der Substanz ihrer Hüllen eine Reibungsstelle. Auf diesen Punkt konzentrieren sich die Augen der Persönlichkeit, und das führt zur Krankheit. Die Kunst des Heilers besteht nun darin, die nach unten gerichteten Augen nach oben, auf die Seele, den wahren Heiler innerhalb der Form zu lenken. Dann lenkt das geistige oder Dritte Auge die Heilkraft, und alles ist gut.

II. Regel

Der Heiler muss durch Reinheit des Lebens magnetische Reinheit erlangen. Er muss sich jene austreibende Strahlung aneignen, die sich in jedem Menschen dann zeigt, wenn er die Zentren im Kopf miteinander verbunden hat. Sobald dieses magnetische Feld hergestellt ist, dringt auch die Strahlung hinaus.

V. Gesetz

Es gibt nichts als Energie, denn Gott ist Leben. Im Menschen begegnen sich zwei Energien, jedoch sind noch fünf andere anwesend. Für eine jede gibt es eine zentrale Kontaktstelle. Der Widerstreit dieser Energien mit den Kräften und der Kräfte untereinander verursacht die körperlichen Beschwerden des Menschen. Der Widerstreit zwischen der ersten und zweiten dauert viele Zeitalter lang, bis einmal der Berggipfel – die erste große Bergspitze – erreicht ist. Der Kampf zwischen den Kräften erzeugt alle Krankheiten, alle Übel und körperlichen Schmerzen, die Erlösung im Tode suchen. Die zwei, die fünf und somit die sieben samt dem, was sie erzeugen, besitzen das Geheimnis. Dies ist das fünfte Heilgesetz in der Welt der Form.

III. Regel

Der Heiler konzentriere die nötige Energie in dem benötigten Zentrum. Dieses Zentrum soll demjenigen entsprechen, das bedürftig ist. Die beiden sollen im Einklang schwingen und miteinander die Kraft vermehren. So soll die wartende Form zu ausgeglichener Betätigung gebracht werden. So sollen die beiden und die eine unter rechter Leitung heilen.

VI. Gesetz

Wenn die Bilde-Energien der Seele im Körper tätig sind, besteht Gesundheit, ungetrübtes Wechselwirken und rechte Funktion. Wenn jedoch die Lunarherren und jene Wesen, die unter der Herrschaft des Mondes und auf Geheiß des niederen persönlichen Selbstes wirken als Bildekräfte auftreten, so führt dies zu Krankheit, Siechtum und Tod.

VII. Gesetz

Wenn Leben oder Energie unbehindert und infolge rechter Lenkung zu ihrer äußeren Erscheinungsform (der angeschlossenen Drüse) strömt, dann spricht die Form darauf an, und die Beschwerde verschwindet.

IV. Regel

Eine sorgfältige Krankheitsdiagnose, die sich auf die festgestellten äußeren Symptome gründet, wird bis zu dem Grade vereinfacht werden, dass man, wenn einmal das betreffende Organ erkannt und damit isoliert ist, das ihm zunächst liegende Zentrum im Ätherkörper bestimmten Methoden okkulten Heilens unterwirft; daneben werden jedoch auch die gewöhnlichen medizinischen oder chirurgischen Heilverfahren zur Anwendung kommen.

VIII. Gesetz

Krankheit und Tod sind die Folge zweier wirkender Kräfte. Die eine ist der Wille der Seele, der zu seinem Instrument sagt: Ich ziehe die Lebensessenz zurück. Die andere ist die magnetische Kraft des planetarischen Lebens, die zu dem Leben in dem atomischen Gefüge sagt: Die Stunde der Wiederaufnahme ist da. Kehre zu mir zurück! So handeln alle Formen nach dem zyklischen Gesetz.

V. Regel

Der Heiler muss versuchen, seine Seele, sein Herz, sein Gehirn und seine Hände zu verbinden. So kann er die lebendige Heilkraft über den Patienten ausgießen. Das ist *magnetisches Wirken*. Entweder heilt es die Krankheit oder es verschlimmert den schlechten Zustand, je nach dem Wissen des Heilers. Der Heiler muss versuchen, seine Seele, sein Gehirn, sein Herz und seine aurische Ausstrahlung zu verbinden. So kann seine Gegenwart das Seelenleben des Patienten stärken. Dies ist *Wirken durch Ausstrahlung*. Die Hände sind nicht nötig. Die Seele erweist ihre Kraft. Des Patienten Seele reagiert, da sich seine Aura für die aus der Aura des Heilers kommende, von Seelenenergie durchflutete Strahlung empfänglich zeigt.

IX. Gesetz

Vollkommenheit ruft Unvollkommenheit ans Tageslicht hervor. Das Gute treibt stets das Böse aus der Form des Menschen in Zeit und Raum aus. Die Methode, die sowohl vom Vollkommenen als auch vom Guten verwendet wird, ist Harmlosigkeit. Das ist keine negative, passive Geisteshaltung, sondern vollkommene Ausgeglichenheit, eine abgeschlossene Weltanschauung und göttliches Verstehen.

VI. Regel

Der Heiler oder die Heilergruppe müssen ihren Willen im Zaum halten. Nicht der Wille soll angewandt werden, sondern die Liebe.

X. Gesetz

Höre, o Jünger, auf den Ruf, der vom Sohn an die Mutter ergeht, und gehorche dann. Das Wort geht hinaus, dass die Form ihren Zweck erfüllt hat. Das Denkprinzip passt sich an und wiederholt dann das Wort. Die wartende Form gibt Antwort und löst sich ab. Die Seele ist frei.

Folge, o Aufsteigender, dem Ruf, der aus dem Reich der Verpflichtung kommt; erkenne den Ruf, der vom Ashram oder aus der Ratskammer kommt, wo der Herr des Lebens Selbst wartet. Der Ton geht hinaus. Seele und Form müssen beide zusammen dem Lebensprinzip entsagen und so der Monade erlauben, frei zu werden. Die Seele antwortet. Dann zerbricht die Form die Verbindung. Das Leben ist jetzt befreit und besitzt die Eigenschaft bewussten Wissens, die Früchte aller Erfahrung. Dies sind die Gaben, die Seele und Form gemeinsam schenken.

Bemerkung zum X. Gesetz: Mit diesen Worten wird ein neues Gesetz verkündet, das an die Stelle des Todesgesetzes tritt und nur für diejenigen gilt, die sich auf den letzten Stufen des Pfades der Jüngerschaft und auf dem Pfade der Einweihung befinden.

Lektion 7 - Gesundheit

„EIN MEISTER UNTER MEISTERN ERHÄLT IN ERSTER LINIE EIN GESUNDES GEWISSEN AUFRECHT."

Dieses siebte Meisterprinzip Quan Yins der Gesundheit ist sehr wichtig und sollte nicht übersehen werden. Dies zu übersehen ist ein gängiger Fehler unter so genannten New-Age-Meistern, -Gurus, -Lehrern, -Professoren, -Spezialisten, -Spirituellen, -Übersinnlichen etc. Was Quan Yin mit einem gesunden Gewissen meint, ist ein Gewissen manifestiert durch Ehrlichkeit, absolute Wahrheit und aufrichtiger Integrität. Mit diesem Prinzip betont Quan Yin die vollständig bis ins Detail gehende spirituelle Wahrnehmung einer Seele, insbesondere heutzutage in der New-Age-Bewegung, in der es an diesen grundsätzlichen Schwesterntugenden wie Ehrlichkeit, absolute Wahrheit und aufrichtige Integrität mangelt. Die Nichtbeachtung dieser Tugenden manifestiert sich häufig im physischen Körper. Wenn man sich spirituell dieser Fehler bewusst ist, dann kann man erkennen und wahrnehmen, wer wirklich ein aufrichtiger Meister ist und wer nicht. Der physische Körper mag solche Symptome manchmal durch abnormale Eigenarten manifestieren. Die Zeichen mögen sich als Verhaltensauffälligkeiten jeglicher Art, unkontrollierbarem Augenzwinkern, Nervosität, Stottern, mangelnde Konzentration, ständige Vergesslichkeit,

Säumigkeit aus Gewohnheit, dem Vergessen von Terminen, intensivem Schwitzen ohne ersichtlichen Grund und ungeachtet des Wetters, Nägelkauen, manchmal sogar dem unnötigen Spielen mit einem Kugelschreiber oder einem anderen Objekt, dem Herumspielen mit den Daumen, dem Klopfen mit den Fingern, dem Schwingen der Beine, während man sitzt und unzählige weitere unnötige Bewegungen manifestieren. Der einfache, offensichtliche Grund für solche Bewegungen ist ein Mangel an Körperkontrolle, was auf einen Mangel an Ausrichtung, Ausgeglichenheit und Harmonie zurückzuführen ist. Ferner, weil es einige Bedenken bezüglich der Ehrlichkeit, der absoluten Wahrheit und der aufrichtigen Integrität gibt. Dies verursacht Schuldgefühle, die sich im physischen Körper ausdrücken oder manifestieren. Man kann nicht lügen, denn dies ist ebenfalls eine manifestierte Form karmischer Resultate. Was man sät, das erntet man. Was man denkt oder fühlt, das manifestiert sich. Kannst du dir einen aufrichtigen Meister mit einem solchen Verhalten vorstellen? Stell dir nur einmal den heiligen Franziskus, Djwhal Khul, St. Germain, Jesus oder selbst mich und Quan Yin vor, die sich so verhalten, während sie sitzen und zu dir sprechen. Wäre dies nicht völlig lächerlich?

Ein weiteres Zeichen dafür ist, dass man einem Menschen, der ein schlechtes Gewissen hat, nicht in die Augen schauen kann. Vielleicht hast du bereits eine solche Person getroffen und sie konnte dir nicht in die Augen schauen. Du bist dir dessen bewusst, dass etwas nicht in Ordnung ist, du weißt aber nicht genau, was es ist. Sicherlich mangelt es diesem Menschen an einem guten Gewissen. Höchstwahrscheinlich war dies eine seiner geheimen Lügen. Aber dies sind Masken. Auch du wirst in der Lage sein zu erkennen, dass es sich dabei um ein schlechtes Gewissen handelt. Mit nur wenig Nachforschung wird dies enthüllt werden. Die Maske wird abfallen. In dieser modernen Welt wird man auf viele solcher falschen „Propheten“, Meister, Gurus, Lehrer und Führer treffen. Sie können dir aber nicht entkommen, wenn du dir dieses wichtigen Prinzips bewusst bist. Ein solches Opfer kann nicht die Ausrede eines physischen Defekts haben. Sicher ist es ein physischer Defekt, er hat jedoch eine Ursache. Höchstwahrscheinlich gibt es schwerwiegende physische Abnormitäten, die auf ein ungesundes Gewissen zurückzuführen sind.

In einer Ausgabe des Magazins *Readers Digest* steht geschrieben, dass der durchschnittliche Mensch täglich mindestens 80 Mal lügt.

Solange ein Mensch sich dessen nicht bewusst ist, wird er dies gewohnheitsmäßig bis zu dem Punkt tun, an dem er keine Gewissensbisse mehr hat. Einst sagte ein Guru in Texas, dass das Gewissen verglichen werden kann mit einem Sporn, der mehrere scharfe Spitzen hat. Diese Spitzen des Sporns sind dazu gedacht, ein Pferd dahingehend zu lenken, entweder zu kommen, zu gehen oder still zu stehen, abhängig von der Bewegung des Sporns und den antrainierten Anweisungen. Wenn eine sensible Seele sich etwas Unehrlichem, Unwahrem oder einem unkorrekten Gewissen bewusst wird, dann ist sie normalerweise alarmiert und hat erkannt, dass etwas nicht in Ordnung ist. Aber eine Seele, die davon nicht bewegt wurde oder keine Gewissensbisse verspürt, ist nicht beunruhigt und empfindet die scharfen Spitzen des Sporns nicht mehr und setzt das falsche Tun ohne Gewissensbisse weiter fort. Sie hat keine Sensibilität in ihrem Gewissen. Es ist nicht mehr gesund und mit dieser ständigen Einstellung wird eine solche Person nicht nur taub der Wahrheit gegenüber, sondern hält eine solche Einstellung auch noch für richtig. Dies führt leicht zu einem korrupten Geist.

Es gibt einige Fälle, in denen eine Seele taub oder gleichgültig gegenüber den Gewissensbissen der Integrität werden kann. Sie lebt dann nicht nach ihren Worten, Versprechungen oder Verpflichtungen und denkt auch nicht darüber nach. Es gibt allgemein mehrere Arten von Gruppen, die keine Integrität besitzen. Dies trifft aber nicht immer zu. Unter diesen Menschen befinden sich Politiker, Geschäftsleute und Anwälte usw. Ohne dies werten zu wollen, betrifft dies natürlich nicht alle Politiker, Geschäftsleute und Anwälte. Es gibt Ausnahmen. Im Allgemeinen findet man unter Nonnen, Mönchen und Priestern Männer und Frauen mit Integrität. Aber es gibt auch hier Ausnahmen. Aus dem gleichen Grund gibt es Ausnahmen bei allen möglichen Menschengruppen. Dies sollte man jedoch nicht unter Meistern finden. Und dies ist der Grund, warum man zu Beginn Ehrlichkeit, absolute Wahrheit und aufrichtige Integrität erlangen sollte.

Es gibt ein Beispiel eines sehr intelligenten und außergewöhnlichen Arztes. Er besaß die Fähigkeit, vielerlei Patienten mit degenerativen Erkrankungen zu heilen. Er war in der Lage, seine Patienten ausführlichst zu beraten und zu therapieren und die einzigartigsten, außergewöhnlichsten Heilungen und Hilfen der Welt zu ermöglichen. Einmal entdeckte ein Freund, der immer wahrheitsgetreu, ehrlich und integer war, seine Maske. Auf der einen Seite verkörperte der Arzt die so genannte „Magie" der Heilung, doch seine Motivation passte nicht zu den drei Tugenden. Man fand heraus, dass er seine Patienten ausnutzte, viel zu hohe Kosten berechnete, er dabei ertappt wurde, wie er gelogen hatte, er seine Schweigepflicht als Arzt brach, denn er sprach über viele der persönlichen vertraulichen Offenbarungen seiner Patienten und um dies noch zu steigern, lebte dieser Arzt kein Leben in Integrität. Als karmisches Resultat wurden seine Patienten misstrauisch und einer nach dem anderen blieb seiner Praxis fern. Am Ende verlor er die meisten seiner Patienten und seine Lizenz als Arzt wurde ihm schließlich entzogen, da seine Patienten sich über ihn beschwerten und er mehrmals verklagt wurde. Diese Geschichte bezieht sich auf einen Doktor der Medizin. Noch ungehöriger wäre es, wenn man dies von einem so genannten Meister hören würde. Heute passiert so etwas in der New-Age-Bewegung. Der Unterschied ist, dass diese Leute noch nicht ertappt wurden. Aber Karma kennt einen Weg des Einholens. Und derart Kriminelle werden eines Tages ihrer Verurteilung gegenüberstehen.

Eine andere Art, in der sich Menschen mit einem ungesunden Gewissen zeigen, ist, ihre Verpflichtungen, Gelübde, Versprechen, Verträge und Übereinkommen jeglicher Art nicht einzuhalten. Häufig sind Ehepartner die ersten, die sich dieser Untreue, Lügen, Geheimnisse, diesem Betrug und sogar dem Hintergehen des Partners schuldig gemacht haben. Zuerst mag man den Ernst dieser Vergehen nicht erkennen, doch wenn die Erkenntnis eine Furche im Gewissen hinterlassen hat, sollte man sofort seine Fehler erkennen und sie korrigieren. Fehler können passieren. Doch es ist der Umgang mit diesen Fehlern, was zählt.

Schließlich werden die Menschen noch durch ihre eigenen physischen, emotionalen und intellektuellen Körper mit einem ungesunden Gewissen verblendet. Sie werden vom negativem Ego und von Selbstgerechtigkeit gesteuert. Es gibt heute viele solcher Menschen auf der Welt und mit Hilfe der Meister werden sie lernen, sich ihrer Verstöße durch die Beispiele der lebenden Meister, so wie du heute einer auf dem Planeten bist, bewusst zu werden.

Die geliebte Quan Yin spricht über einen entscheidenden Punkt bezüglich der Gesundheit, über den häufig nicht nachgedacht wird, indem sie das Thema des Gewissens mit einbringt. Was ist ein Gewissen? Unser Gewissen ist der Teil in uns, der moralisch und ethisch ist und der den Unterschied zwischen Richtig und Falsch kennt. Ein Mensch, der kein Gewissen hat, ist ein Soziopath. Ein Mensch ohne Gewissen ist völlig egoistisch und selbstgerecht. Was bringt einen Menschen dazu, sich derart zu verhalten? Es gibt eine Reihe von Ursachen, die Quan Yin brillanterweise aufzeigt. Dies entsteht zunächst, indem man den Unterschied zwischen dem Denken aus dem negativen Ego und dem Denken aus dem spirituellen Christus-/Buddha-/Gottesbewusstsein nicht versteht. Dies ist in erster Linie die Ursache. Zweitens rührt es daher, wie Quan Yin aufzeigt, dass man nicht im Einklang, in Ausrichtung, in der Integrität ist. Dies bedeutet, dass man nicht integriert ist. Mit anderen Worten, das Überbewusstsein, das Bewusstsein und das Unterbewusstsein sind nicht in richtiger Ausrichtung. Die fünf Körper sind nicht in richtiger Ausrichtung (spirituell, mental, emotional, ätherisch und physisch). Es gibt keine richtige Beziehung zwischen dem inneren Elternteil und dem inneren Kind. Der Mensch praktiziert nicht das, was er predigt und erzählt. Es entstammt einer falschen spirituellen Psychologie, Philosophie, einem falschen Verständnis und Glaubenssystem, was zu einer Desintegration und Zersplitterung führt. Dies, meine Freunde, verursacht Chaos im physischen Körper, wie Quan Yin so eloquent aufzeigt.

Eine weitere Sache, die in extremen Fällen auftritt, besteht darin, dass Menschen tatsächlich von ihrem Höheren Selbst getrennt sind. Viele Menschen wissen dies nicht, aber das Höhere Selbst ist solange nicht wirklich vollständig mit der inkarnierten Seele verbunden, bis diese Seele einen Schritt hin zum spirituellen Leben unternimmt. Es gibt eine große Anzahl von Menschen auf Erden, die völlig von ihrem Höheren Selbst abgeschnitten sind, was jedoch einen Teil zur Entwicklung eines gesunden Gewissens darstellt. Sie sind außerdem vom Heiligen Geist abgeschnitten, denn es gibt im Leben nur zwei Stimmen, die Stimme des Geistes und die Stimme des negativen Ego. Es sind Gegensätze. Es ist die Stimme der Liebe und die Stimme der Angst. Hinsichtlich des Themas der Ehrlichkeit gibt es ein weiteres Thema, das verstanden werden muss. Einem integrierten spirituellen Meister gegenüber ehrlich zu sein bedeutet nicht, dass man wie ein Kind ist und unangebracht die erste Sache hinausposaunt, die einem in den Sinn kommt, wie es ein Kind tun würde. Dies ist ein falsches Bild von Ehrlichkeit. Wahre Ehrlichkeit des Selbstes und der Gotteserkenntnis wägt ab und sagt das, was angebracht ist, so wie es der göttliche Wille in jedem Moment im Zusammenhang mit der Situation oder Beziehung tun würde. Ein Kind posaunt das hinaus, was Menschen manchmal verletzt. Wahre Ehrlichkeit verletzt niemals, denn wahre Ehrlichkeit nutzt spirituelle Erkenntnis und bleibt innerhalb der Grenzen des spirituellen Christus-/Buddha-/Gottesbewusstseins.

„EIN MEISTER UNTER MEISTERN ERHÄLT IN ERSTER LINIE EIN GESUNDES GEWISSEN AUFRECHT."

Lektion 8 - Gesundheit

„DAS GESUNDE AUGE EINES MEISTERS STRAHLT UND LEUCHTET STÄRKER, ALS EIN FUNKELNDER STERN INMITTEN DER DUNKELHEIT DER NACHT."

Was ist das gesunde Auge des Meisters? Es ist nichts anderes als das spirituelle Auge, das Anjina-Chakra, das sich zwischen den Augenbrauen etwa zwei bis drei Zentimeter im Inneren befindet. Quan Yin bezieht sich auf das spirituelle Auge, oder sogar auf den

Stern, wie es manchmal genannt wird, das Adam erstmals gegeben wurde, als Gott ihm Atem einhauchte. Es ist kein neuer Ausdruck aus dem New-Age, denn es wurde in der Bibel von einem frühen Anhänger Sanandas im Buch der Epheser im Kapitel 1:18 bereits erwähnt. Der heilige Paulus nennt es das Auge des Herzens und dies ist richtig, denn es ist das, was die Seele sieht.

Das Auge des Herzens muss ein gesundes Auge sein, das nur durch Liebe und nicht durch Angst versorgt und genährt werden kann. Es liegt an jeder individuellen Seele, dieses Auge zu verstärken, indem man die Welt und alle Dinge mit Liebe, mit göttlicher Liebe, betrachtet. Ein Meister hat dieses Auge so gut versorgt, dass er ungeachtet allem Negativen trotzdem das Positive ausstrahlen kann. Das Auge des Herzens hält einen fit, ganz und gesund, denn es ist an sich intelligent und wissend, es erkennt die Dinge, ist harmonisch und ausgeglichen, voller Weisheit und Einsichten, erleuchtet und strahlend und es leuchtet in der Dunkelheit der Verzweiflung. Durch dieses Auge gedeiht und überlebt man.

Übersinnliche behaupten, dass sie dieses spirituelle Auge, das Auge des Herzens, besitzen. In Wahrheit aber nutzen sie ihr übersinnliches Auge, das begrenzt ist. Aus diesem Grund kann es zu Unterschieden kommen, wenn eine Person durch das übersinnliche Auge channelt, im Vergleich zu einer anderen Person, welche das spirituelle Auge, das Auge des Herzens, nutzt. Nur wenige Menschen sind sich dessen heute bewusst. Ein übersinnlicher Mensch mag die Wahrheit sagen, doch sie ist begrenzt. Sie ist nicht notwendigerweise falsch. Der Mensch mag sogar gut sein, aber häufig wird das übersinnliche Auge von Emotionen und sogar vom inneren Kind gesteuert. Nimm beispielsweise kleine Kinder. Viele von ihnen sagen, dass ihr Drittes Auge geöffnet sei, was wirklich wahr sein kann. Doch es ist nicht das spirituelle Auge, oder das Auge des Herzens, auf das der heilige Paulus, nach den Lehren von Sananda, hinweist. Frag ein Kind nach spirituellem Rat. Höchstwahrscheinlich kann es ihn nicht geben und weiß häufig gar nicht, wovon du sprichst. Ein Kind ist rein, unschuldig und einfach. Normalerweise ist ein solch unschuldiges Kind kein Lügner. Doch es ist einfach noch nicht bereit, noch nicht reif genug. Genauso wie dies einige Übersinnliche noch nicht sind, obwohl sie beweisen könnten, dass sie intelligent und sehr klug sind. Ein Channel muss nicht intelligent sein; durchschnittliche Intelligenz ist ausreichend. Einige Erwachsene sind es ebenfalls noch nicht, sie sind noch sehr emotional und haben ein etwas entwickeltes Drittes Auge, welches sich aber vom spirituellen Auge, dem Auge des Herzens, unterscheidet. Viele Menschen haben ihr übersinnliches Auge entwickelt, worauf einige New-Age-Anhänger sehr viel Wert legen. Wir sagen nicht, dass dies falsch wäre. Wir urteilen nicht. Wir unterscheiden einfach zwischen dem niederen Auge und dem tiefgründigeren Auge des Herzens.

Dies ist sehr wichtig für die lebenden irdischen angehenden Meister, die danach streben, ein Channel zu sein. Man kann channeln, indem man das übersinnliche Auge nutzt, was in den meisten Fällen getan wird. Oder man kann durch das spirituelle Auge, das Auge des Herzens, channeln, was Präzision und eine unglaubliche Fähigkeit verleiht, genaue Botschaften zu empfangen und komplizierte Fragen zu beantworten. Denn diese Menschen sehen nicht als Übersinnliche, sondern als spirituelle Wesen, die im höchsten Interesse und zum höchsten Guten aller Menschen handeln.

Ein guter Channel ist nicht unbedingt jemand, dessen Botschaften dich erfreuen und mit dem du übereinstimmst. Denn ein aufrichtiger, wahrer Channel wird zuerst nach deinem höchsten Interesse und nach deinem höchsten Guten und dann nach dem höchsten Guten aller streben. Er wird außerdem nicht rätseln, wie es die Übersinnlichen oft tun. Häufig ist ihr Rätselraten richtig, aber es passiert auf eine falsche Art und Weise. Es geschieht oft durch das Abwägen von Möglichkeiten und das Wahrscheinlichste gewinnt. Ein aufrichtiger Channel wird sagen, dass er es nicht weiß, wenn er es nicht weiß. Aber wenn er es weiß, dann hält er nichts zurück und handelt im höchsten Interesse und für das höchste Gute aller.

Um als werdender Meister gesund zu sein, muss man seine spirituellen Organe wie auch seine physischen und die der anderen Körper untersuchen. Das spirituelle Auge, oder das Auge des Herzens, ist eines der vitalsten Organe des Meisters. Aus diesem Grund sagt Quan Yin:

„DAS GESUNDE AUGE EINES MEISTERS STRAHLT UND LEUCHTET STÄRKER, ALS EIN FUNKELNDER STERN INMITTEN DER DUNKELHEIT DER NACHT.“

Wie zuvor erwähnt wurde, ist das sechste Chakra, oder das Dritte Auge, mit der Meisterdrüse des Körpers, der Hypophyse, verbunden. Du kannst hier also erkennen, warum Quan Yin dem Öffnen des Dritten Auges ein Kapitel gewidmet hat. Die Schlüsselfrage ist, was öffnet das Dritte Auge? Viele Menschen denken, dass die Hellsichtigkeit ein Zeichen des geöffneten Dritten Auges ist. Im Gegensatz zur gängigen Meinung ist dies nicht wahr. Ich kenne viele Menschen, die hellsichtig sind, deren Drittes Auge allerdings völlig geschlossen ist. Denn das Öffnen des Dritten Auges hat mit der Entwicklung und der Erhöhung des Bewusstseins zu tun. Wie Quan Yin aufzeigt, hat dies nichts damit zu tun, übersinnlich zu sein. Ich kenne viele Menschen, die sehr übersinnlich sind und sie glauben noch nicht einmal an Gott. Ihr übersinnliches Reich kann eine große Falle für diese Menschen sein. Was darüber entscheidet, was du siehst, ist dein Bewusstsein. Wenn dein Bewusstsein nicht entwickelt ist, dann wird sich deine hellsichtige Einstimmung nur auf das astrale Reich ausrichten. Dasselbe trifft auf das Seelenreisen zu. Dein Bewusstsein wird dich wie einen Magneten zum astralen oder zum geistigen Reich hinziehen, ob du es willst oder nicht. Dasselbe trifft auf das Channeln zu. Wenn dein Bewusstsein nicht entwickelt ist, dann wirst du Astralelemente und negative Außerirdische anziehen, wenn du versuchst zu channeln.

Meine Freunde, ihr seht nicht durch eure physischen Augen, sondern durch euer Bewusstsein und durch euren Geist. Jeder Gedanke, den ihr denkt, ist ein Filter, durch den ihr schaut. Ihr alle habt das Zitat von Johannes aus der Bibel gehört: *„Ich war blind und jetzt kann ich sehen.“* Sehen zu können bedeutet hier, in der Lage zu sein, durch das spirituelle Christus-/Buddha-/Gottes-bewusstsein auf integrierte und ausgeglichene Art und Weise und aus der Perspektive des breit gefächerten Bewusstseins und der Synthese hindurch zu sehen und nicht aus der Perspektive der limitierten Filter.

In Wahrheit ist dein Bewusstsein in sieben Ebenen unterteilt. Diese sieben Ebenen sind deine sieben Chakren. Jeder Gedanke, den du denkst und jedes Gefühl, das du empfindest, manifestiert sich in einem deiner Chakren und dies bestimmt, in wie weit dieses Chakra geöffnet oder geschlossen ist und ob deine Drüsen zu intensiv oder zu schwach arbeiten. Kannst du nun erkennen, wie wichtig es ist, dein Bewusstsein zu entwickeln, was dasselbe ist, wie das Öffnen des Dritten Auges? Es ist außerdem entscheidend, die dreifaltige Flamme der Liebe, Weisheit und Kraft auszubalancieren. Viele Lichtarbeiter sind liebevoll, aber es fehlt ihnen an Kraft und/oder Weisheit. Und so werden sie häufig sehr verwirrt. Andere haben Kraft aber keine Liebe und versuchen, ihre Kraft den anderen aufzuzwingen und andere zu kontrollieren. Andere wiederum haben Liebe oder gar Kraft, sie haben aber ihre Weisheit noch nicht ausreichend entwickelt, was sie in Schwierigkeiten bringt. Dies alles belastet den physischen Körper, denn es verursacht im Körper viel Stress und viele Lektionen.

Nur wenn wir in Einheit und bedingungslos mit Gott und in allen Beziehungen leben, können wir das erreichen, wovon Meister Jesus sprach, als er sagte: *„Wenn das Auge klar ist, wird der ganze Körper licht sein.“* Dies ist es, wovon Quan Yin hier spricht. Wenn wir unser Bewusstsein entwickeln und verfeinern, dann wird unser Drittes Auge sich vollständig öffnen und der physische Körper wird licht sein.

Lektion 9 - Gesundheit

„DIE STÄRKE DER SEELE WIRD DURCH EIN TREUES HERZ GEMESSEN.“

Quan Yin hat zuvor ihr Prinzip betreffend dem spirituellen Auge erläutert. Nun spricht sie von der Bedeutung des vitalsten Organs, dem Herzen. Auf dem Erdenplaneten ist gemäß den Aufzeichnungen der Welt die Nummer eins der Todesursachen der Schlaganfall. Danach folgt Krebs, eine Krankheit, die den Körper zerfrisst. Die Ursache für den Schlaganfall ist vielseitig. Im Grunde sind die spirituellen Feinde ein Mangel an Kontrolle, falsche Entscheidungen, Maßlosigkeit, Unachtsamkeit, Mangel an Disziplin und unbewusstes Verhalten. Ein Schlaganfall kann kontrolliert, verhütet und rückgängig gemacht werden, wenn er gut versorgt bzw. vorgesorgt wird. Ein gesunder Körper kann bei guter Versorgung und Betreuung wiederhergestellt werden. Im spirituellen Bereich ist da kein großer Unterschied. So wie ein starkes physisches Herz gute Ernährung und Bewegung braucht, so braucht das spirituelle Herz Treue, Mut und Stärke.

In der Bibel heißt es:

„*Ich kann alle Dinge tun durch Christus, der mich stärkt.*“

Es ist nicht nur unsere eigene Stärke, auf die wir uns stützen sollten, sondern auch die Stärke der integrierten Aufgestiegenen Meister, wie von einem, der in diesem Buch erwähnt wurde - Sananda. Das Prinzip, das Quan Yin hier präsentiert, zeigt die Unterschiede auf zwischen einem normalen Meister und einem integrierten Aufgestiegenen Meister. Es ist gut, zwischen den Zeilen zu lesen und dies selbst zu erkennen. Ein treues Herz ist der Schlüssel. Die Belohnung eines treuen Herzens ist die Krone des Lebens. Das Geheimnis ist, wie man dieses treue Herz, das gleichzeitig das Herz stärkt, aufrechterhält. Zu glauben und anzunehmen sind die notwendigen Schritte. Wenn wir glauben, dann treten wir aus der so genannten Welt des Materialismus heraus und wandeln auf dem Wasser des Glaubens. Der Glaube kann, wie es geschrieben steht, sogar Berge versetzen.

Hast du in letzter Zeit Berge versetzt?
Hast du überhaupt etwas bewegt?
Hast du ein paar Schritte in Richtung eines Berges unternommen?
Was ist der Berg in deinem Leben?
Hast du jemanden von den Toten auferstehen lassen?
Oder hast du sonstige Wunder vollbracht? Kleine oder große?

Im Leben eines Missionars gibt es immer ein paar Berge, die es zu versetzen gibt. Eines Tages hörte ich das Gespräch zweier Missionare. Es wurde ersichtlich, dass beide Missionare namens Tapfer & Mutig und Schwach, die gleichen Berge zu versetzen hatten. Sie bestanden aus dem Berg der Gesundheit, dem Berg des Geldes und dem Berg des spirituellen Erfolgs. Geht es nicht jedem so?

Als die Missionare sich dem ersten Berg, dem Berg der Gesundheit näherten, begannen beide zu beten. Nach einigen Stunden auf den Knien fiel der Schwache in Ohnmacht. Wie die Apostel im Neuen Testament fiel er in einen Schlaf und sah nicht, wie der Berg versetzt wurde. Der andere Missionar, Tapfer & Mutig, nahm all seinen Mut und Enthusiasmus zusammen und verspürte schließlich die Freude, als er sah, wie der Berg versetzt wurde. Als der Schwache aufwachte, hatte er Schwierigkeiten, da ihn eine Schlange biss und ihn Furcht überkam. Er wusste nicht, was er tun sollte oder wohin er gehen sollte, er floh nur so schnell er konnte bis er am Wegesrand zusammenbrach und an einem Herzinfarkt starb. Seine Schwäche verursachte einen Anfall. Sein Herz konnte es nicht mehr aushalten. In der Zwischenzeit näherte sich der Missionar Tapfer & Mutig dem zweiten Berg, diesmal ganz allein. Es war der Berg des Geldes. Er fiel auf die Knie und fing an, Gott für die gute Gesundheit zu danken. Er dachte noch nicht einmal an das Geld. Der Missionar Tapfer & Mutig fing einfach an, Gott zu loben und ihm für alles zu danken. Er pries seine göttliche Versorgung und die Fürsorge allen Kreaturen gegenüber. Er befand sich in ekstatischem Gebet, als es plötzlich zu regnen begann. Er pries Gott für den Regen, obwohl er durchnässt war. Dann plötzlich hörte er klirrende Geräusche wie metallene Regentropfen. Es waren Münzen, goldene Münzen, die vom Himmel regneten. Welch phantastisches Wunder regnete herab!

Die Reise des Missionars Tapfer & Mutig war fast beendet. Es gab nur noch einen Berg, der versetzt werden sollte, der Berg des Erfolgs. Er kniete nieder und betete als er auf einmal feststellte: „Was brauche ich mehr? Ich habe gute Gesundheit und mehr als genug Geld, das für den Rest meines Lebens reichen wird. Was gibt es noch, um das ich beten könnte?“ Ohne viel Aufsehen erhob sich der Missionar

Tapfer & Mutig mit Freude, Frieden und Erfolg im Herzen. Er fühlte die Stärke einer Armee und die Energie eines tapferen Herzens, das sich allem stellen konnte.

Diese kleine Anekdote von Quan Yin ist eine Lektion, die von uns gelernt werden soll:

„DIE STÄRKE DER SEELE WIRD DURCH
EIN TREUES HERZ GEMESSEN."

Glaube, wie Quan Yin so meisterhaft aufzeigt, ist eine weitere entscheidende Zutat der Mixtur. Wir haben gesehen, wie der heilige Thomas, der Apostel Jesu, ständig gezweifelt hat, daher der Name „ungläubiger Thomas". Thomas wollte immer zuerst die Dinge mit den physischen Augen sehen. Eine höhere Form des Glaubens ist es, wenn du an die Dinge glaubst, die du nicht sehen kannst.

Warum haben wir den Glauben? Wir alle wissen, dass Gott existiert. Wir wissen, dass Christus und der Heilige Geist existieren. Daher auch das biblische Zitat: „*Ich kann alle Dinge tun durch Christus, der mich stärkt.*" Wir können ganz sicher daran glauben. Wir wissen außerdem, dass die Aufgestiegenen Meister, die Erzengel und Engel existieren. Wir können nicht nur an Gott glauben, sondern auch an seine Gesetze. Jedes Mal, wenn wir Gottes Gesetze auf allen Ebenen unseres Seins anwenden, wirken sie.

Im Zusammenhang mit Glauben brauchen wir Vertrauen und Geduld. Der Universelle Geist durch Edgar Cayce ging so weit, dass er sagte, dass es drei Dimensionen der Realität gibt: „Zeit, Raum und Geduld." Es ist wirklich erstaunlich, wie das Universum funktioniert. Ein Wesen wie Meister Jesus oder Sai Baba war oder ist in der Lage, Dinge sofort zu materialisieren, durch die Kraft seiner Gedanken. Das Interessante daran ist, dass wir in der Tat dasselbe tun, es geschieht nur langsamer. Jeder einzelne Gedanke von uns manifestiert sich ebenfalls, aber auf verlangsamte Weise. Wenn wir dies verstehen, können wir Glauben, Vertrauen und Geduld in Gott und seine Gesetze aufbringen.

Wie Quan Yin aufzeigt, sind Mut und Stärke zudem entscheidend. Mut ist das eigentliche Thema des gesamten Universums. Die Qualität der Stärke spricht zu unserem Bedürfnis, unsere persönliche Kraft, Selbstmeisterung, Ursächlichkeit, Selbstdisziplin und die Einstellung eines spirituellen Kriegers im Leben zu besitzen. Wir müssen uns beharrlich bemühen und dürfen niemals aufgeben. Es gibt ein Rennen, das gemeistert werden muss und einen spirituellen Berg, der bestiegen werden will, und wir müssen dies unter allen Umständen tun. Wie Meister Jesus sagte: *„Sei getreu bis in den Tod, so will ich dir die Krone des Lebens geben.“* Das Schlüsselwort hier ist „getreu“ Gott und seinen Gesetzen gegenüber. Es bedeutet außerdem, treu gegenüber deinen spirituellen Idealen zu sein, was bedeutet, diese Ideale auf Erden zu verkörpern, auf untadelige Art und Weise, mit vollkommener Integrität. Wir müssen lernen, uns Gott hinzugeben und gleichzeitig unsere eigene Kraft zu besitzen, nicht nur entweder das eine oder das andere, denn das Leben ist eine mitgestalterische Kraft.

Wie Meister Jesus sagte: *„Wenn ihr Glauben habt nur wie ein Senfkorn, werdet ihr sagen zu diesem Berg: Hebe dich hinweg, und er wird es tun!“* Im Islam heißt es, dass, wenn Mohammed nicht zum Berg kommen kann, dann kommt der Berg zu Mohammed. Wir alle haben in unserem Leben ein Kreuz irgendeiner Art zu tragen, sei es spirituell, mental, emotional, energetisch, physisch, bezüglich unserer Beziehungen, finanziell, beruflich usw. Teil der Lektionen ist, Gott, Christus, den Heiligen Geist und die Aufgestiegenen Meister darum zu bitten, dir dabei zu helfen, das Kreuz zu tragen. Der erste Schritt ist das Bitten und der zweite Schritt ist die Bereitschaft, ihnen das Kreuz zu geben. Sie sind froh, wenn sie helfen können, aber sie können dir das Kreuz nicht abnehmen, wenn du nicht bereit bist, dich ihnen hinzugeben.

Wir alle werden im Leben geprüft. Die meisten Menschen gehen an einem Punkt in ihrem Leben durch die „Einweihung des Hiob“. Hiob wurde alles genommen, seine Gesundheit, seine Familie, sein Geld, alles. Doch am Ende sagte er: *„Nackt bin ich von meiner Mutter Leibe gekommen, nackt werde ich wieder dahingehen; der Herr hat gegeben, der Herr hat genommen, der Name des Herrn sei gelobt!“*

Lektion 10 - Gesundheit

„ALS MEISTER SOLLTE DEINE AURA UND DEIN AURAFELD DIE GESUNDE DIAMANTENE BRILLANZ DES REINEN, WEISSEN LICHTES AUSSTRAHLEN."

Quan Yin zeigt hier auf, dass ein Meister, der heil und ganz ist, die Brillanz eines gesunden Wesens manifestiert, ob er mit gesundheitlichen Dingen zu tun hat oder nicht. Die Ganzheit eines Menschen kann an seiner Aura erkannt werden. Diese Aura ist wie eine unsichtbare Präsenz aller Körper in der Gesamtheit des Seins. Sie drückt sich in Form von Licht aus, was tatsächlich die Zusammensetzung aller Farben ist. Im Gegensatz zu Farben drückt sich die Form in der Dichte aus. Farbe in Form von Licht wirkt allerdings anders. Die vereinten Regenbogenfarben erzeugen Licht, ein transparentes weißes Licht, brillant und strahlend. Doch Farbe in Form eines Anstriches, wenn alle Farben gemischt werden, erzeugt eine schlammige oder sogar graue Wirkung.

Aus dem gleichen Grund projiziert ein gesunder Körper eine brillante aurische Farbe. Ein kranker Körper jedoch projiziert eine gebrochene grau befleckte Aura. Ein Meister sollte eine diamantene, brillante Aura projizieren. Häufig kann die Präsenz der Aura wahrgenommen werden, auch dann, wenn man nicht mit dem übersinnlichen oder spirituellen Auge sehen kann. Oft wird sie im Gesicht eines Menschen ausgedrückt oder sogar in den Augen. Dies geschieht durch die Schwingungen und die elektrischen Strahlungen, die von der Aura ausgehen. Sie besitzt die Eigenschaften eines aurischen Feldes wie auch die Eigenschaften eines magnetischen Feldes.

Es gibt ein sehr gutes Beispiel beim Aufgestiegenen Meister Jesus. Als er unter tausenden in einer Menge war, erstreckte sich sein aurisches Feld weit über das visuelle Auge hinaus. Es wurde gesagt, dass die Aura von Jesus sich über Kilometer hinweg ausdehnte, und dass er durch seine Aura oder durch Bilokation und sogar durch abgespaltene Teile des Selbstes Fernheilung ausüben konnte, sofern er dies wünschte. Es gibt zudem heilende Kräfte im aurischen/magnetischen Feld. Dies ist der Grund, warum Jesus so viele Menschen auf einmal heilen konnte, ohne physischen Kontakt mit ihnen zu haben. Es gibt den Fall einer Frau, deren Glaube so stark war, dass sie einfach nur den Saum seiner Kleidung berührte und geheilt wurde. Und dies brachte Jesus dazu, die folgenden Worte zu sprechen: „*Wer hat mich berührt?*"

Dasselbe trifft auf seine Apostel zu. Selbst ihre einfachen Schatten heilten die Mengen. Und in manchen Fällen war es die Kleidung oder ein einfaches Taschentuch; selbst heute noch bei Reliquien, wie heiligen Objekten eines verehrten Heiligen, einem Kleidungsstück, einem Körperteil, z.B. einer Locke oder bei einem Stück Knochen, der konserviert, eingehüllt und den Anhängern gegeben wird. Solche Reliquien sind gesegnet mit der unsichtbaren Aura, die mit den Heiligen verbunden ist. Damit werden Wunder und manchmal Heilungskräfte assoziiert.

Jesus, oder Sananda, hatte als Meister drei spirituelle Funktionen zu vollbringen. Diese waren:

1. Lehren
2. Predigen
3. Heilen

Ähnlich dazu hat jeder Meister diese gleichen Funktionen. (Predigen, was Demonstrieren bedeutet und auch Teil der Berufung des Meisters ist. Die Idee der Predigt in der Kirche ist nicht das ursprüngliche Konzept. Predigt bedeutete ursprünglich zu zeigen oder durch ein Beispiel zu demonstrieren.) Zu lehren scheint für den Meister eine natürliche Sache zu sein. Die Heilung wird jedoch häufig nicht als Aufgabe des Meister gesehen. Doch durch die Gegenwart eines Meisters werden Heilungskräfte verströmt. Heilung kann vom aurischen Feld eines gesunden Meisters ausstrahlen (was die Natur eines Meisters ist).

Auf der anderen Seite kann eine negative Aura uns auch beeinflussen, es sei denn, wir schützen uns beispielsweise durch eine Lichtblase oder durch ein einfaches Gebet und wir können immer unsere Engel um Hilfe anrufen. Es ist wichtig, dies zu tun, insbesondere dann, wenn wir uns unter eine Menschenmenge begeben, ein Treffen, ein Seminar, ein Workshop oder einen Vortrag besuchen. Wir wissen nicht, auf welche Menschen wir dort treffen. Das Bewusstsein ist in solchen Momenten sehr wichtig. Und natürlich ist die Gnade bei uns, wenn wir wahrlich in Gnade leben und uns dessen bewusst sind.

Ein abschließendes Wort zu diesen Gesundheitsprinzipien oder zu allen Prinzipien. Es ist sehr wichtig, auf seine Gesundheit zu achten und sie wertzuschätzen. Wenn man dies nicht beherzigt, kann man leicht in eine Unachtsamkeit abrutschen und in die alten undisziplinierten Wege zurückfallen. Ein angehender Meister braucht ständige Übung und Praxis, bis diese Prinzipien vollständig und wahrhaftig in das System integriert wurden. Dies ist das Geheimnis, ein Meister zu werden.

„ALS MEISTER SOLLTE DEINE AURA UND DEIN AURAFELD
DIE GESUNDE DIAMANTENE BRILLANZ DES REINEN,
WEISSEN LICHTES AUSSTRAHLEN.“

Die geliebte Quan Yin hat hier einen entscheidenden Punkt aufgezeigt. Wir alle sind in Wahrheit Diamanten, jedoch etwas beschmutzt. Wir sind Diamanten, weil Gott uns erschaffen hat. Wir sind alle Inkarnationen Gottes, des Christus, des Buddhas, des Ewigen Selbstes und Söhne und Töchter Gottes. Was ist mit dem Schmutz gemeint? Der Schmutz ist das Denken und Fühlen des negativen Egos, das Begehren des niederen Selbstes, die Unausgeglichenheit, der Mangel an Integration, schlechte Angewohnheiten, Süchte, schlechte Ernährung, falsche spirituelle Psychologie und der Mangel an spirituellem Christus-/Buddha-/ Gottesbewusstsein. Es ist der Sinn und Zweck des Lebens zu erkennen, dass wir Diamanten sind, es immer waren und es für immer sein werden. Es ist unsere Aufgabe, diesen Diamanten zu polieren. Eine andere Metapher wäre, dass wir wie eine Lampe mit einem Lampenschirm sind. Unsere wahre Identität ist das Licht, der Lampenschirm jedoch ist die Dunkelheit. Viele Menschen meinen, dass sie der Lampenschirm sind. Andere meinen, sie haben abgedunkelte Lampenschirme, die nicht lichtdurchlässig sind und die dem Licht nicht ermöglichen hindurchzustrahlen. Es ist unsere Aufgabe, unseren Diamanten zu polieren und unseren Lampenschirm zu reinigen, damit wir, wie Quan Yin so eloquent aufzeigt, mit dem weißen Licht Gottes erstrahlen. Im weißen Licht gibt es die sieben Farben des Spektrums, welche die Balance der sieben Chakren und der sieben Strahlen ausmachen. In seiner höchsten, integrierten, manifestierten Form wird es zum weißen Licht Gottes. Unser Zweck ist, unser Licht und unsere Liebe leuchten zu lassen, damit die Menschen unser Licht und nicht unseren Lampenschirm sehen. Unser Zweck ist, unseren Diamanten zu polieren, damit er mit der Brillanz eines Gottes oder einer Göttin erstrahlt. Wenn wir mit dem breit gefächerten Bewusstsein sehen, dann wird jeder Filter des Diamanten erstrahlen.

Der Universelle Geist sagte durch Edgar Cayce: „Mache dich selbst tadellos rein vor dem Thron." Der Universelle Geist sprach von unserer Aura. Deine Aura, deine Chakren und das Energiefeld deines Körpers reflektieren dein Bewusstsein. Wie innen, so außen. Wie oben, so unten. Wir können vor dem Thron tadellos rein sein, indem wir unsere Gedanken, Gefühle, Emotionen, Energien, unseren physischen Körper, unser Erdenleben, das negative Ego, unser inneres Kind, unseren inneren Elternteil, das Begehren des niederen Selbstes, unsere Verlangen, unsere Gewohnheiten, unsere Süchte, das limitierte Filtersehen und das spirituelle Christus-/Buddha-/Gottesbewusstsein auf integrierte und ausgeglichene Weise meistern.

Die Aura reflektiert die Gesundheit oder deren Mangel im physischen Körper. Wie Quan Yin aufzeigt, beginnt jegliche Krankheit in einem der feinen Körper, in der Aura oder den Chakren. Erst später manifestiert sie sich im physischen Körper. Aus diesem Grund ist es so absurd, dass sich die traditionelle westliche Medizin nur auf die physische Ebene konzentriert und folglich nur die Wirkungen und nicht die Ursachen behandelt.

Es ist zudem für spirituelle Menschen sehr wichtig, die Bedeutung, sich um den physischen Körper zu kümmern zu verstehen. Viele spirituelle Menschen und New-Age-Anhänger fokussieren sich nur auf die himmlischen Welten. Sie denken, dass die Bewusstseinsebene oder die psychologische Ebene eine niedere Ebene ist und meinen, dass ihr physisches/materielles Leben sich auf einer niederen Ebene befindet. Doch dies ist eine Illusion. Jegliche Energie stammt von Gott. Sei es ein physischer Eiswürfel, der zu Wasser schmilzt und schließlich zu Dampf wird. Dies alles ist Gott. Ein wahres selbst- und gottrealisiertes Wesen und ein integrierter Aufgestiegener Meister erkennt Gott auf allen vier Ebenen - spirituell, mental, emotional und materiell. Man ist kein selbst- und gottrealisiertes Wesen oder ein integrierter spiritueller Meister, solange man die spirituelle Ebene, die Ebene des Bewusstseins und die psychologische, physische und irdische Ebene nicht gemeistert hat.

Wenn man sich nicht richtig um das Physische kümmert und nicht richtig isst, sich nicht ausreichend bewegt, nicht genügend frische Luft, Sonne, Ruhe und Schlaf bekommt, Entspannungsdrogen einnimmt, den Körper missbraucht, Süchte und schlechte Angewohnheiten hat, zu viel Alkohol konsumiert, Zigaretten raucht und übermäßig arbeitet, löst man karmische Lektionen auf physischer Ebene und ein potenzielles chronisches Gesundheitsmuster aus. Man kann im Idealfall seinen inneren Frieden behalten und seine spirituelle Mission ausüben, doch dies ist viel schwieriger und es benötigt einen viel höheren Bewusstseinsgrad, den die meisten Menschen nicht haben.

Die Lektion ist, Gott und seinen Gesetzen auf physischer, energetischer, emotionaler, mentaler und spiritueller Ebene zu gehorchen. Du wirst dann durch Gnade statt durch Karma lernen. Du wirst auf einfache Weise lernen und nicht durch die Schule der harten Schläge. Du wirst dadurch außerdem vermeiden, dass dein Überbewusstsein für dich Lektionen arrangiert, um dich aufzuwecken, denn dies wird nicht mehr nötig sein, da du auf die „noch kleine Stimme im Inneren“ lauschst, auch bekannt als der Tröster, der Berater und die Taube. Das negative Ego macht viel

Lärm, Krawall und schreit. Der Heilige Geist, das Überbewusstsein und die mächtige ICH BIN - Gegenwart, oder Monade, sprechen sanft, doch wie Roosevelt sagte: „Trage einen großen spirituellen Stock mit dir.“ Lerne, deinen Geist „stetig im Licht“ zu halten, wie Djwhal Khul sagte. Denn dies wird zu deinem allgemeinen weißen Licht deiner Aura beitragen. Erinnere dich immer daran, dass sich das im Leben manifestiert, worauf du deine Aufmerksamkeit richtest. Richte deine Aufmerksamkeit auf Gott, die Meister, die Engel, auf dein spirituelles Christus-/Buddha-/Gottesbewusstsein in integrierter und ausgeglichener Weise und darauf, deine spirituelle Mission, das spirituelle Puzzlestück, den persönlichen spirituellen Entwurf im göttlichen Plan, deinen spirituellen Vertrag und dein irdisch-spirituelles Erbe auf Erden zu erfüllen.
So steht es geschrieben, so soll es geschehen!

Lektion 11 - Gesundheit

„UM DIE MEISTERUNG EINER GUTEN PHYSISCHEN GESUNDHEIT ZU ERLANGEN, BEDARF ES FÜNF GRUNDPRINZIPIEN, DIE MAN KENNEN, VERSTEHEN UND ANWENDEN SOLLTE.“

Bislang zeigte Quan Yin uns Gesundheitsprinzipien auf, die sich auf einige der anderen Körper anwenden lassen. Bei diesem speziellen Meisterprinzip der Gesundheit bezieht sie sich speziell auf den physischen Körper, ein Thema, mit dem viele von euch sehr vertraut sind und Interesse daran haben. Es muss angemerkt werden, dass Quan Yin hier Prinzipien oder Richtlinien ohne anspruchsvolle Details oder spezielle Vorschriften aufzeigt. Wenn es um Ernährung etc. geht, dann befolge die Richtlinien, die für dich geeignet sind und am Besten für dich sind. Es wird außerdem sehr empfohlen, einen Arzt aufzusuchen, denn wir übernehmen keine Verantwortung bezüglich deiner Gesundheit. Nachfolgend sind allgemeine Empfehlungen, Richtlinien und Gesundheitsprinzipien aufgeführt.

Heute, im 21. Jahrhundert, bringen die moderne Technologie und die medizinischen Forschungen einige der besten Methoden und Verfahren für eine gute Gesundheitsfürsorge hervor. Und man ist generell damit einverstanden, dass die folgenden fünf Punkte beachtet werden sollten. Im Hinblick darauf empfiehlt Quan Yin diese essenziellen Punkte gemäß der persönlichen Individualität einzuhalten. Jeder Mensch ist verschieden, mit einer bestimmten Blutgruppe, Konstitution, Struktur und hinsichtlich dem, woran er leidet oder welche Krankheit er hat. Die Entscheidung, was für dich das Beste ist, kann nur durch dich und deinen Arzt erfolgen. Diese Prinzipien sind jedoch allgemein gültig und sollten, wenn man dies möchte, im Auge behalten werden. Die meisten Ärzte, sowohl konservative als auch alternative, stimmen der folgenden Aussage zu: „Unter den richtigen Umständen ist der Körper in der Lage, sich selbst zu heilen."

Dies bedeutet, dass der Mensch am Anfang seiner Schöpfung gesund war. Es sind falsche Entscheidungen, die den Menschen krank machen. Der Mensch wählt in der Tat, entweder krank oder gesund zu sein. Häufig ist es die ungenügende Kenntnis über eine gute Gesundheit, die zu Krankheit führt. Es könnten, wie bereits erwähnt wurde, Lektionen zu lernen sein oder es könnten karmische Gründe vorliegen. Doch lasst uns nun diese Grundprinzipien kennen lernen, verstehen und anwenden.

DIE FÜNF GRUNDPRINZIPIEN DER GESUNDHEIT

1. Die Notwendigkeit, Nahrung, Wasser, Luft und Sonne richtig aufzunehmen und umzusetzen.
2. Die tägliche Notwendigkeit, sich richtig zu entgiften.
3. Die Bedeutung, das Immunsystem richtig aufzubauen.
4. Die Notwendigkeit einer richtigen ergänzenden Aufnahme von Stoffen, Homöopathie und/oder Kräutermedizin.
5. Die Notwendigkeit ausreichender täglicher Übungen.

Diese Prinzipien sind grundlegend und eine Mischung der Richtlinien aus dem Osten und aus dem Westen. Jedes Land, jede Nationalität und jede Rasse hat eine eigene spezielle Art der Ernährung, der Nahrungsergänzungen und der Kräuter. Es ist gut, bei dem zu bleiben, was an dem Ort deiner Geburt verwendet wird. In einigen Fällen gibt es besonders gute Kräuter, die im Osten wachsen und die den Menschen im Westen nicht zugänglich sind. Dann sollte man sich von einem kompetenten Arzt beraten lassen. Es könnte ein Arzt sein, der sich in Kräuterkunde spezialisiert hat, doch nicht jeder Arzt verfügt über ein solches Wissen. Es gibt außerdem übersinnliche Ärzte, deren Kompetenz nicht übersehen werden sollte. Es geht einfach darum, wie gut du dich bei dem Arzt deiner Wahl fühlst und wie viel Vertrauen du in ihn hast. Frage einfach und finde es heraus. Bevor du etwas unternimmst, ist es ratsam, spirituelle Hilfe durch Gebete zu suchen, sei es direkt von Gott oder den Heiligen, von den Engeln oder den Meistern. Erzengel Raphael widmet sich der Heilung der Kranken und er könnte dich zur richtigen Medizin oder zum richtigen Arzt in deinem besonderen Fall führen. Du solltest einfach beten.

Entgiftung ist der Ausdruck des Laien, was die Beseitigung von Giften oder anderem Abfall bedeutet, während das, was für den Körper notwendig ist, wie Nährstoffe, Vitamine und Ergänzungsstoffe, gespeichert wird. In einem kürzlich veröffentlichten Artikel ging es um die Notwendigkeit in dieser toxischen Welt, in der wir leben, zu überleben. Es hieß dort:

„Wir leben in einer toxischen Welt. Überall um uns herum ist unsere Umwelt voller Chemikalien, die unseren Körper und unser Immunsystem ständig beeinflussen. Dies kann im Land, im Wasser und in der Luft, die wir einatmen, nachgewiesen werden. Es folgt nun ein unglaublicher Bericht darüber, was mitten unter uns vor sich geht:
Die Verwendung von 60.000 verschiedenen Chemikalien sind in weit verbreitetem Gebrauch und häufig sind sie hochgiftig...
1.000.000.000 Pfund dieser Chemikalien gelangen in den Boden. Über 108.000.000 Pfund der Chemikalien werden in Seen oder Flüsse gepumpt... Mehr als 2.400.000.000 Pfund der Chemikalien

werden in die Luft, die wir atmen, eingebracht. Die Gesamtsumme der Chemikalien, die in unsere Umwelt abgegeben wird, ergibt in Pfund 5.205.670.380 und steigt jedes Jahr.“

Mit solch phänomenalen Zahlen wird man sich vielleicht der Welt, in der wir leben, etwas bewusster.

Ohne eine richtige Ausscheidung bleiben diese Abfälle im Körper und verursachen Krankheiten. Einige Nahrungsmittel besitzen entgiftende Eigenschaften, die der Ausscheidung auf natürliche Weise helfen. Unter ihnen befinden sich alkalisches Wasser, Früchte und bestimmte Gemüsearten. Es gibt zudem therapeutische Methoden, um die Entgiftung zu erleichtern. Diese sollten aber mit Vorsicht und unter Aufsicht eines kompetenten Arztes durchgeführt werden. Dazu gehören:

1. Darmspülungen
2. Kaffee-Einlauf, Zitrus-Einlauf, Rizinusöl-Einlauf und weitere Einläufe
3. Lymphdrainage
4. Dampf- oder Saunabehandlungen
5. Verschiedene Arten der Massage
6. Hautbürstungen
7. Bestimmte Tees, Kräuter und Zusätze

Wie bereits erwähnt, sollte dazu ein kompetenter Arzt aufgesucht werden.

Das Aufbauen des Immunsystems ist ebenso wichtig. Wie im Internet erwähnt wurde, haben Nachforschungen der meisten medizinischen Forscher über die Vorbeugung der tödlichen und neuesten Erkrankung SARS ergeben, dass, obwohl es noch keine Heilung für diese Krankheit gibt, ein starkes Immunsystems im Augenblick eine Vorbeugungsmethode ist. Dies trifft auf die meisten Krankheiten zu, insbesondere auf degenerative Krankheiten wie beispielsweise Krebs.

Zusätzlich sollte ausreichende tägliche Bewegung ein Teil des guten Gesundheitsprogramms sein. Es gibt einfache Bewegungsarten, die zu Hause durchgeführt werden können wie das Laufen mit bewusster Atmung oder leichtes Gewichtheben. Und dies kann getan werden, ohne ins Fitnesscenter zu gehen. Um ein Meister zu werden ist es gut, die physischen Heilungsprinzipien, die von Quan Yin empfohlen werden, mit einzubeziehen.

Die fünf Grundprinzipien, die so meisterhaft von Quan Yin erklärt wurden, sind fundamentale Schlüssel dafür, ein gesundes Vehikel und einen physischen Tempel für dich zu schaffen, um als ein inkarniertes Gotteswesen darin zu leben. Eine gute Ernährung kann nicht genug betont werden. Viel Gemüse, insbesondere grünes Blattgemüse und eine Zufuhr von genügend Proteinen, denn Proteine ernähren die Nebennieren. Ein guter Ort, dich über richtige Nahrungskombinationen zu informieren, ist dein örtliches Reformhaus. Der Schlüssel dabei ist, die passende physische Ernährung zu finden, die für deinen Körper richtig ist.

Hinsichtlich der Ernährung ist es entscheidend zu verstehen, dass dies nicht nur für die physische Ebene gilt. Wir müssen zudem eine gute Ernährung bezüglich des geistigen, emotionalen, energetischen, stimmlichen, irdischen, entspannungsbezogenen und beziehungsmäßigen Bereiches aufrechterhalten. Denn diese Dinge können einen derart großen Effekt auf die physische Gesundheit haben wie die physische Ernährung. Hinsichtlich der physischen Ernährung gilt: Esse, um zu leben, aber lebe nicht, um zu essen.

Zweitens ist es in dieser Zeit wichtig, die Nahrung mit Vitaminen, Mineralien und anderen Zusätzen anzureichern. Wir leben in einer sehr schnelllebigen Welt mit sehr viel Stress. Ein Großteil der uns zugänglichen Nahrung besteht aus Fast Food und ist behandelt. Selbst wenn wir ein derartiges Essen nicht zu uns nehmen, hat auch frisches Gemüse Chemikalien an sich, um es vor Insekten zu schützen oder es wurde bestrahlt, eingefroren, gepflückt um nachträglich zu reifen oder es wurden andere gesundheitsschädliche Maßnahmen unternommen. Dazu kommt, dass die Naturgeister und die Elementale in die Flucht geschlagen und vergiftet wurden durch all das chemische Bewirtschaften, so dass selbst die so genannte frische Nahrung nicht mehr so frisch oder lebendig ist, wie sie sein sollte. Achte daher darauf, falls du Vitamine und Mineralien einnimmst, dass es natürliche und keine künstlichen Zusätze sind. Der Universelle Geist hat darüber als linke und rechte Zusätze gesprochen. Der Körper lehnt künstlich hergestellte Zusätze ab. Achte auf die Inhaltsangaben, ob es sich dabei um natürliche Zusätze handelt.

Die traditionellen Ärzte werden noch gebraucht, obwohl deren Methoden immer noch etwas barbarisch sind. Die Menschen sollten jedoch stärker in Richtung Kräuterheilkunde und Homöopathie gehen, anstatt zu medikamentenverrückten Ärzten, die Antibiotika und ähnliche Medikamente wie Bonbons verschreiben. Hebe dir die Antibiotika für einen echten Notfall auf. Sie wirken, doch sie verursachen eine Menge anderer Probleme, zum Beispiel für die Leber und den Bakterien/Hefe-Ausgleich im Körper, wie wir alle wissen. Suche dir einen guten Naturheilkundler oder Homöopathen. Homöopathie und Kräuter wirken genauso gut und es gibt keine giftigen Nebenwirkungen, wie bei den meisten Medikamenten. Dies soll nicht heißen, dass Medikamente niemals gebraucht werden, denn es gibt Fälle, wo sie nötig sind. Der Schlüssel ist, dass du Verantwortung für deine eigene Gesundheit übernehmen musst und diese Macht keinem traditionellen Arzt überlassen darfst. Konsultiere einen traditionellen Arzt, doch behandle ihn nicht wie einen Gott in einem selbstgerechten Sinn, denn eine große Anzahl der Ärzte sind zu 90 % blind gegenüber der wahren Natur der Heilung. Wenn du einen holistischen traditionellen Arzt finden kannst, dann wäre dies besser.

Entgiftung und Reinigung sind entscheidend. Viel Wasser trinken und fasten hilft. Eine Apfelfastenkur für drei Tage entgiftet den Körper auf erstaunliche Weise. Ich persönlich mag das Fasten mit gekochten gemischten Bohnen, Zucchini, Petersilie und Sellerie. Dies wird „Bieler Brühe“ genannt und wirkt Wunder für die Leber. Außerdem ist es wichtig, nicht nur den physischen Körper zu reinigen, sondern alle Körper. Wenn du am Morgen aufstehst, dann bitte um das Platinnetz von Metatron, Melchizedek und Mahatma.

Wenn du duschst, dann bitte um eine Lichtdusche von Gott und den Meistern. Dies wird helfen, die anderen Körper von astralen, geistigen, energetischen und ätherischen Schlacken zu reinigen. Rufe den Bakterien- und Viren-Sauger der Geistigen Welt und der Meister an. Es funktioniert. Bitte um das Matrix-Entfernungsprogramm in deinen Meditationen und bevor du ins Bett gehst, damit es jegliche Kernangst beseitigt. Rufe die Geistige Welt und die Meister an, damit sie jegliche restliche negative Energie entfernen. Manchmal lernen wir Lektionen, haben aber noch nicht jegliche Energie dieser Lektion gereinigt. Bitte um die Entfernung allen Karmas. Bitte um die Entfernung aller negativen Gedankenformen und aller negativen Gefühle und Emotionen.

Das Wichtigste ist die Ablehnung aller Gedanken und Gefühle, die nicht von Gott sind. Dies bedeutet, dass man versucht, ihnen keinen Zugang zu gewähren und durch das spirituelle Christus-/Buddha-/Gottes-Äquivalent zu ersetzen. Um diese Äquivalente zu lernen, empfehle ich dir mein Buch *Seelenpsychologie.* Was den Aufbau des Immunsystems betrifft, so gilt dies auf drei Ebenen, wie ich bereits erwähnt habe. Physisch baut man das Immunsystem durch die fünf Grundprinzipien plus frischer Luft und Sonne auf. Es gibt bestimmte homöopathische Mittel und Kräuter, welche das Immunsystem verbessern können. Es ist entscheidend zu verstehen, dass es so etwas wie ansteckende Krankheiten nicht gibt. Dies ist eine absolute Verblendung, Maya und Illusion, die durch die medizinische Profession aufrechterhalten wird. Es gibt keine ansteckenden Krankheiten, es gibt nur Menschen mit geschwächtem Immunsystem. Es reicht nicht, es nur physisch aufzubauen.

Du musst es zudem auch mental und emotional aufbauen. Wenn ein Mensch ein Opferbewusstsein besitzt, dann hat er ein geschwächtes, psychologisches Immunsystem. Wenn du ein Meister und die Ursache deiner Gedanken und Gefühle bist und anderen Menschen oder äußeren Situationen nicht erlaubst, deine Gedanken und Gefühle zu beeinflussen, außer so, wie du es willst, dann hast du ein starkes psychologisches Immunsystem. Teil dessen ist der Schutz deiner Selbst durch eine goldene Lichtblase, damit die negative Energie anderer von dir abperlt, wie das Wasser vom Federkleid einer Ente. Die Welt ist nichts anderes als eine Projektionsleinwand und du schaust dir deinen eigenen Film an. Ein integrierter spiritueller Meister merkt immer, was andere möchten. Frage die Menschen nicht, wie das Leben sie behandelt. Frage sie stattdessen lieber, wie sie das Leben behandeln. Es gibt einen Weg des Denkens, bekannt als das spirituelle Christus-/Buddha-/Gottesbewusstsein, welches dir erlauben wird, zu allen Zeiten Selbstmeisterung, Kausalität, Unverwundbarkeit, die Fähigkeit des Loslassens, inneren Frieden, Glück, Freude, Glückseligkeit, Gleichmut, die Überwindung der Dualität des negativen Egos zu besitzen. Der Universelle Geist sagt gemäß der Akasha-Chronik und im Buch des Lebens, dass Meister Jesus sogar auf dem Kreuzweg lachte.

Die dritte Ebene des Immunsystems ist die spirituelle Ebene. Diese wird durch die Bitte um Schutz von Gott, Christus, dem Heiligen Geist, deiner mächtigen ICH BIN - Gegenwart, deinem Überbewusstsein, den Aufgestiegenen Meistern und den Erzengeln und Engeln entwickelt. Die Geistige Welt und die Meister können Röhren und Blasen des Schutzes um dich herum platzieren, um Keime, Bakterien, Viren, negative Energien, unausgeglichene Energien usw. auszufiltern. Es ist wie eine Schutzwand, die den Zellwänden deines Körpers ähnelt. Diese Zellwand ist halbdurchlässig. Mit anderen Worten, sie erlaubt positiven Teilchen den Zutritt, doch sie verweigert ihn negativen und unausgeglichenen Teilchen. Das Gleiche kann durch die Geistige Welt und die Meister im metaphysischen Sinn geschehen, wenn du sie bittest und darum betest.

Ihr seht also, meine Freunde, dass der einzige Weg, ein starkes Immunsystem zu entwickeln, auf allen drei Ebenen geschehen muss. Wenn dies nicht auf allen drei Ebenen passiert, dann wird das physische Immunsystem geschwächt. Es ist auch wichtig zu verstehen, was Stress ist. Stress wird durch den Geist erzeugt. Wenn wir das Leben nicht in vollkommener Harmonie mit Gott leben und es nicht durch seine Gesetze interpretieren, wahrnehmen und dementsprechend denken und es nicht aus dem spirituellen Christus-/Buddha-/Gottesbewusstsein heraus interpretieren, dann kreieren wir Stress auf allen Ebenen unseres Seins. Wenn wir lernen, richtig zu denken und beständig Selbstmeisterung auf allen Ebenen unseres Seins zu entwickeln, dann können auch wir auf dem Kreuzweg lachen, denn wir befinden uns in der richtigen Perspektive. Daher ließ Meister Jesus sich willig kreuzigen, obwohl er lang zuvor bereits wusste, dass dies geschehen würde. Es war der Wille Gottes, dass er dieses Beispiel setzte, und es waren seine spirituellen Prüfungen und Lektionen, die er perfekt meisterte. Jesus demonstrierte seine Meisterung während seiner Erfahrungen auf allen Ebenen und er zeigte, dass er seinen inneren Frieden, seine Vergebungskraft, seine bedingungslose Liebe beibehalten konnte, selbst dann, als er ausgepeitscht, gefoltert und physisch getötet wurde. Dies war möglich, weil er nicht der Welt angehaftet war. Er sah mit seinen himmlischen Augen, nicht nur mit seinen physischen dreidimensionalen Augen. Daher sagte Johannes: *„Ich war blind und jetzt kann ich sehen."* Was macht es schon, dass er physisch getötet wurde, denn da er das Selbst und Gott erkannte und auf der planetaren Ebene zum Christus wurde, wusste er, dass, selbst wenn er physisch getötet werden würde, Gott ihn nach drei Tagen auferstehen lassen könnte und würde, und dass er physisch auferstehen würde.

Meine geliebten Leser, ein integrierter spiritueller Meister und jemand, der ein lebendiger Christus, ein lebendiger Buddha, ein lebendiges Ewiges Selbst, eine lebendige mächtige ICH BIN - Gegenwart, ein lebendiger Gott auf Erden geworden ist, der ist „unverwundbar" auf allen Ebenen. Wir alle sind absolut zu 100 % spirituell unverwundbar, denn es gibt so etwas wie den Tod nicht. Mental, emotional, energetisch und sogar physisch wie Meister Jesus so meisterhaft demonstrierte.

Teil eines starkes Immunsystems ist eine „Unverwundbarkeit auf allen Ebenen". Daher gab Yogananda den Menschen den Rat, dass sie, selbst wenn sie 99 Jahre alt seien und in ihrem Sterbebett liegen würden, ihr einziger Gedanke sein sollte: „Ich bin vollkommen und strahlend gesund." Die Bibel sagt: *„Ihr seid Götter und wisset es nicht."* Es ist von höchster Bedeutung, dass wir alle jederzeit das, was ich die „Unbefleckte Empfängnis" nenne und was Meister Jesus

in *Ein Kurs in Wundern* „Die Wunder-Einstellung" nennt, aufrechterhalten. Der geliebte Saint Germain bezieht sich in den *ICH BIN - Reden* darauf und nennt es die Aufrechterhaltung des vollkommenen Ideals zu allen Zeiten. Wie es in der Bibel heißt: *„Dir geschieht nach deinem Glauben." „Wie man denkt, so ist man." „Du bist, was du denkst." „Verändere dich durch die Erneuerung deines Geistes." „Lass den Geist in dir sein, der in Jesus Christus war."* Wie Sai Baba sagte: *„Der Geist erzeugt Knechtschaft oder Begrenzungen. Bestreite deine Begrenzungen und sie sind dein."*
So steht es geschrieben, so soll es geschehen!

Der letzte Punkt, der hier erläutert wird, ist die physische Übung. Der Universelle Geist sagte durch Edgar Cayce: „Laufen ist die beste Übung." Dadurch bekommt man frische Luft und Sonne. Es gibt drei Arten körperlicher Übungen; für Stärke, Flexibilität und Kondition. Am Besten ist es, alle drei Arten durchzuführen. Stärke steht für das Gewichtheben, Flexibilität für Streching oder Yoga und Kondition für Laufen, Joggen, Rudern, Fahrradfahren usw., eine Aerobikübung also. Die meisten Menschen auf der Erde sitzen zu viel. Ihre Körper werden träge. Jeder sollte eine Art Sport durchführen, wenigstens drei Mal wöchentlich.
Dabei ist auch wichtig, nicht nur den Körper zu bewegen, sondern auch den Geist, die Gefühle und Emotionen, die Energie. In dieser Welt meint man, Fitness sei nur für den Körper. Ein integrierter Aufgestiegener Meister ist mental, emotional, energetisch, spirituell und im irdischen Sinne fit. Man ist spirituell fit durch die Übung der Meditation, des Gebets, des Channelns, des Seelenreisens, der Mantren, des Rezitierens der Namen Gottes, der Bilokation und ähnlichem. Der Geist kann durch Lesen, Studieren, Affirmieren, Visualisieren, positives Selbstgespräch, Selbsthypnose, positives Denken, spirituelle Unterscheidungskraft und spirituelle Wachsamkeit fit gehalten werden. Man ist emotional fit durch die Meisterung aller negativen Gefühle und Emotionen und indem man sie spiritualisiert und in etwas Positives umwandelt. Man ist außerdem emotional fit, wenn man stets liebt. Auch durch spirituellen Enthusiasmus und spirituelle Leidenschaft und indem man das Begehren des niederen Selbstes in spirituelles Begehren umwandelt.

Man ist energetisch fit, wenn man lernt, Energien gegenüber sensibel zu sein und diese auf nützliche Art an sich selbst und an andere zu senden. Man bleibt außerdem energetisch fit, wenn man lernt, die Geistige Welt und die Meister um Energie zur Heilung, oder was auch immer gewünscht wird, anzurufen. Man bleibt fit in der Welt, wenn man die Energien der Erde meistert, kaputte Dinge repariert, Besorgungen erledigt, Steuern zahlt und das Erdenleben meistert.

Wir alle zahlen die Miete, es ist jedoch entscheidend, die Miete auf allen Ebenen zu zahlen, dann kann man physisch, spirituell, mental, emotional, energetisch, beruflich, sozial, finanziell und irdisch fit sein. Wir besitzen dann unter anderem Muskeln im spirituellen, mentalen, emotionalen und energetischen Bereich. Auf diese Weise, meine geliebten Leser, lebt ein integrierter Aufgestiegener Meister sein Leben. Er hat den „spirituellen Vorteil". Er strahlt Meisterschaft, Liebe, Weisheit und Fitness auf allen Ebenen aus. Dies, meine geliebten Leser, ist Gottes integriertes Fitnessprogramm. Gibt es Freiwillige? Viele werden gerufen, aber nur wenige folgen dem Ruf. Auf diese Weise, meine geliebten Leser, kreiert man tatsächlich physische Gesundheit auf höchster Ebene. Eine Person und ihr Bewusstsein, die an einem solchen Programm teilnimmt, wird in allen ihren Körpern, ihrer Aura und ihren Chakren mit dem Licht und der Liebe Gottes elektrisiert werden. So steht es geschrieben, so soll es geschehen!

Lektion 12 - Gesundheit

„EIN WAHRER MEISTER HÖRT AUF SEINEN PHYSISCHEN KÖRPER UND LIEBT IHN."

Im Gesundheitsprinzip Nummer 12 deutet Quan Yin auf die Wichtigkeit hin, auf seinen physischen Körper zu hören und ihn zu lieben. In früheren Zeiten, wie beispielsweise in der Viktorianischen

Zeit, herrschte eine ziemlich negative Einstellung dem Körper gegenüber. Der Körper wurde weitgehend verhüllt, besonders bei Frauen. Und selbst heute noch bleiben die Körper wie auch die Gesichter in einigen östlichen Ländern versteckt und verschleiert. Dies wurde mit religiösen Inhalten in Verbindung gebracht. In der modernen Welt sieht man häufig jedoch das genaue Gegenteil. Der Körper wird manchmal vollständig gezeigt, wie z.B. bei den Nudisten. In diesem Meisterprinzip suchen wir nach Ausgeglichenheit, Harmonie und Wohlergehen. Man sollte nicht von einem Extrem ins andere gehen. Wie Buddha sagen würde: "Gehe den Mittleren Weg."

Auf dem Mittleren Weg ist es gut, sich auch mal die Zeit zu nehmen, auf seinen Körper zu hören und zu versuchen, seine Bedürfnisse zu erkennen. Häufig wird der Körper dir sagen, wenn er müde ist. Doch der Mensch versucht oft, ihn noch etwas weiter anzutreiben. Als Ergebnis bricht der Körper zusammen und kann nicht mehr. Es ist in einem solchen Fall hilfreich, zwischendurch eine kleine Ruhepause einzulegen und zu beobachten, wie gut der Körper hinterher wieder funktioniert.

Der Körper wird dir außerdem sagen, was er zu essen möchte, wovon er genug hat und wann er satt ist oder mehr möchte. Dies ist eine übliche Erfahrung. Ein Mensch, der Süßigkeiten mag, gelangt irgendwann an den Punkt, an dem er nichts Süßes mehr möchte. Manchmal kann er einfach keinen weiteren Bissen Schokolade mehr zu sich nehmen, selbst wenn er verrückt nach Schokolade ist. Er könnte tatsächlich eine Abneigung Süßem gegenüber verspüren oder Kopfschmerzen entwickeln. Wenn man an diesem Punkt angekommen ist, ist es sehr wichtig, darauf zu hören und dem zu folgen, was der Körper vorgibt. Wenn der Mensch jedoch stur bleibt und darauf besteht, weiterhin Süßes zu essen, wird es ihm häufig schlecht und er leidet daran. Dasselbe gilt, wenn man sich betrinkt oder sich überisst. Ein Meister, der in vollkommener Kontrolle ist, erlaubt sich erst gar nicht, so weit zu gehen. Er weiß, wann er aufhören muss, ohne das Bedürfnis zu haben zu übertreiben und bleibt auf dem Mittleren Weg.

Ein Mensch, der sich unter vollständiger Kontrolle hat, besitzt die Fähigkeit, die richtige Nahrung zu wählen, gemäß seinem Intellekt und nicht seinem Gaumen. Häufig lassen die Menschen ihre hungrigen Augen die Meister ihrer Mägen sein, wenn sie vor einem Büfett stehen oder auf einer Party sind. Ein aufrichtiger Meister jedoch besitzt Kontrolle darüber.

Einst sagte ein Meister zu einem jungen angehenden Meister in einer Begebenheit folgendes. Beide waren zu einem großen Festessen eingeladen. Es gab eine Vielzahl von verschiedenen Speisen aus allen Teilen der Welt. Es sah sehr appetitlich aus. Es war eine Dinnerparty, die zugunsten eines sehr wichtigen Meisters gehalten wurde. Bevor sie zur Party gingen, stellte der angehende Meister seinem persönlichen Meister folgende Frage:

„Meister, es werden Meister von überall auf der Welt erwartet, es wird ein großartiges Festessen geben zugunsten von Meister So-und-so, wie werde ich wissen, wer die wahren Meister sind?"

Und sein Meister antwortete:

„Junger Mann, beobachte einfach nur, wie die Gäste essen und wie sie sich verhalten und du wirst somit sicher die wahren Meister dadurch erkennen, wie sie ihre Zungen kontrollieren und wie gemäßigt und langsam sie essen. Ja, du wirst die wahren Meister daran erkennen, wie sie essen!"

Diese Geschichte mag unterhaltsam sein, doch sie ist sehr wahr. Dasselbe gilt für die Sexualität. Die Sexualität ist eine schöne gottgegebene Ausdrucksform wahrer Liebe. In bestimmten Religionen wird die Sexualität als etwas Schmutziges verpönt. Zumindest sind viele mit einer solchen Einstellung aufgewachsen, vielleicht durch die Eltern oder durch die Schule. Doch wenn man es im richtigen Zusammenhang sieht, so ist es die schönste, ekstatischste Erfahrung auf dem Planeten Erde. Selbst hierbei wird ein Meister durch die Seele geleitet und durch die Seele kontrolliert. Ein Meister kann zwischen niederem animalischen Verlangen und der Seele unterscheiden. Beobachte die Einstellung eines Meisters gegenüber der Sexualität und du wirst erkennen, ob er ein wahrer Meister ist oder nicht. Den Körper jedoch nur für die Sexualität zu missbrauchen, bedeutet den Körper nicht zu lieben.

Wie Quan Yin sagte:

„EIN WAHRER MEISTER HÖRT AUF SEINEN KÖRPER
UND LIEBT IHN."

Die geliebte Quan Yin zeigt hier einen entscheidenden und wichtigen Punkt auf, indem sie darüber spricht, wie ein Meister auf seinen Körper hört und ihn liebt. Es ist ein sehr interessantes Phänomen, dass viele Menschen sich selbst lieben, im Sinne des inneren Selbstes oder des inneren Kindes, den physischen Körper jedoch nicht lieben. Alle Aspekte des Selbstes benötigen Liebe. Wie ich bereits sagte, der „X-Faktor" der Heilung ist die Liebe. Das physische Selbst braucht auch Liebe.

Der Grund, warum viele Menschen ihren physischen Körper nicht lieben, ist vielschichtig. Der wichtigste Grund ist das Massenbewusstsein und die Programmierung, welche die Frauen und Männer auferlegt bekommen durch die „Playboy" und „Playgirl"- Vorstellungen dessen, was Schönheit ist. Es heißt: „Schönheit liegt im Auge des Betrachters." Das Schönheitsideal im 17. Jahrhundert war eine runde Frau, nun ist es Twiggy. Es liegt nicht am Körper, es liegt am Bewusstsein. In Wahrheit gibt es sieben Arten physischer Körper gemäß der Strahlenstruktur. Endomorph, ektomorph usw. Die Körper sollten idealerweise als verschiedene Arten von Blumen betrachtet werden. Wir würden Rosen, Lilien und Tulpen niemals miteinander vergleichen und sagen, dass die eine Blume hässlich ist und die andere nicht. Wir freuen uns an jeder einzelnen, so wie sie ist. Wie eine Schneeflocke, so sind auch wir alle verschieden. Es ist interessant, wenn ich an meine jungen Jahre, als ich noch nicht verheiratet war, zurückdenke. Ich lernte verschiedene Frauen kennen, die anfangs, als ich ihnen zum ersten Mal begegnete, für mich nicht attraktiv waren, doch als wir uns näher kennen lernten und Freunde wurden, vielleicht sechs Monate später, waren sie für mich auf einmal sehr attraktiv. Umgekehrt funktioniert es genauso, denn wir alle kennen klassisch schöne Frauen oder Männer, die, wenn sie im Bewusstsein, im Charakter, in der Seele und in der Spiritualität nicht entwickelt sind, auf einmal plötzlich sehr unattraktiv werden, selbst dann, wenn sie einen klassisch schönen Körper haben.

Wenn wir uns spirituell und im Bewusstsein weiterentwickeln, beginnen wir, mit unserem spirituellen Auge und nicht mit dem physischen Auge, oder dem Auge der Erscheinungen, zu sehen. Wir sehen jeden Menschen so, wie Christus, Buddha, das Ewige Selbst, eine Inkarnation Gottes und eine lebendige Seele ihn sehen würde. Das Physische wird immer unwichtiger. Der Geist, der makellose Charakter des Menschen, nimmt eine große Bedeutung ein. Wenn wir einen Menschen näher kennen lernen, spüren wir auch seine anderen Körper - den spirituellen, mentalen, emotionalen, energetischen, ätherischen Körper und sein Bewusstsein, was zu einem großen Ausmaß unsere physische Wahrnehmung beeinflusst. Was wir also in der ersten Minute sehen, wenn wir jemanden kennen lernen und was wir sehen, nachdem wir diesen Menschen gut kennen, das wird sehr unterschiedlich sein. Denn das Physische ist nur ein Instrument und ein Vehikel, das wir benutzen, und es sind die Seele und das Bewusstsein, die das Physische animieren. Der physische Körper kann ohne die Seele und ohne Bewusstsein nicht leben. In Wahrheit sind es also die Seele und das Bewusstsein, welche die Schönheit bestimmen.

Wenn ein Mensch sich entwickelt und ein integrierter spiritueller Meister, ein lebendiger Christus, ein lebendiger Buddha, ein lebendiges Ewiges Selbst, eine entwickelte Seele wird, mit Chakren wie sieben goldene Kerzenleuchter und mit entwickelten und wunderschönen Körpern, die wie ein funkelnder, polierter Diamant erstrahlen und Selbst- und Gotteserkenntnis ausstrahlen, dann nimmt der physische Körper nicht nur spirituelle und psychologische Schönheit, Licht und Liebe an, sondern der physische Körper fängt auch an, seine wahre Gottesnatur im Physischen zu reflektieren. Die Menschen beginnen wie ihr wahres Gottes/Göttinen-Selbst auszusehen. Sie werden physisch tatsächlich attraktiver und schöner.

Es herrscht viel Druck seitens der Gesellschaft, wenn es um das Abnehmen und dergleichen geht. Dies ist jedoch der Druck des weltlichen Massenbewusstseins und so etwas kommt nicht von Gott. Einige Menschen sind dazu bestimmt, mehr zu wiegen oder sie fühlen sich einfach wohler damit. Die dreidimensionale Welt drängt dem Menschen tyrannische und illusorische Standards auf, was nur ihre Trennung von der Seele und vom Geist reflektiert. Es ist entscheidend, auf den physischen Körper zu hören. Ich kann nicht genug hervorheben, dass Gott durch alle Körper spricht. Gott spricht auch zu dir durch deinen physischen Körper. Wenn dein physischer Körper sich nicht gut fühlt, dann gibt es dafür einen Grund. Alles wird durch das Universelle Gesetz auf jeder Ebene der Existenz regiert. Wenn ein Mensch sich nicht gut fühlt, dann liegt dies daran, dass er aus dem Gleichgewicht mit dem Universellen Geist geraten ist und es gibt eine Lektion, die dieser Mensch lernen muss.

Viele spirituelle- oder New-Age-Anhänger haben eine niedrige Wertschätzung ihrem Körper gegenüber und denken, dass der Geist viel wichtiger ist. Dies ist eine Illusion. Gott lebt auch im materiellen Universum. Gott muss auf allen vier Ebenen erkannt werden: spirituell, mental, emotional und materiell.

Wie zuvor bereits erwähnt wurde, versucht die sich entwickelnde Seele oder der Verstand häufig, sich über den physischen Körper hinwegzusetzen und wird dann wütend, wenn der physische Körper nicht mit den Plänen des Geistes kooperiert. Gott befindet sich jedoch auf allen Ebenen und in Wahrheit ist es der Geist, der aus dem Gleichgewicht geraten ist, nicht der physische Körper. Um ein „integrierter spiritueller Meister" zu werden, wie Quan Yin so eloquent aufzeigt, müssen wir nicht nur unseren Körper lieben und ehren, sondern auch auf seine Führung hören, und ein Programm und einen Lebensstil finden, der auf die Führung des Geistes, der Seele, der Emotionen und des physischen Körpers auf synergetische und holistische Weise hört. Dies bedeutet aber nicht, dass wir den physischen Körper verhätscheln sollen, andererseits dürfen wir ihn jedoch nicht übergehen. Die New-Age-Anhänger, die vom negativen Ego gesteuert werden, sagen häufig, dass sie nicht auf ihre Ernährung achten brauchen, da sie die schlechte Nahrung transformieren werden. Sie mögen in der Lage sein, dies für eine kurze Weile zu tun, doch was sie wirklich tun ist, sich karmische Lektionen aufzuladen. Wir müssen lernen, Gottes Gesetze auf allen Ebenen zu befolgen. Man gelangt irgendwann an einen Punkt auf dem Weg der spirituellen Evolution, wie beispielsweise Jesus oder Sai Baba, an dem physische Gesetze überwunden werden können. Doch nur sehr wenige Menschen werden zu dieser Zeit in der Geschichte jemals diesen Punkt der kompletten Überwindung aller physischer Gesetze erreichen. Jesus hatte eine einzigartige spirituelle Mission zu erfüllen und Sai Baba ist ein universeller Avatar und wurde bereits mit Selbst- und Gotteserkenntnis geboren, was äußerst selten passiert. Frage deinen physischen Körper, der in Wahrheit Gott ist, der durch ein anderes Vehikel zu dir spricht, um Rat. Daher sage ich so gern: „Schneller zu gehen ist nicht unbedingt besser; im Tao zu sein ist der beste und schnellste Weg zur Selbst- und Gotteserkenntnis."

Buddha versuchte, den physischen Körper zu ignorieren und kam dem Tod dadurch sehr nahe. Dann gab er seinen asketischen Weg auf und verkündete eine neue Philosophie, die des „Mittleren Weges". Wie Quan Yin so eloquent aufzeigt - liebe deinen physischen Körper und höre auf ihn. So steht es geschrieben, so soll es geschehen!

Lektion 13 - Gesundheit

„EINE GESUNDE, POSITIVE EINSTELLUNG ERZEUGT UND ERMÄCHTIGT EINEN GESUNDEN, KREATIVEN KÖRPER."

Dieses Prinzip ist eine weitere sehr mächtige Aussage für all die angehenden Meister. Quan Yin bezeichnet dieses Prinzip als eine der wesentlichen Aufstiegslehren, ohne die es unmöglich ist, ein spirituell integrierter Aufgestiegener Meister zu werden. Es basiert auf der Ebene des spirituellen Christus-/Buddha-/Gottes-bewusstseins. Es bedeutet, sich damit in unserer Einstellung gegenüber unserer Gesundheit zu ermächtigen, damit, ungeachtet unserer gesundheitlichen Kondition und Situation, uns nichts davon abhalten kann, unsere spirituelle Mission zu erfüllen. Diese Einstellung ist sehr wichtig hinsichtlich unserer Gesundheit, denn wenn du deine spirituelle Mission erfüllst, kannst du Heilungskräfte entwickeln. Es gibt viele Gründe für die Verzögerung einer spirituellen Mission. Dies kann durch reine Ignoranz, durch Mangel an Zeit, Energie, Möglichkeiten oder durch gesundheitliche Angelegenheiten sein. Manchmal sollte man sich ernsthaft seinen Gesundheitszustand anschauen und prüfen, ob es eine bestimmte Lektion zu lernen gibt. Vielleicht erlaubt Gott dir, aus einem bestimmten Grund bettlägerig zu sein, vielleicht liegt genau in dieser Krankheit, unter der du leidest, deine spirituelle Mission. Man sollte an diesem Punkt folgende Dinge klären:

Was ist meine spirituelle Mission?
Wie erfülle ich sie?
Warum erfülle ich sie nicht?

Seine spirituelle Mission zu erfüllen, ist die aufregendste und lohnendste Leistung auf Erden. Es ist der Grund, warum du hier auf Erden bist, es ist dein Sinn und Zweck auf Erden und das, was am meisten zählt. Es ist deine Essenz.

Gott gab dem Menschen viele Leben, um diese eine Aufgabe zu erfüllen. Wenn der Mensch in seinem Leben darin scheitert, diese ihm gegebene spirituelle Mission zu erfüllen, dann bekommt er eine weitere Chance, sich zu reinkarnieren, um diese Mission zu erkennen und sie zu erfüllen. Es wird die Zeit kommen, in welcher der Mensch erkennt was das momentane Leben für ihn bereithält und er wird sich darüber freuen. In dem Moment, in dem er erkennt und ausführt, konzentriert er sich beständig auf die eine Frage: „Warum bin ich hier?" Und wenn seine Aufgabe erfüllt ist, befreit er sich aus der Knechtschaft und erlangt Befreiung und Freiheit.

Nach dem Hinübergehen kommt es zu einem weiteren Übergang. Der Mensch entscheidet sich. Er kehrt zurück in einen physischen Körper oder auch nicht. Er hat jedoch noch immer die Möglichkeit, auf andere Weise zu dienen, in unterschiedlichster Art und Weise. Dadurch wird die klassische Realität von Geburt-Leben-Krankheit-Alter-Tod (symbolisiert durch das Rad der 84) realisiert und aktiviert. Daher ist die Erfüllung deiner spirituellen Mission ein Weg der Freiheit und der Befreiung.

Manchmal setzt sich die Erkenntnis weiter fort:

„Ich bin krank und nicht gesund, weil ich meinen Sinn im Leben nicht kenne und dadurch nicht erfülle."

Dies ist alles sehr negativ, entgegengesetzt der positiven Einstellung des spirituellen Christus-/Buddha-/Gottesbewustseins.

Die obige positive Einstellung kreiert Freude, Überfluss und wahre Heilung innerhalb der Seele.

Manchmal stellt es sich als Widerspruch oder als Paradox dar. Manche Menschen sagen zu sich selbst:

„Warte nur, bis ich geheilt bin, dann kann ich Gott und der Menschheit dienen. Aber nicht jetzt."

Oder: „Warte nur, bis ich reich bin, dann kann ich meine spirituelle Mission ausführen."

Oder: „Warte nur, bis ich dorthin oder hierhin reise, dann kann ich etwas für Gott tun, etc...etc...etc."

Aber nein!

Die Zeit ist jetzt! Der Moment ist jetzt! Die Erkenntnis ist jetzt!

Und jetzt ist die Zeit der Heilung!

Meine geliebten Leser, der Titel dieser Lektion und dieses Kapitels wurde zuvor bereits erläutert. Die Einstellung ist alles! Jeder ist auf der Suche nach Glück, innerem Frieden und Harmonie auf allen Ebenen, und der Schlüssel wie man dies erreicht, ist die eigene

Einstellung und der eigene Standpunkt. Daher nenne ich in meiner psychologischen Arbeit den Prozess gern „Heilung der Einstellung". Jegliche Disharmonie, jeglicher Stress, jeglicher falsche Standpunkt, jegliche negativen Gefühle und negative Emotionen und falsche Handlungen werden durch falsche Einstellungen und Standpunkte kreiert. Wir alle haben das Sprichwort gehört: „Ändere deine Einstellung und du änderst dein Leben." Im Wesentlichen gibt es eine Einstellung und einen Standpunkt des spirituellen Christus-/Buddha-/Gottesbewusstseins und eine Einstellung und einen Standpunkt des negativen Egos mit seinem trennenden, angstbegründeten Denken. Alle negativen Gefühle und Emotionen resultieren daraus, wie du dein Selbst, deine Beziehungen und das Leben interpretierst. Man kann nicht immer kontrollieren, was tatsächlich im Leben geschieht, doch man besitzt absolute Selbstmeisterung und Kontrolle über seine Einstellung und seinen Standpunkt gegenüber dem, was passiert. Der richtige Weg, sein Leben wahrzunehmen und zu interpretieren liegt darin, alles als Geschenk, Lektion, Segen, eine Möglichkeit des Wachsens, einen spirituellen Test und ein Sprungbrett zum Seelenwachstums anzusehen. Jeder Mensch und jede Situation ist dein Meister, der dich lehrt, das spirituelle Christus-/Buddha-/Gottesbewusstsein auf integrierte und ausgeglichene Art und Weise zu praktizieren.

Wenn man ein solches Bewusstsein, eine solche Einstellung und einen solchen Standpunkt aufrechterhält, gibt man dem physischen Körper Energie, auf Grund der positiven Gedanken, Gefühle und Emotionen, der positiven Energie, die kreiert wurde und der positiven Handlungen. Auch das, was du in deinem Leben anziehst, wird größtenteils durch deine Gedanken und Vorstellungen kreiert. Meister Jesus und Sai Baba können Dinge durch die Macht des Geistes sofort materialisieren. Wir tun das Gleiche, nur dass es bei uns verlangsamt geschieht. Das Leben ist nur ein Prozess dessen, das Selbst oder das anzutreffen, was durch unser Denken in vergangenen und im jetzigen Leben in Bewegung gesetzt wurde. Wir erfahren die Auswirkungen unseres Bewusstseins, das ständig auf mystische Weise in unseren weltlichen Erfahrungen materialisiert wird. Je weiter man sich entwickelt, desto schneller passiert diese Materialisierung der Gedanken. Denn wie der Universelle Geist durch Edgar Cayce sagte: „Der Geist ist der Erbauer und die Gedanken sind die Gegenstände." Nur weil wir Gedanken nicht sehen können, bedeutet das nicht, dass sie nicht vorhanden sind. Sie befinden sich auf der ätherischen Ebene. Wenn wir uns so entwickeln wie Jesus und Sai Baba in diesem Beispiel, ist es möglich, dass auch unsere Gedanken sich sofort materialisieren und dass wir nicht mehr warten müssen. Es ist entscheidend zu verstehen, dass wir alle dies bereits tun, es ist einfach verlangsamt und deshalb sehen viele Menschen nicht, was sie tun. Die gesamte Schöpfung wurde aus Gottes Geist erschaffen und wir, die Söhne und Töchter Gottes, tragen zur Schöpfung Gottes durch die Macht unseres Geistes bei, der ein Teil des Geistes Gottes ist. Denn es gibt nur einen Geist, welcher der Geist Gottes ist und wir alle teilen diese Identität. Gott hat uns jedoch den freien Willen gegeben, so dass wir auch in der Lage sind, außerhalb der Harmonie des Geistes Gottes zu denken, was sich im negativen Ego mit seinem trennenden, angstbegründeten Denken zeigt. Dies ist eine Illusion und die Ursache dessen, was Djwhal Khul als Verblendung, Maya und Illusion bezeichnet. Die Verblendung ist die Täuschung auf der astralen Ebene. Maya ist die Täuschung auf der ätherischen Ebene. Und Illusion ist der Ausdruck für falsches Denken auf der mentalen Ebene.

Es muss verstanden werden, dass dein Bewusstsein sich in jeder Zelle deines Körpers wie auch deiner Seele ausbreitet. Wenn dein „Bewusstsein erleuchtet ist", dann elektrisiert dies spirituell alle Körper, alle Chakren, alle Energiefelder, die gesamte Aura, alle Zellen im Körper und dadurch auch alle Organe und Drüsen mit spiritueller Strömung.

Wenn jemand beispielsweise seine persönliche Kraft und Selbstmeisterung im Leben nicht besitzt, dann wird er physisch erschöpft sein. Ich erinnere mich an eine Klientin, die zu mir kam, weil sie ein Problem hatte. Sie war ständig erschöpft. Ich lehrte sie, wie sie ihre persönliche Kraft und Selbstmeisterung für sich aufrechterhalten kann und sie war sofort mit Energie gefüllt. Wir änderten nichts anderes in ihrem Leben. Wenn man diesem Rezept bedingungslose Liebe hinzufügt, dann hat man noch mehr Energie und wenn man Weisheit hinzufügt, sogar noch mehr. Denn es ist der Ausgleich zwischen Liebe, Weisheit und Kraft, welches der Schlüssel zum spirituellen Leben und zur weltlichen Gesundheit darstellt.

Djwhal Khul sagt in den Alice Bailey-Büchern über esoterische Heilung, dass die meisten Gesundheitsprobleme der Welt durch den Äther- und Astralkörper verursacht werden, hauptsächlich jedoch durch den Astralkörper. Der Grund dafür ist, dass der Astralkörper der Emotionalkörper ist und der Emotionalkörper einen enormen Effekt auf den Äther- oder Energiekörper hat. Die meisten Menschen auf der Welt werden durch ihre Gefühle und Emotionen gesteuert und sind dadurch Opfer. Die Menschen dieser Welt müssen lernen, ihre Gefühle und Emotionen durch ihren Geist zu verursachen, ungeachtet dessen, was in ihren Beziehungen oder in den äußeren Lebenserfahrungen auftritt. Dies tut ein „integrierter spiritueller Meister".

Ein weiterer Schlüsselpunkt, der die spirituelle Gesundheit beeinflussen kann, ist, wenn man seine spirituelle Mission, seinen spirituellen Vertrag, sein spirituelles Puzzlestück und seine spirituelle persönliche Blaupause auf Erden nicht erfüllt. Viele New-Age-Anhänger versuchen, spirituell zu wachsen, doch sie erfüllen ihre spirituelle Mission und ihren Vertrag nicht. Sie konzentrieren sich auf ihr spirituelles Wachstum, jedoch nicht auf ihren spirituellen Vertrag, den sie unterschrieben haben, bevor sie gekommen sind, um einen bestimmten Dienst oder eine bestimmte Arbeit zu leisten, um der Welt zu helfen. Sehr häufig werden Menschen krank, wenn sie dies nicht tun. Es ist Gott, der sie daran erinnert: „Erfülle die Aufgabe des Vaters." Gott lässt sie nicht krank werden, sie machen sich selbst krank, indem sie aus dem Gleichgewicht des Sinns ihrer Seele geraten sind. Es ist in Wahrheit sehr egoistisch, sich nur auf sein spirituelles Wachstum zu konzentrieren, nicht aber auf seine weltliche spirituelle Mission. Unser Sinn auf Erden ist, den Himmel auf die Erde zu bringen und eine phantastische Zivilisation der fünften Dimension auf Erden zu kreieren. Wie kann dies erreicht werden, wenn die Menschen sich nur auf ihr eigenes spirituelles Wachstum konzentrieren und nicht auf den Dienst für die Welt? Denke darüber nach!

Wenn wir unsere spirituelle Mission ausführen und uns von einem spirituellen Standpunkt aus gesehen mit dem Leben verbinden und versuchen, einen spirituellen Beitrag auf Erden zu leisten und ein weltliches Erbe zu hinterlassen, dann übernehmen wir den Stab von Moses! Oder den Stab der Liebe, der Weisheit und der Kraft. Wenn wir uns aus spiritueller Sicht mit dem Leben verbinden, beginnen unsere Chakren sich richtig zu drehen. Dies verursacht eine Energetisierung in den Drüsen, Organen und Zellen. Die geliebte Quan Yin hat den Nagel auf den Kopf getroffen.

„EINE GESUNDE, POSITIVE EINSTELLUNG ERZEUGT UND ERMÄCHTIGT EINEN GESUNDEN, KREATIVEN KÖRPER."

So steht es geschrieben, so soll es geschehen!

Lektion 14 - Gesundheit

„SPIRITUELLE GRÜNDE SIND NORMALERWEISE DIE URSACHEN VON KRANKHEITEN."

Der menschliche Körper ist manchmal ein sehr mysteriöses Wesen. Quan Yin zeigt auf, dass sich hinter der Dichte, hinter dem festen Körper, weitere Körper befinden, die einen Menschen ausmachen. Das zu Grunde liegende Leiden in einem dieser Körper ist normalerweise die Ursache der Krankheiten im physischen Körper. Um es nochmals zu wiederholen, die anderen Körper sind der emotionale, mentale und spirituelle Körper im Inneren des Menschen. Der Durchschnittsmensch schaut üblicherweise auf den materiellen Körper und bemüht sich, ihn durch materielle Mittel zu heilen. Aber der Mensch ist sehr viel komplexer. Ein Meister ist sich dessen bewusst und erkennt diese Tatsache bei der Heilung des physischen Körpers. Dies geschieht durch Glauben, nicht nur durch Sehen.

Aus diesem Grund gelangt man häufig gar nicht an die Wurzel des Problems und der Ursache. Es gibt sehr häufig ein erneutes Auftreten des gleichen Problems. Versucht Gott vielleicht, dadurch etwas zu sagen? Der Mensch ist ein sehr komplexes, mysteriöses, höchst interessantes, vielseitiges, faszinierendes, liebenswertes Wesen. Krankheit bedeutet, dass einer der Körper auf die anderen Körper hinweist. Wenn es dem physischen Körper nicht gut geht, dann leidet der Geist des Menschen ebenso. Wenn der physische Körper in diesem Leben krank ist, dann kann die Ursache aus einem vergangenen Leben kommen.

Die Aufstiegslehren deuten darauf hin, dass der Mensch hunderte vergangener Leben hat. Sehr häufig leugnet der Mensch dies jedoch im jetzigen Leben. Er mag den rechten Weg gegangen sein, die richtigen Dinge getan haben und sich in einem vergangenen Leben fast wie ein Meister verhalten haben, doch es gab hunderte Zwischenfälle, in denen er das genaue Gegenteil getan hat. Ehre sei Gott, denn ein solcher Mensch ist nun erleuchtet. Aber um gereinigt zu werden, passieren verschiedene Dinge in seinem jetzigen Leben. Dies geschieht zu seinen Gunsten, damit er zu einem heiligen Gefäß, dessen würdig, dem Meister von Nutzen zu sein, gemacht werden kann. Daher sollte man in Zeiten der Krankheit nicht leugnen, dass es jemals eine Ursache aus einem vergangenen Leben geben könnte, die vielleicht der Grund für diese Krankheit sein könnte. Bewusstsein ist 50 % der vollbrachten Heilung. Indem man den Grund kennt, erleichtert man eine schnellere Heilung. Oft, wenn man krank ist, zweifelt man an sich und an Gott. Manchmal strebt und sucht man nach Antworten. Und dies ist gut. Indem man sucht, wird man Antworten finden. Krankheit ist eine Zeit der wahren Suche nach der Seele und dem Eintauchen in sein Innenleben. Wenn man beschäftigt ist und stets in Eile, bleibt wenig Zeit für Reflexion und das Anrufen Gottes. Aber mit einer positiven Einstellung des spirituellen Christus-/Buddha-/Gottesbewusstseins ist alles in Ordnung. Innere Reflexion ist gut für die Seele.

In einem kürzlich erschienenen Artikel wurden die spirituellen Gründe für die zehn hauptsächlichen Todesursachen aufgelistet, basierend auf Krankheit und Tod. Diese hier zu erwähnen scheint mir im Zusammenhang mit Quan Yins Gesundheitsprinzip Nummer 14 sehr angebracht zu sein.

1. Herzkrankheiten (Nummer eins der Todesursachen)
Diese werden verursacht, wenn ein Mensch daran scheitert, sich selbst und andere zu lieben. Dieser Bereich umfasst das Herzchakra, das Energiezentrum für Liebe. Das Herz ist dazu da, bedingungslose Liebe zu empfangen und zu geben. Wir sollten uns fragen, ob wir dies tun!

2. Krebs
Dies wird dann verursacht, wenn man daran scheitert, etwas zu unternehmen, um langwierige Lebenskonflikte zu lösen. Krebs ist außerdem als die Schmetterlingskrankheit bekannt, denn der Patient muss darum kämpfen, aus seinem Kokon auszubrechen. Es handelt sich hierbei um langwierige Probleme, die den Menschen zu zerfressen scheinen. Manchmal benötigt es hierbei viel Vergebung.

3. Schlaganfall
Das Scheitern dessen, seinen Körper/Geist zu ehren.

4. Lungenentzündung – Grippe

5. Diabetes
Das Scheitern daran, sich mit der Freude und der Süße des Lebens zu verbinden. Es ist häufig die Traurigkeit aus vielen vergangenen Leben, die den Menschen dazu veranlasst, diese Krankheit zu entwickeln. Vielleicht hat man dies nie gelernt und es gibt ein übermäßiges Verlangen und Konsum von Süßem in diesem Leben.

6. Aids
Das Scheitern, sich selbst so zu lieben und zu akzeptieren, wie man ist. In unseren vergangenen Leben waren wir unterschiedliche Personen, von Mördern über Heilige bis hin zu Homosexuellen. Manchmal überkommt einen Homosexuellen eine Müdigkeit, die Ablehnung und die Kritik anderer zu bekämpfen, was sich in der Verleugnung und Ermüdung des jetzigen Körpers zeigt.

7. Leberkrankheiten
Das Scheitern, das zu akzeptieren, was man aus seinem Leben, vielleicht in einem vergangenen Leben, gemacht hat. Daher gleicht man es in diesem Leben einmal mehr aus.

8. Kreislaufversagen
Das Scheitern dessen, im Leben offen und empfänglich zu sein.

9. Nierenkrankheiten
Das Scheitern daran, negative Emotionen richtig umzuwandeln. Dies mag auch aus einem vergangenen Leben kommen, wobei das vergangene Leben sich nun als das Gegenteil dessen verhält und man die Konsequenzen der vergangenen Handlungen trägt, damit sie bereinigt werden.

10. Lungenkrankheiten
Das Scheitern dessen, das Leben voll anzunehmen, auf Grund des Gefühls der Wertlosigkeit.

Dies sind nur ein paar Punkte, die aufgezeigt werden und sie müssen nicht unbedingt deine Situation betreffen. Du als Seele wirst dich selbst jedoch aus einem anderen Blickwinkel verstehen, und du als Seele wirst in der Lage sein, mit dir selbst einig zu werden. Wisse jedoch, dass es einen spirituellen Grund für deine Krankheit gibt. Als ein Meister wirst du fähig sein, dies für dich selbst herauszufinden.

Meine geliebten Leser, in Wahrheit geschehen Krankheiten und Unausgeglichenheiten immer aus einem spirituellen Grund. Sogar dann, wenn jemand auf Grund schlechter Ernährung, Drogen, einem Autounfall, dem Mangel an physischer Bewegung, Alkohol, Zigaretten oder Überarbeitung krank wird, ist es doch das Bewusstsein der Seele, welches diese Entscheidung trifft. Der physische Körper ist nur ein Instrument des Bewusstseins und der Seele und hat an sich nicht die Fähigkeit, Entscheidungen zu treffen. Wie bereits erwähnt wurde; die Seele lebt, auch wenn der physische Körper stirbt. Es liegt immer am Bewusstsein des Menschen, in vergangenen Leben und im jetzigen Leben, welches all die Krankheiten und die beeinträchtigte Gesundheit verursacht. Es könnte sich um eine spirituelle Ursache aus einem vergangenen Leben handeln, einem geistigen Grund aus diesem Leben, einem emotionalen Grund durch falsches Denken, einem energetischen Grund, der ebenfalls von falschem Denken herrührt. Oder es könnte daran liegen, dass man mit den physischen Gesetzen des Körpers aus dem Gleichgewicht geraten ist, wobei es sich immer noch um das Bewusstsein handelt, welches diese Gesetze und deren entsprechende Auswirkungen nicht versteht. Unser Leiden auf allen Ebenen lehrt uns nicht nur, die Gesetze zu befolgen, sondern sie auch zu verstehen. Wenn wir sie einmal gelernt haben, können wir sie anderen lehren. Dies ist Teil des Ansammelns von Weisheit auf allen Ebenen der Existenz. Wenn wir diese Gesetze lernen und auf allen Ebenen in Harmonie mit ihnen leben und unsere Missionsarbeit erfüllen, werden wir aufsteigen und das Rad der Wiedergeburt überwinden und Befreiung erlangen und unsere Evolution auf höheren Ebenen der Existenz fortsetzen, mit neuen Gesetzen, die wir dann lernen und meistern müssen, bevor wir aus dieser Ebene aufsteigen können.

Wenn wir zu Meistern und zu den Ursachen unserer Realität werden, dann sind wir nicht mehr empfänglich für Dinge wie negative Implantate der Außerirdischen, negative Pfeile oder Waffen, die in unserem ätherischen Körper stecken oder, falls dies doch passiert, so können wir sie mit Hilfe der Geistigen Welt und der Meister entfernen.
Alle Krankheiten beginnen zuerst in den anderen feineren Körpern. Daher ist die traditionelle Medizin auf einigen Ebenen ein Witz, denn sie hat keine Kenntnis über die feineren Körper, die Chakren, die spirituelle Ebene, das Bewusstsein und die psychologische Ebene und sie versteht auch nichts von Energie, Homöopathie, Kräutern oder Ernährung, außer auf der Verstandesebene. Ich sage hier nicht, dass sie keinen Wert hat, ich sage nur, dass die meisten Ärzte zu 90% der wahren Natur der Heilung gegenüber und was sie bedeutet blind sind. Sie beschäftigen sich mit Symptomen und nicht mit den Ursachen. Die traditionelle Medizin, so wie sie im Augenblick praktiziert wird, wird in 100 Jahren nur eine ferne Erinnerung sein. Ärzte der Zukunft werden das Wissen über die physischen Gesetze besitzen.

Lektion 15 - Gesundheit

„EIN MEISTER IST IN DER LAGE, SEINEN GESUNDHEITLICHEN ZUSTAND ZU TRANSZENDIEREN."

Quan Yin gibt denjenigen sehr viel Mut, die von jeglichen gesundheitlichen Problemen heimgesucht werden. In diesem 15. Gesundheitsprinzip lehrt sie uns, dass, selbst wenn man physisch nicht von einer Krankheit geheilt wird, man diese transzendieren und zu dem Menschen werden kann, zu dem Gott einen bestimmt hat. Wenn man tatsächlich die Schwierigkeiten und die Belastungen der schwachen Gesundheit überwindet, bringt dies dem Meister Stärkung, Heilung und Sieg. Es gibt so viele Beispiele dafür. Die meisten Heiligen hatten mit umfassenden gesundheitlichen Problemen zu tun und manchmal ging dies vorüber, ohne überhaupt erwähnt zu werden. Es gibt auch Durchschnittsmenschen, keine Heilige, die eine Krankheit transzendiert haben und erstaunliche, bemerkenswerte Menschen wurden.

Eine solche Person, die nicht einmal als Heilige angesehen wird, ist Joni Erikson, bekannter als Joni. Als Teenager war sie eine sehr aktive Sportlerin. Eines Tages ging sie zum See schwimmen, als sie plötzlich beim Tauchen ihren Kopf aufschlug und sich ihr Leben von diesem Augenblick an völlig änderte. Einst war sie eine aktive Sportlerin, die nun querschnittsgelähmt war. Sie war von ihren Schultern bis zu ihren Zehen gelähmt. Die unglaubliche und tragische Geschichte ihres Lebens erschien als Buch mit dem Titel *Joni*. Dieses Buch berührte viele und noch weitere Bücher folgten. Sie war eine Künstlerin und der Unfall hielt sie nicht davon ab, weiter zu zeichnen. Indem sie nur ihren Mund benutzte, malte sie wunderschöne Bilder und Entwürfe, die ausgestellt und in einigen ihrer Bücher veröffentlicht wurden. Es ist eine sehr feine Form der Kunst, die sie andernfalls nicht erlernt hätte. Doch dies ist noch nicht alles. Ihr gesamtes Leben veränderte sich und sie wurde sehr sanft und liebevoll. Anstatt mit Gott zu hadern, gemein und frustriert zu werden, wurde sie eine wunderbare Christin; Gott, der Welt und allen Menschen gegenüber sehr liebevoll und vergebend. Durch ihre Schriftstellerei und ihre Reflexionen über das Leben, war sie das lebende Beispiel eines Anhängers Jesu. Durch ihre christliche Einstellung und ihren Glauben wurde sie im Geiste geheilt und transzendierte jegliche gesundheitliche Einschränkung, die sich einstellte, obwohl sie physisch nicht geheilt wurde. Sie zitierte die Bibel, die ihr Leben und ihre Heilung wurde. Einige ihrer Lieblingszitate sind:

"Wir wissen aber, dass denen, die Gott lieben, alle Dinge zum Besten dienen, denen, die nach seinem Ratschluss berufen sind."

"Ich vermag alles durch den, der mich mächtig macht, Christus."

Diese Bibelzitate wurden zur Hilfe für viele andere, die auch an derartigen Erkrankungen litten. Doch es war ihr Leben, dass das größte Beispiel und Vorbild war. Sie sprach öfter vor Gruppen, mit denen sie ihr Leben, ihre Tragödie und ihre Siege teilte. Ungeachtet ihres Zustands heiratete sie sogar ihren japanischen Therapeuten. Es war eine einzigartige und ungewöhnliche Lebensgeschichte. Ihr Leben wurde so bemerkenswert, dass sie einmal sogar im Yankee-Stadion zusammen mit dem berühmten Evangelisten Billy Graham auftrat und ihr Zeugnis ablegte.

In diesem Prozess entdeckte sie ihre spirituelle Mission, dass sie ein Gefäß für den Herrn ist und dass es eine wundervolle Lektion der Akzeptanz, Gehorsamkeit und der Hingabe für sie gab, und sie erkannte, dass Gottes perfekter Wille jegliche menschliche Begierden transzendiert. Wir können wahrlich von dieser Seele, einem Meister im eigenen Sinne, lernen.

Meine geliebten Leser, dies ist ein Thema, das mir sehr am Herzen liegt. Es ist ein Thema, das nur sehr wenige Menschen auf dem Planeten Erde verstehen und dadurch sind auch nur sehr wenige in der Lage, dies zu praktizieren. Ein wahrer „integrierter Aufgestiegener Meister" lebt in einem „transzendierten Bewusstsein". Ein wahrer integrierter Meister ehrt und respektiert den physischen

Körper, zwingt ihm aber nicht seinen eigenen Willen auf. Wie bereits erwähnt, geben die meisten Menschen ihrem physischen Körper ihre Kraft ab. In dem Moment, in dem sie ihre Gesundheit oder Energie verlässt, verlieren sie auch ihre persönliche Kraft. Sie nehmen sich bei der Arbeit zusammen, doch sobald sie nach Hause gehen, brechen sie zusammen. Der integrierte spirituelle Meister behält seine persönliche Kraft und Selbstmeisterung zu jeder Zeit bei, sogar im Schlaf. In dem Moment, in dem du deine persönliche Kraft und Selbstmeisterung verlierst, überwältigt dich dein Emotionalkörper und das negative Ego wie auch dein Unterbewusstsein, das Begehren deines niederen Selbstes, die Selbstverhätschelung, die fünf Sinne, das Verlangen, die schlechten Angewohnheiten, die Süchte, das Überessen und das innere Kind. Klingt dies vertraut? 90% der Lichtarbeiter werden von diesem Prozess überwältigt oder schikaniert, obwohl sie sich auf dem spirituellen Weg befinden.

Transzendenz beginnt also damit, dass du den Anspruch auf deine persönliche Kraft erhebst. Die zweite Sache, die es zu verstehen gilt, ist, dass das negative Ego immer zwei Seiten hat. Zum Beispiel werden die Menschen, die im negativen Ego leben, vom Prozess der Über- oder Unterlegenheit beherrscht, was ich gerne den Topdog/Underdog-Komplex nenne. Daher gibt es so viele religiöse Lehrer und Lichtarbeiter, die andere verurteilen, angreifen und ablehnen. Sie leben nicht im transzendierten Bewusstsein. Denn, wenn sie nicht überlegen sind, fallen sie in ihren Minderwertigkeitskomplex. Aus diesem Grund können sie keinen Fehler zugeben, selbst dann nicht, wenn ihr Leben davon abhängig ist, und ich spreche hier von einer Menge so genannter New-Age-Führer. Sie sind spirituell entwickelt oder besitzen bestimmte Talente wie Channeln, Hellsehen, spirituelles Lehren, wissenschaftliche Kenntnisse, übersinnliche Fähigkeiten, Heilkräfte, die Fähigkeit ein Buch zu schreiben oder die Fähigkeit öffentlich zu sprechen, doch sie sind in ihrem Bewusstsein nicht entwickelt. Sie haben nicht gelernt, wie man die Dualität des negativen Egos transzendiert. Sie springen von der Überlegenheit in die Unterlegenheit, um nur ein Beispiel zu nennen. Daher sind sie defensiv und rechtfertigen sich durch das Ego. Dies ist auch der Grund dafür, warum sie hungrig nach Macht und Ruhm sind. Sie wollen überlegen sein, denn sie leben in der Angst, eines Tages unterlegen zu sein. Wie viele es auch gibt, meine Freunde, es heißt deutlich in der Bibel: *„Hochmut kommt vor dem Fall.“* Es ist nicht möglich, im Überlegenheitskomplex zu leben, ohne in den Unterlegenheitskomplex zu stürzen. Der einzige Weg hier heraus liegt in der Transzendenz, wie die geliebte Quan Yin in der Überschrift dieses Kapitels aufzeigt. Fritz Pearls, der die Gestalttherapie entwickelte, fasste es am Besten mit den folgenden Worten zusammen: „Wann immer der Gewinner oder Verlierer im Bewusstsein auftaucht, lache ihn von der Bühne.“ Meine geliebten Leser, es gibt tausende von Dualitäten des negativen Egos, die transzendiert werden müssen. Denn wie in diesem Beispiel deutlich wurde, so sind die Über- als auch die Unterlegenheit zwei Seiten der gleichen Münze. Das Erstaunlichste daran ist, dass es so einfach ist, das gesamte System zu transzendieren und aus ihm herauszutreten, doch 99 % der New-Age-Anhänger, derjenigen, die den traditionellen Religionen anhängen und ganz sicher die Atheisten haben nicht die geringste Ahnung darüber, wie man dies tun kann. Beginnst auch du zu erkennen, wie wichtig es ist, die spirituelle Psychologie wahrlich zu verstehen und dein Bewusstsein zu entwickeln und zu verbessern?

Aus diesem Grund sind die meisten der bekanntesten spirituellen Führer der New-Age-Bewegung gestürzt und merken dies noch nicht einmal. Obwohl sie spirituell entwickelt sind oder bestimmte spirituelle und übersinnliche Talente besitzen, wissen sie nicht, wie sie aus der Dualität des negativen Egos heraus gelangen können und so endet es meist darin, dass sie ihr Bewusstsein verderben wie ein heimtückisches Krebsgeschwür, und dies beeinflusst in hohem Ausmaß ihre Beziehungen und entstellt ihre spirituelle Führungsrolle und verdirbt am Ende ihre spirituellen Talente. Es veranlasst sie, ein fragmentiertes, verschmutztes und zerfallenes Modell des Aufstiegs zu entwickeln. Ihre Schüler übernehmen letztendlich diese Blindheit, dieses Glaubenssystem und die fehlerhafte spirituelle Psychologie, denn sie erkennen die Korruption nicht, die in ihrem spirituellen Lehrer, Medium und Wissenschaftler stattgefunden hat. Sie erkennen nicht, dass sie zusammen mit ihrem Lehrer die spirituelle Leiter hinuntergefallen sind, denn sie haben nicht „die Augen zu sehen und die Ohren zu hören“, was zum Teil von der spirituellen Wahrnehmung kommt. Am Ende dieses Kapitels werde ich dir eine Liste der wichtigsten Dualitäten des negativen Egos, die transzendiert werden müssen, geben, die ich zusammen mit der Geistigen Welt und den Meistern erstellt habe.

Die spirituellen Führer des New-Age und die Lichtarbeiter sind häufig in ihrem spirituellen Verstehen verwirrt, was sich daran zeigt, dass sie statt zu versuchen, die Dualität des negativen Egos zu transzendieren und aus dem System des negativen Egos herauszutreten, das Licht mit der Dunkelheit ausbalancieren, was das Gleiche ist wie der Versuch, das System des negativen Egos mit dem System des spirituellen Christus-/Buddha-/Gottesbewusstseins auszugleichen. Dies ist natürlich die höchste Form der Unredlichkeit und doch sind die meisten spirituellen Führer und Lichtarbeiter in einer dieser Formen gefangen.

Krishna in der *Bhagavad Gita* lehrte dies Arjuna, als er zu Arjuna sagte: „Im Gewinn oder im Verlust, in Freude oder im Leid, in Krankheit oder in Gesundheit, im Sieg oder in der Niederlage, im Lob oder in der Kritik, bleibe gleich. Bleibe gleichmütig." Dies, meine Freunde, ist es, was ein transzendentes Bewusstsein ausmacht.

Buddha sagte tatsächlich dasselbe auf unterschiedliche Art in seinen Vier Edlen Wahrheiten. Er sagte, dass jegliches Leiden vom Anhaften und von falschen Standpunkten kommt. Buddha lehrte die Bedeutung der Transzendenz des negativen Egos.

Auch Sai Baba lehrte dies, als er sagte, dass die wahre Definition von Gott sei: „Gott = Mensch minus Ego". Was die meisten Menschen nicht erkennen ist, dass es zwei Seiten des negativen Egos gibt. Ich könnte hier tausende von Beispielen aufführen. Wut und Depression sind Gegensätze, genauso wie Verurteilung und Verlegenheit oder Scham.

Teil der Transzendenz ist das Umwandeln von Extremen, was Buddha als den Mittleren Weg lehrte. Gehe die Liste am Ende dieser Lektion und dieses Kapitels durch und unterziehe dich einer

Selbstinventur, schreibe dabei die Punkte nieder, an denen du arbeiten musst. Die Geistige Welt und die Meister sagten mir, dass eine solche Liste erstmals in dieser Weise zusammengestellt wurde, welche die Menschen lehrt, wie sie die Dualität des negativen Egos transzendieren können. Die Zeit, die du investierst, um dies zu lernen und damit zu arbeiten, wird die beste Zeit und Energie sein, die du jemals genutzt hast. Denn wie es in der Bibel heißt: *„Es wird dir Frieden, der höher ist als alle Vernunft bringen."*

Es muss verstanden werden, dass die wahre Natur unseres Seins in Wahrheit unsere Identität als Christus, Buddha, Ewiges Selbst, eine Inkarnation Gottes und eine selbstrealisierte Seele ist. Die Natur dieses Bewusstseinszustands ist unveränderbar. Sie schwankt nicht zwischen den Extremen des negativen Egos oder der Dualität des negativen Egos. Christus, Buddha, das Ewige Selbst, das Selbst und das gottrealisierte Wesen bleiben immer gleich. Bleibe immer in deiner persönlichen Kraft, in der Selbstmeisterung, in der Ursache deiner Realität, in der Bevorzugung und nicht in der Anhaftung, in bedingungsloser Liebe, Vergebung, Gewaltlosigkeit, Harmlosigkeit, Schuldlosigkeit, Urteilslosigkeit, jedoch in spiritueller Wahrnehmung, Gleichmut, innerem Frieden, Glücklichsein, Freude, Glückseligkeit, spiritueller Ekstase, Zentriertheit, Ruhe, Gottesreinheit, Ganzheit, Selbstlosigkeit, Einheit mit Gott, Harmonie, mit dem Selbst und Gott im Reinen, in allen anderen Beziehungen im Reinen, indem du alles als spirituelle Aufgabe und Lektion ansiehst und alles was dir geschieht segnest.

Dies, meine Freunde, sind einige der Früchte des Geistes. Unsere Identität als Söhne und Töchter Gottes wie auch unser Bewusstsein diesbezüglich ändern sich nie. Wie gelangen wir zur Selbstmeisterung und Kontrolle? Sie wird erlangt, indem man diese Bücher studiert, die dich lehren, die Meisterschaft über deinen Geist, deine Emotionen, deine Energie, deine Worte, dein Verhalten, dein Erdenleben, dein negatives Ego, dein inneres Kind, deinen inneren Elternteil, dein Begehren des niederen Selbst, dein Verlangen, deine schlechten Gewohnheiten, deine Süchte, deine vier Körper, deine drei Geistesebenen, deine Unterpersönlichkeiten, deine Impulse, deine Motivationen, deine fünf Sinne, deinen physischen Körper, deine Sexualität, dein Unterbewusstsein und alle Aspekte deines Selbstes zu erlangen, indem du Gott und dem spirituellen Christus-/ Buddha-/Gottesbewusstsein auf integrierte und ausgeglichene Weise dienst. Wenn du dies lernst und wie man die „Dualität und den Extremismus des negativen Egos transzendiert", wird deine spirituelle Entwicklung integriert und auf allen Ebenen richtig ausgerichtet sein. Dann wirst du ein richtig integriertes Bewusstsein haben, wie Quan Yin so eloquent aufgezeigt hat.

Dann wirst du ein Meister des spirituellen Bewusstseins, der spirituellen Psychologie und der physischen/weltlichen Ebene sein. Dann wirst du Gott in allen vier Antlitzen erkennen, nicht nur in einem oder einigen. Dann wird deine spirituelle Führungsrolle und dein spirituelles oder übersinnliches Talent, das du besitzt, nicht mehr verdorben sein. Dann wird deine Beziehung zum Selbst und zu Gott auf allen Ebenen im Reinen sein. Dies wird dir ermöglichen, richtige Beziehungen zu anderen, zu allen lebendigen und allen leblosen Dingen zu haben. Dies wird dir außerdem ermöglichen, deine sieben Siegel auszubalancieren und zu öffnen und deine Chakren in sieben goldene Kerzenleuchter umzuwandeln. Diese Errungenschaften werden dir eine dauerhafte Einheit mit Gott und mit deinen Brüdern und Schwestern geben. Du wirst alle negativen Gedanken, Gefühle und Emotionen, alle negativen Energien und jegliches Fehlverhalten transzendieren.

Dein entwickeltes und verbessertes Bewusstsein wird dich darin führen, die richtige Nahrung zu essen, dich zu bewegen, keine Drogen, künstlichen Anregungsmittel, Alkohol oder Zigaretten zu dir zu nehmen und es wird dich von allen schlechten Angewohnheiten und Süchten befreien. Dies wird zu einem Leben der mitgestalterischen Kraft zusammen mit Gott und den Meistern führen. Gott wird dir seinen Tröster und Berater schicken, um dir dabei zu helfen, sogar noch weiter voranzuschreiten. Du wirst dein Unterbewusstsein meistern und dich vom Überbewusstsein und der mächtigen ICH BIN - Gegenwart und der Monade führen lassen. Wenn du diesen vielschichtigen, multidimensionalen und umfangreichen Prozess meisterst, wirst du das limitierte Filterdenken und –sehen transzendieren, und das Leben aus der Perspektive des breit gefächerten Bewusstseins sehen, denn du hast nun alle Facetten dessen verstanden, was Transzendenz tatsächlich bedeutet und wie es sich in das spirituelle Christus-/Buddha-/Gottes-bewusstsein integriert.

Wenn du all dies tust, wirst du sagen können: *„Ich war blind und jetzt kann ich sehen."* Dieser Zustand des Bewusstseins öffnet das Dritte Auge komplett, welches die Meisterdrüse der Arbeit der Hypophyse auf höchster Ebene ausmacht. *„Wenn das Auge klar ist, wird der ganze Körper (die Körper) licht sein."* Wenn du deine spirituelle Mission erfüllst, drehen sich deine Chakren in richtiger Weise, was dir sogar noch mehr Energie bringen wird, wenn du den Stab des Moses integrierst und die dreifaltige Flamme und die sieben Strahlen ausgleichst. Dieser Weg wird dich zur vollen Selbstmeisterung über die „zwölf Schulen, Universitäten und Herausforderungen des Lebens" führen, welches die zwölf Tierkreiszeichen sind. Als integrierter spiritueller Meister und lebendiger Christus, lebendiger Buddha, Ewiges Selbst und als lebendiger Gott auf Erden wirst du ausrufen: „Krankheit ist eine Verteidigung der Wahrheit."

Wenn diese Aussage durch eine inkarnierte, hoch entwickelte Seele und einen inkarnierten Gott gegeben wird, so wird dir nach deinem Glauben geschehen. Der Arzt hat dich geheilt. Wenn du deine „integrierte spirituelle Meisterschaft" erlangst, hast du damit auch deinen physischen Körper geheilt. Und selbst dann, wenn deine spezielle Gesundheitslektion zur „Glorie Gottes" ist, wie zuvor erwähnt wurde, wie es bei einigen der Fall ist, so wird es dir nichts ausmachen, denn du wirst die „Dualität des negativen Egos transzendiert" haben und Gesundheitslektionen jeglicher Art werden dein Bewusstsein, deinen Geist, deine Emotionen, deine Energie, dein Sprechen und dein Verhalten nicht mehr beeinflussen. Wie Quan Yin aufzeigt, wirst du deine Gesundheitslektionen nutzen, um deine Meisterschaft zu demonstrieren. Du wirst deine Gesundheits-lektionen oder die Symptome der spirituellen Veränderung nicht bekämpfen, du wirst statt dessen Gott dafür danken und sie segnen und als „Wasser für die Mühlen" sehen, um sogar noch höhere Ebenen der Selbstmeisterung und Kausalität zu erreichen.

Jeglicher „Dorn im Auge“ wird ebenfalls genutzt, um sich auf noch höhere Ebenen des Mitgefühls anderen gegenüber zu begeben, wie mein lieber Freund Erzengel Metatron aufzeigt und wie Quan Yin es selbst so wundervoll als Beispiel lehrt. Denn kann man wahrlich ein integrierter umfassender Meisterheiler werden, wenn man selbst noch nie zuvor gelitten hat? Dein Leiden oder auch nur deine Symptome, welche dein Bewusstsein nicht beeinflussen, werden dir helfen, ein sogar noch besserer Heiler und Bodhisattva zu werden, wie Quan Yin so wundervoll aufzeigt.

Indem du all dies tust, wirst du deinen feinen Diamanten von jeglichem Schmutz reinigen und er wird vor leuchtender Brillanz erstrahlen. Dein Licht wird so hell erstrahlen, dass die Menschen nicht mehr deinen physischen Körper oder deinen Lampenschirm wahrnehmen werden! Wenn du deine Glühbirne weiter entwickelst, so wird sie in spiritueller Wattleistung ansteigen. Wenn du weiterhin in deiner Einweihung, im Aufstieg, in der Verankerung deines Lichtkörpers und im Aktivierungsprozess wächst, so wird sich auch deine Glühbirne von 25 Watt, zu 100, zu 250 und schließlich zu 1000 Watt eines lebendigen Christus, lebendigen Buddha, lebendigen Ewigen Selbstes, einer lebendigen mächtigen ICH BIN - Gegenwart, lebendigen Monade, einer realisierten Seele, einem selbst- und gottrealisierten Wesen auf Erden steigern und kontinuierlich die Präsenz Gottes in vollkommener Demut und Bescheidenheit praktizieren, und du wirst erkennen, dass *„diejenigen, die sich selbst erhöhen, erniedrigt werden und diejenigen, die sich erniedrigen, erhöht werden“*. Du wirst ein Leben der Demut führen, bescheiden, heilig, egolos und im reinen Dienst Gott und den Meistern, deinen Mitbrüdern und –schwestern und allen empfindungsfähigen Wesen gegenüber.

Indem du anderen dienst, wirst du erkennen, was Meister Jesus damit meinte als er sagte: „Nur wenn du Gott gibst, kannst du Gott auch finden. Nur wenn du Gott in anderen siehst, wird man auch Gott in dir sehen.“ Die Erscheinung des physischen Körpers wird auf einmal völlig bedeutungslos, wenn man Gott in allem sieht. „Denn wir leben und bewegen uns und haben unser Sein in Gott.“ Durch den Prozess der Selbst- und Gotteserkenntnis wirst du deinen physischen Körper heilen, und selbst wenn deine bestimmte Gesundheitslektion zur Glorie Gottes ist, worauf ich zuvor bereits hindeutete, wird dir eine enorme Verbesserung deiner Gesundheit und Vitalität garantiert sein, und du wirst nicht mehr leiden, selbst dann nicht, wenn du Schmerzen oder Unwohlsein verspürst. Denn Leiden ist das Produkt des Bewusstseins und nicht des physischen Körpers, und durch die „Transzendenz" hast du jegliches Leiden umgewandelt. Wie Buddha sagte: „Leiden kommt von falschen Ansichten." Du hast deine Ansichten, deine Einstellung und deine Perspektive geändert und hast dadurch das Leiden transzendiert.

Indem man die integrierte aufgestiegene Meisterschaft und die Selbst- und Gotteserkenntnis erreicht, hat man *„nach dem Reiche Gottes getrachtet und somit sind einem alle Dinge zugefallen"*, wie es in der Bibel heißt. Wenn du keine perfekte Gesundheit erlangst, so erreichst du doch eine enorm verbesserte Vitalität, bis zu dem Punkt, an dem du wie ein Gott lebst, selbst wenn dein physischer Körper nicht frei von Symptomen ist. Die Symptome des physischen Körpers werden bedeutungslos auf Grund deines „transzendierten Bewusstseins", und du segnest Gott und dankst ihm für sie. Du nutzt diese Symptome, was auch immer die Ursache sei oder welche Dinge auch im Leben geschehen, gleich, ob du dies wünschst oder nicht, zur Glorie Gottes. Denn dies ist eine der fundamentalen Schlüsselfragen im Leben. Strebst du danach, dein Selbst oder Gott zu preisen? Wie Quan Yin so meisterhaft aufzeigt, liegt ein Teil dessen, das Selbst und Gott zu erkennen, in der vollständigen Abwendung vom Selbst oder vom negativen Ego.

Dieser Bewusstseinszustand erlaubt dir, dich selbst in der gleichen Mannschaft wie alle anderen sich entwickelnden oder nicht-entwickelnden Seelen zu sehen. Dadurch erkennst du, dass wir alle die gleiche Identität in Gott teilen. Jeder befindet sich einfach auf einer anderen Stufe der Evolution, um die große Wahrheit zu erkennen. Dadurch kannst du erkennen, dass es nicht Millionen verschiedener Aufstiegsarten gibt, denn in Wahrheit gibt es nur einen Aufstieg und dies ist der „Aufstieg zu Gott", von dem wir alle ein Teil sind. Denn wir alle sind nur Funken Gottes, die in physischen Körpern leben. Wir sind in Wahrheit bereits Götter, doch wir befinden uns gerade erst im Prozess der Erinnerung und Erkenntnis dessen im Bewusstsein. Dies ist der Zweck der 352 Ebenen der Einweihung und der Lichtkörper, um zurück zu Gott aufzusteigen. Wenn wir zurückkehren, werden wir dies in vollem Bewusstsein tun. Ist dies nicht eine tiefgründige Reise, meine Freunde? Denn es gibt in Wahrheit nur ein Wesen in diesem unendlichen Universum und dies ist GOTT. Ich bin Gott, der zu euch spricht, meine Freunde, die ihr auch Gott seid, überstrahlt von den Aufgestiegenen Meistern, die Gott sind und den Erzengeln, die Gott sind und wir alle helfen uns gegenseitig, Gott zu erkennen.

Im Prozess dessen, nach dem Reiche Gottes zu trachten, werden dir alle Dinge zufallen, einschließlich einer enorm verbesserten Gesundheit, wenn nicht sogar vollständiger Gesundheit, selbst dann, wenn die Symptome auf Grund spiritueller Veränderung oder anderer Ursachen weiterhin auftreten, denn dein transzendiertes Bewusstsein, wie Quan Yin dieses Kapitel so meisterhaft benannte, erlaubt dir, jegliches Leiden zu transzendieren und vollkommen im inneren Frieden, in Glück, Freude, spiritueller Ekstase, Gleichmut, Gleichgewicht, Einheit mit Gott und in Einheit mit allen Brüdern und Schwestern zu bleiben, selbst dann, wenn es immer noch Gesundheitssymptome gibt. Jegliches Leiden wird auf Grund deines entwickelten, transzendierten Bewusstseins beendet. Du hast außerdem das Wissen, dass du nach deinem physischen Aufstieg und der Auferstehung geheilt sein wirst. Und selbst während deines Aufstieg und deiner Befreiung wirst du geheilt werden, denn wenn du einmal den physischen Körper verlässt, sei es durch den Tod oder das Eintreten in das Licht, wirst du die Befreiung vom materiellen Universum und von den physischen Körpern für immer erlangt haben. Was ist also die Ewigkeit im Vergleich zu ein paar relativen Jahren mit Gesundheitssymptomen? Sorgte sich Jesus darum, dass sein Körper ausgepeitscht, gefoltert, geschlagen und gekreuzigt werden würde? Nein, er kümmerte sich nicht darum. Wie ich bereits sagte, er lachte auf dem Kreuzweg, wie es in der Akasha Chronik und dem Buch des Lebens aufgezeichnet wurde. Er lachte nicht nur über die Zerstörung und Verstümmelung seines physischen Körpers, er wusste bereits im Voraus, dass dies geschehen würde, und somit hätte er fliehen und das Töten seines physischen Körpers verhindern können, doch er ließ es absichtlich trotzdem geschehen. Und warum tat er dies? Er tat es, weil, wie er sagte, *„sein Reich nicht von dieser Welt sei"*. Er wusste, wenn er sein Leben vollkommen Gott übergibt, würde Gott seinen physischen Körper auferstehen lassen, selbst dann, wenn sein Körper auf Erden Schaden nimmt und getötet wird, wie es dann auch geschah. Selbst Meister Jesus hatte Gesundheitslektionen, meine Freunde, bis zu dem Ausmaß, dass er daran starb. Meister Jesus lebte im „transzendierten Zustand des Bewusstseins", daher kümmerte er sich nicht darum, denn sein Reich war nicht von dieser Welt.

Eine letzte Sache möchte ich hier noch über die Gesundheitslektionen erwähnen. Wenn du sie richtig nutzt, werden sie das Beste sein, was dir jemals passiert ist. Es sind deine Gesundheitslektionen, die dich Selbstmeisterung, persönliche Kraft, Kausalität, Vorlieben anstatt Anhaftungen und die Transzendenz der Dualität des negativen Egos auf höchster Ebene lehren. Deine Gesundheitslektionen können dir tatsächlich helfen, wenn sie richtig genutzt werden, unendlich, und ich meine unendlich mehr auf den Ebenen der Selbst- und Gotteserkenntnis, als wenn du dein gesamtes Leben über perfekte Gesundheit hättest. Ich sage nicht, dass es immer einfach sein wird, aber wenn du Gesundheitslektionen und alles was im Leben geschieht nur zur Gnade Gottes nutzt, wirst du auf sie zurückblicken und sagen, dass, obwohl es schwierig und ein viel härterer Weg war, es doch das Beste war, was dir jemals passiert ist, denn es brachte dich auf die Reise der Heilung und der Selbsterkenntnis und –meisterung, die dir dabei halfen, nicht nur ein Meister, sondern auch der Meister unter Meistern zu werden.

Dies erinnert mich an Christopher Reeves, der durch einen Unfall beim Pferdereiten querschnittsgelähmt wurde. Obwohl er die Rolle des *Superman* spielte, bevor er seinen physischen Unfall hatte, wurde er in Wahrheit im wirklichen Leben nun ein echter *Superman*. Er nutzte seine Herausforderung und seine Lektion, um selbst eine Inspiration zu sein, für sich selbst, seine Familie und für Millionen anderer.

Was ist wirklich wichtig im Leben? Einen perfekten, gesunden Körper zu haben, der niemals Symptome zeigt, was unmöglich ist, oder spirituelles Wachstum, Aufstieg, das Erlangen der Einweihungen, Lichtkörper und der Erfüllung deiner spirituellen Mission. Ich würde lieber ein Meister unter Meistern sein, der Gesundheitslektionen hat, als auf einer viel niedrigeren Ebene mit perfekter, strahlender Gesundheit zu sein. Dies heißt nicht, dass man das Ziel nicht erreichen könnte, ohne Gesundheitslektionen zu haben oder ohne ein anderes Kreuz tragen zu müssen, doch die Wahrheit ist, dass jeder, und ich meine jeder, sein Kreuz auf verschiedenen Ebenen zu tragen hat. Der Schlüssel ist, das Kreuz, das du trägst, zur Glorie Gottes zu nutzen. Indem du dies tust, verwandelst du Zitronen in Limonade. Du wirst spirituelle Alchemie nutzen, wie mein guter Freund Saint Germain gern sagt. Du wirst das, was man das Bewusstsein der dritten Dimension der Basiserfahrung nennt, in spirituelles Gold umwandeln.

Ein letztes Beispiel hierfür ist Sri Gyanamata, die sehr ernsthafte Schmerzen und physische Gesundheitsprobleme in den letzten dreißig Jahren ihres Lebens hatte. Als sie starb, sprach Yogananda ihre Lobesrede und Gott sprach durch ihn, als er sagte: „Dies ist eine Seele, die mir viel Freude bringt. Sie hatte Schmerzen und Gesundheitslektionen die letzten dreißig Jahre ihres Lebens, doch sie gab sich ihnen nicht hin und sie diente mir weiterhin und gab ihr Bestes. Dies ist eine Seele, die mir viel Freude bringt.“

Der spirituelle Weg und die Evolution meiner Freundin Sri Gyanamata brachte sie durch die Umstände, durch die sie gehen musste, viel weiter, weit darüber hinaus, was sie spirituell erreicht hätte, wenn sie ihre Gesundheitslektionen nicht gehabt hätte. Gesundheitslektionen und alle anderen zu tragenden Kreuze können, wenn sie so betrachtet werden wie Quan Yin sie aufzeigt, aus richtiger Einstellung und Perspektive heraus in Wahrheit die größte spirituelle Sache sein, die dir jemals zugestoßen ist, was das Erreichen des „höchsten Zieles im Leben“ betrifft - die Selbst- und Gotteserkenntnis. Kein größeres Beispiel wurde jemals demonstriert als das von Meister Jesus, da er wusste, dass er geschlagen, gefoltert, im Stich gelassen und physisch getötet werden würde (die maximale

Gesundheitslektion), und obwohl er es im Voraus bereits wusste, tat er es nicht nur zur Glorie Gottes, sondern auch, um seine Transzendenz zu demonstrieren, indem er auf dem Kreuzweg lachte. Lasst dies eine Lektion für uns alle sein, meine Freunde. Denn, wie Meister Jesus sagte: *„Alles, was ich tue, könnt auch ihr tun und noch viel mehr."* Meister Jesus nutzte seine Gesundheitslektionen und sogar seinen physischen Tod, um die „großartigste Geschichte, die jemals erzählt wurde" zu demonstrieren. Er nutzte seine Gesundheitslektion, um Gott und nicht das Selbst zu preisen. Da er dadurch das Gesetz erfüllte, ließ Gott ihn und seinen physischen Körper auferstehen, was er für alle seine Söhne und Töchter tun wird, welche „der Wahrheit, dem Weg und dem Licht" folgen. Es ist nicht wichtig, ob du der Wahrheit, dem Weg und dem Licht durch Jesus, Buddha, Quan Yin, Metatron, Djwhal Khul, Mohammed, Krishna, Konfuzius, Lao Tse, Zoroaster oder irgendeinem anderen großen Propheten, Heiligen oder den Aufgestiegenen Meistern folgst, solange du das „Gesetz erfüllst", das Gesetz des Aufstiegs, des integrierten Aufstiegs und der Auferstehung. Es wird dir hier und in meinen anderen Büchern gezeigt, wie man dies tut, und du erfährst die Hilfe, die Fallen, spirituellen Hindernisse und Verblendungen zu vermeiden, auf die du auf deinem Weg stoßen könntest. Es ist Quan Yins, Lady Chins und meine große Hoffnung, dass du durch dieses hoch interessante Themas der „Transzendenz" Freude und Einsicht erhalten hast.

Hier folgt nun, wie zuvor versprochen, die vollständige Liste, um allen Lichtarbeitern und Seelen zu helfen, die Transzendenz der Dualität und des Extremismus des negativen Egos zu erreichen. Viel Vergnügen. So steht es geschrieben, so soll es geschehen!

Archetypische Dualitäten des negativen Egos und ihre Entsprechung im Christusbewusstsein

Dualität des negativen Egos gegen	Haltung des Christusbewusstseins
Angriff Angst	bedingungslose Liebe
Wut Depression	Schutzmantel,Vorlieben, Erlebnisse als Lektion betrachten, nie aufgeben
Gewinnen Verlieren	gewinnen - gewinnen
Zurückweisen zurückgewiesen werden	akzeptieren, daß es nicht sein sollte, war nicht Gottes Wille, ich bin OK, Du bist OK
falscher Stolz schwache Selbsteinschätzung	Selbstvertrauen, bedingungslose Selbstliebe und Selbstwertschätzung
Einflußnahme Opfer	persönliche Kraft durch Liebe und nicht Verhaftet-Sein
Verhaftet-Sein Nicht Verhaftet-Sein	Haltung der Vorlieben
Selbstgerechtigkeit Selbstzweifel	Wissen und dabei den anderen ihren eigenen Glauben zugestehen
Niemanden brauchen Einsamkeit	Fähigkeit, allein zu sein, und trotzdem mit anderen kommunizieren zu können

Aggressivität Passivität	positives Verhalten
Sich Sorgen machen Sich nicht kümmern	Interesse und Fürsorge
Zu sehr auf sich selbst ausgerichtet zu sehr auf andere ausgerichtet	guter Ausgleich zwischen Selbst-Interesse und Selbstlosigkeit
soziopathisches Verhalten Schuldgefühle	guter Ausgleich zwischen Gewissen und Selbstvergebung
Überschwang depressiv	optimistisch
manisches Hochgefühl manische Depression	Ausgeglichenheit, andauerndes Gefühl der Freude
Arroganz Unsicherheit	Selbstbewustssein gemäßigt durch bedingungslose Liebe
nachtragend sein sich ausnützen lassen	vergeben
sich zu sehr verwöhnen sich zu wenig verwöhnen	der Mittelweg: Mäßigkeit in allen Dingen
Angst vor Versagen Angst vor Erfolg	Streben nach Vollkommenheit, Fehler sind nicht so schlimm
kritisieren Verlegenheit	kritikfrei bleiben
ungeduldig zu lässig	geduldig

Schuldzuweisungen Schande	Selbstverantwortung, Schutzmantel
Hass besitzergreifende Liebe (wenn/dann)	bedingungslose Liebe und Vergebung
zu stark kontrollieren außer Kontrolle	Selbstkontrolle, nicht Kontrolle über andere
Betrüger Betrogener	vollkommen sicher in sich selbst, nicht der Situation verhaftet
andere verlassen verlassen werden	vollständig und ganz in sich selbst sein und Beziehungen von dieser Position aus leben
Eifersucht offene Beziehung	Engagement ohne Abhängigkeit vom anderen
zu unabhängig abhängig	unabhängig und doch auf andere ausgerichtet, Gruppenbewusstsein
sadistisch masochistisch	nicht daran glauben, daß man selbst leiden oder andere leiden lassen muß
überverantwortlich unverantwortlich	verantwortlich
zu verschlossen zu offen	entsprechende Grenzen
verletzend verletzt	unverwundbar, Schutzmantel, eigene Realität verursachen
zu selbstsüchtig zu selbstlos	Ausgleich zwischen selbstsüchtig und selbstlos

übermäßig vertrauensselig unsicher	ruhiges Vertrauen
Angriff Verteidigung	sich nicht verteidigen, harmlos sein
wünscht kein Feedback will bestätigt werden	wünscht Feedback von den entsprechenden Leuten
zu impulsiv unentschlossen	entsprechend entschlossen
diktatorisch "Herdenmensch"	besitzt und verwendet die eigene persönliche Kraft nur in Liebe
unsensibel hypersensibel	sensitiv, Ausrichtung auf das Göttliche
"Arbeitstier" genusssüchtig	Ausgleich zwischen Arbeit und Spiel
obsessiv zwanghaft unordentlich	gut organisiert jedoch ohne Perfektionismus
getrieben faul	arbeitet viel, jedoch in vernünftigem Rahmen
Antreiber Verzögerer	sucht nach Vollendung, jedoch nicht zwanghaft
bewegungsunfähig arbeitet nur reaktiv	agiert je nach Situation
falsches Sicherheitsgefühl verletzlich	Vertrauen, Glaube, Unverwundbarkeit, jedoch praktisch und realistisch

zu überschwenglich zu zurückhaltend	integrierter und ausgeglichener Ausdruck
emotionslos launenhaft	Beherrschung der Emotionen im Dienste der Überseele und Monade, Freude
gibt zu viel nimmt zu viel	Ausgleich zwischen Geben und Nehmen
einschüchternd zu scheu	eigene Kraft in Christus
zu zukunftsorientiert zu vergangenheitsbezogen	lebt im Jetzt, mit entsprechender Vergangenheit, denkt nur an die Zukunft bzw. Vergangenheit
zu starker Anspruch kein Anspruch	Anspruch, da wir Gottes Geschöpfe sind
Haltung des Besitzens (Gier) Haltung der Mittellosigkeit (Armut)	Haltung der Wohlhabenheit
zu ernsthaft zu leichtsinnig	Ausgleich zwischen Ernsthaftigkeit und leichtem Sinn
findet überall Fehler trifft keine Unterscheidung	findet überall Liebe, spirituelle Unterscheidungskraft
Rebell Konformist	vor allem sei deinem eigenen Gott-Selbst treu
penibel schlampig	organisiert
Felix Unger (Sauberkeitsfanatiker) Oscar Madison (Schmutzfink)	sauber, aber nicht fanatisch

"himmelhoch jauchzend, zu Tode betrübt"	ausgeglichen, andauernde Freude durch positives Denken
kann Fehler nicht zugeben ist an allem schuld	gibt Fehler, die ihm unterlaufen, auch zu
zu vertrauensselig zu misstrauisch	vertraut, jedoch mit spirituellem Unterscheidungsvermögen
zu konzentriert zu zerstreut	Fähigkeit, je nach Situation den einzelnen Punkt oder das gesamte Spektrum zu sehen
zu herausfordernd ("frech") zu vorsichtig	positiv, jedoch mit spirituellem Unterscheidungsvermögen
zu strenge innere Eltern zu nachgiebige innere Eltern	strenge, aber liebevolle Eltern
zu sehr auf das Ziel ausgerichtet zu sehr auf den Weg ausgerichtet	Ausgleich zwischen Weg und Ziel
zu geschwätzig zu still	Ausgleich zwischen Reden und Schweigen
zu starr zu flexibel	Ausgleich zwischen Festigkeit und Flexibilität
zu diszipliniert außer Kontrolle	Ausgleich zwischen Disziplin und Lockerlassen
zu strukturiert zu fließend	Ausgleich zwischen Struktur und Fluss
zu starrköpfig zu nachgiebig	Ausgleich zwischen Durchsetzung und Nachgeben

zu unpersönlich zu zutraulich	Ausgleich zwischen Unpersönlichkeit und Zutraulichkeit
Glück Unglück	Gibt es nicht! Eigene Realität schaffen, Karma aus früheren Leben
zu senkrecht (spirituell nach innen ausgerichtet) zu waagerecht (beziehungsbezogen)	Ausgleich zwischen senkrecht und waagerecht
zu ausufernd zu eingeengt	entsprechender Ausgleich zwischen Ausweitung und Einengung
zu verklemmt zu "cool"	persönliche Kraft bei gleichzeitiger Hingabe an Gott
zu hart zu weich	stark, jedoch unter respektvoller Anerkennung der Naturgesetze
Sünden durch das Tun Sünden durch das Nicht-Tun	entsprechend reagieren, so wie es dem Willen Gottes entspricht

Lektion 16 - Gesundheit

„EIN MEISTER LEBT IN JEDEM AUGENBLICK SEINES LEBENS EIN GEHEILTES LEBEN."

Ein Meister lebt, laut dem Prinzip Quan Yins, ein geheiltes Leben, in jedem Augenblick seines Lebens. Was bedeutet das? Es bedeutet, dass man nicht krank sein muss, um geheilt zu werden, dass ein Meister jeden Augenblick in heilender Gnade weilt. Heilende Gnade fließt aus der Quelle des Lebens, des Lebensspenders, in jedem Augenblick aus der spirituellen Christus-/Buddha-/Gottesquelle. Nicht ein Augenblick, ein Tag oder eine Woche vergeht, in der ein Meister nicht inmitten der heilenden Gnade weilt, nicht einmal für eine Sekunde. Alles um ihn herum und in ihm ist der *„Fluss des Lebens"*, der von seinem Leib herausströmt, wie es in der Bibel heißt.

Es ist ein Fluss der Freude, der Fülle, der Kraft und des Wohlergehens, überall, zu allen Zeiten, unter allen Umständen. Es ist das Zeichen der Gottheit, das in diesem Wesen lebt und das herausströmt und von ihm ausgeht. Dieser Fluss ist in ständiger Bewegung, stagniert nie, ist niemals trocken. Er ist lebendig durch die Energie, das Chi, die Elektronen, welche die Welt und alles berühren. Er ist die Lebenserweiterung selbst. Er hat keinen Anfang und kein Ende. Dies ist es, was den Menschen zu ihm hinzieht.

Vielleicht wird dies bereits als der auferstandene Lichtkörper betrachtet, über alles hinaus, was der Mensch denken, sehen oder fragen könnte. Es gibt völlige Zufriedenheit und Freude. Der Meister sieht alles aus seinem höchsten Selbst heraus, zum höchsten Interesse und zum Besten aller. Dies ist der Grund, warum er ein Meister ist, denn er hat das Ende und den Zweck seiner spirituellen Mission erreicht, und kann nun der Menschheit helfen, das Gleiche zu tun. Aus genau diesem Grund ruft der Mensch ihn an, um nach Hilfe, Unterstützung und Erleichterung zu bitten. Es gibt nichts, das ihn aufhalten könnte.

Quan Yin bittet uns, für einen Augenblick innezuhalten und uns vorzustellen, was es bedeutet, ein Meister zu sein. Es bedeutet, dass man seine höchste Ebene der Einweihung erreicht hat, alle Schwierigkeiten, Gesundheitszustände und Probleme transzendiert hat, alle Einweihungen bestanden hat und nicht mehr in die Dichte des physischen Körpers mit all seinen Problemen verwickelt ist. Ja, solch ein Meister ist frei, gemäß der Freiheit des Geistes. Er ist kreativ, liebevoll und reich an Fülle, Selbstermächtigung usw. Es ist fast vorstellbar. Doch ein solcher Meister muss einen Preis zahlen. Es ist der Preis Voranzugehen, seine Stärke auszuüben, mit einer positiven Einstellung und dem Mut des Feuers.

Alle Meister waren einst nur sterbliche Wesen und sind nun frei vom Rad der 84. Was bedeutet das?

Es bedeutet, dass nach einigen hundert Inkarnationen dieses einst sterbliche Leben durch das menschliche Leid von Geburt, Leben, Krankheit, Alter und Tod, das wieder und wieder durchlebt wurde, fortgesetzt wurde, bis die Erkenntnis und Erleuchtung sie eingeholt hat. Und nun umarmt sie eine Transmutation, Transformation und die Auferstehung.

Zu diesem Zeitpunkt sind alle Meisterqualitäten aktiviert wie beispielsweise:

Die Fähigkeit der Bilokation
Hellsichtigkeit
Hellhörigkeit
Telepathie
Translokation
Konstantes Bewusstsein
Intervention des Meisters
Spirituelle Vision
Spirituelles Erleben
Fähigkeit, die höchsten Teile des Selbstes abzuspalten
Die Gabe des Heiligen Geistes in Aktion zu setzen
Seelenwissen
uvm.

Meine Leser, es gibt noch so viel mehr zur Meisterschaft zu sagen, aber dies sollte nun als Anfang genügen, um den Wunsch zu wecken, ein Meister aus ganzem Herzen und ganzer Seele werden zu wollen. Dieser Teil über Quan Yins Meisterprinzipien der Gesundheit endet nun. Dies heißt jedoch nicht, dass dieses Thema erschöpft ist. Ihr seid für immer Schüler und ihr lernt unaufhörlich, bis ihr selbst ein Meister geworden seid.

Die geliebte Quan Yin offenbart hier einen wichtigen Punkt, „ein geheiltes Leben in jedem Augenblick seines Lebens" zu leben. Und was bedeutet dies? Es bedeutet, dass ein „integrierter Aufgestiegener Meister" sein Leben in Einheit mit Gott lebt, ungeachtet dessen, ob man Lektionen zu lernen hat oder nicht. Er lebt ein Leben der Transzendenz, ob es Gesundheitslektionen gibt oder nicht. Er lebt ein Leben der Selbstmeisterung und der bedingungslosen Liebe, ob es Gesundheitslektionen gibt oder nicht. Gesundheitslektionen werden nicht als etwas Negatives betrachtet. Denn wie Quan Yin aufzeigt, wird vollständige Gesundheit nicht als Symptomenfreiheit definiert. Wer ist gesünder? Ein Mensch, der Selbst- und Gotteserkenntnis erlangt hat und ein paar gesundheitliche Symptome oder Lektionen aufweist oder ein Mensch, der viel weniger entwickelt ist, dafür aber einen relativ gesunden physischen Körper hat? Welcher Mensch wärest du lieber?

Ein integrierter spiritueller Meister hält das perfekte Ideal zu allen Zeiten aufrecht. Wenn er sich nicht wohlfühlt, betet er um wundersame Heilung. Wenn ein Krieg ausbricht, betet er um Frieden. Wenn er sich krank fühlt, spricht er die Affirmation, dass er vollkommen, strahlend gesund ist. Jeder Mangel an Perfektion auf jeglicher Ebene wird von einem integrierten spirituellen Meister korrigiert, um zurück zum himmlischen oder spirituellen Ideal zu gelangen. Und so leben diese Meister ständig in einem geheilten Zustand, selbst dann, wenn der physische Körper oder einer der anderen Körper noch nicht dort angelangt ist. Es ist ein bisschen wie Geist über Materie, im positiven und ausgeglichenen Sinn. Der integrierte Aufgestiegene Meister erhält zu allen Zeiten die Unbefleckte Empfängnis aufrecht und sieht das Selbst und andere als den perfekten Christus, den perfekten Buddha, das perfekte Ewige

Selbst und den perfekten Gott an. Dies betrifft die Gesundheit, das Bankkonto, die Beziehungen und alle anderen Dinge. Der „integrierte Aufgestiegene Meister“ oder der „Meister des ICH BIN“ lebt in einem geistigen Zustand des Wunders, wie Meister Jesus in *Ein Kurs in Wundern* aufzeigte. Jemand der im Geiste des Wunders lebt, sieht Wunder als etwas Natürliches an. Wunder sind das Werk des integrierten Aufgestiegenen Meisters. Wunder sind ein natürliches Nebenprodukt des Erfüllens der universellen Gesetze Gottes. Der integrierte Meister und der Meister des ICH BIN betet nicht nur um Wunder, er hält das Bewusstsein aufrecht, dass eine Wunderheilung auf Grund seines Glaubens an Gott bereits stattgefunden hat.

Meister Jesus war so voller Glauben, Vertrauen und Geduld Gott gegenüber, dass er es erlaubte, dass sein physischer Körper geschändet und getötet wird, denn er hatte vollkommenes Wissen darüber, dass Gott ihn in drei Tagen auferstehen lassen würde. Dies, meine Freunde, ist das höchste Beispiel des „Geistes des Wunders“. Meister Jesus tat dies, damit wir mit unseren geringeren Gesundheitslektionen nicht sagen können, dass unsere Lektion viel härter sei als die von Jesus. Wenn Gott einen toten physischen Körper auferstehen lassen kann, den gekreuzigten Jesus, dann kann er sicher, wenn er dies möchte, einen lebenden Körper auferstehen lassen, wenn wir das Gesetz erfüllen. Ich sage hiermit, dass, falls es der Wille Gottes ist und es ihm und seiner Glorie dient, einige Menschen Gesundheitslektionen haben könnten, da sie einen höheren Zweck erlernen oder ihm dienen müssen, wie im Beispiel von Meister Jesus. Es war notwendig für Jesus, seine Gesundheit zu verlieren, niedergestochen, geschlagen und physisch getötet zu werden, um ein Beispiel zu setzen; ein Beispiel, welches Gott setzen wollte. Die Lektion wiederum lautet, „ist dein Reich von dieser Welt oder ist dein Reich das Reich Gottes, an dem du interessiert bist“? Dienst du Gott oder dem Mammon? Dienst du Gott oder der Überidentifizierung mit der Materie? Wir sind nicht unser physischer Körper, wir sind sich entwickelnde Seelen und Götter, die in diesem physischen Körper wohnen. Die meisten Menschen dieser Welt legen viel zu viel Wert auf den physischen Körper. Sie messen ihm Intelligenz und Fähigkeiten zu, die der Körper in Wirklichkeit nicht hat. Sogar fundamentalistische Christen meinen, dass sie Körper statt Seelen sind. Daher sind sie der Abtreibung gegenüber so unnachgiebig. Sie meinen, dass es eine Seele ist, die getötet wird, doch dem ist nicht so. Es ist ein physischer Körper und keine Seele, denn eine Seele betritt den Körper erst vor der Geburt oder kurz danach. Mediziner versuchen, den Körper um jeden Preis zu retten, selbst dann, wenn es Zeit für die Seele sein könnte zu gehen. Die Rettung des physischen Körpers ist nicht das Ein und Alles im Leben. Wir sind nicht unser physischer Körper, wir sind ewige und unsterbliche Seelen, auch dann, wenn man die Befreiung nicht erlangt hat.

Wenn man ein geheiltes Leben im Bewusstsein auf der geistigen, emotionalen, energetischen, physischen und irdischen Ebene lebt, prägt diese „Unbefleckte Empfängnis“ und dieser „Geist des Wunders“ der Seele und dem Unterbewusstsein ein, wie der physische Körper und die feineren Körper geheilt werden können. Selbst wenn man auf Grund der Glorie Gottes nicht vollständig geheilt wurde, so ist man physisch und auf allen Ebenen durch einen solchen Bewusstseinszustand doch sehr gestärkt. Wichtiger als das Physische ist, dass man in Gott geheilt ist. Wenn man auf allen Ebenen auf integrierte Weise in kompletter Einheit mit Gott und im transzendierten Bewusstseinszustand lebt und die Selbst- und Gotteserkenntnis erreicht hat, sorgt man sich nicht einmal mehr darüber, ob man Gesundheitslektionen hat oder nicht, denn was macht das schon? Jesus kümmerte sich nicht darum, denn er wusste, dass er auferstehen würde. Warum sollten wir uns sorgen, denn wir wissen, dass, wenn wir nach Gott trachten, er uns alle Dinge geben wird. Ein integrierter Aufgestiegener Meister und Meister des ICH BIN lebt ein völlig geheiltes Leben in Gott und die Heilung des Physischen ist ein natürliches Nebenprodukt dessen, wenn dies der Wille Gottes ist. Wenn dies nicht so ist, wie es bei Jesus der Fall war, so macht das nichts, denn wir sind im Vergleich zur Ewigkeit in Wahrheit nur sehr kurz hier. Man braucht keine perfekte Gesundheit, um aufzusteigen, aufzuerstehen, Einweihungen zu erhalten, die Lichtkörper zu erlangen oder um seine spirituelle Mission zu erfüllen, wie wir in vorherigen Kapiteln und Lektionen bereits besprochen haben.

Daher ist es so wichtig im Leben, nach dem Beständigen und nicht nach dem Unbeständigen zu streben. Sehr viele Menschen leben ihr Leben, indem sie nur nach unbedeutenden materiellen Dingen streben oder sie stellen ihren physischen Körper und dessen hedonistische Freuden vor die Selbst- und Gotteserkenntnis. Ein Meister lebt auf allen Ebenen ein geheiltes Leben, in vollkommener Einheit mit Gott, was zum vollkommenen Glücklichsein, zur Freude, Glückseligkeit, zu innerem Frieden und Gleichmut führt, selbst dann, wenn er Gesundheitslektionen hat oder ein anderes Kreuz tragen muss. In einem transzendierten Bewusstseinszustand der Selbst- und Gotteserkenntnis zu leben bedeutet, dass dies einfach nichts ausmacht. Das Schlimmste, was passieren kann, ist, dass man physisch stirbt, und wie Jesus demonstrierte, ist dies kein Problem. Selbst wenn man nicht aufersteht, so ist der Tod einfach nur ein Überwechseln in eine andere Dimension. Nutze dieses Leben vor allem dafür, Selbst- und Gotteserkenntnis zu erlangen und deinen spirituellen Vertrag und deine spirituelle Mission zu erfüllen, denn dies ist der beste und schnellste Weg, dich selbst zu heilen. Doch selbst wenn du dies nicht erreichst, so ist das, was wirklich wichtig ist, folgendes: *„Sei getreu bis in den Tod, so will ich dir die Krone des Lebens geben"*, so wie Sri Gyanamata es tat.

Wir hoffen, dass das gesamte Thema der Gesundheitslektionen, Symptome und wie man richtig mit ihnen umgeht für dich ins richtige Licht gerückt wurde. Lebe vor allem ein geheiltes Leben in Gott, und alle Dinge werden dir gegeben werden, einschließlich einer besseren, wenn nicht sogar perfekten physischen Gesundheit. Denn in Wahrheit gibt es nur ein Problem im Leben und das ist die Trennung von Gott. Wenn dies einst geheilt ist, so sind auch alle anderen Lektionen automatisch geheilt. Dies ist eine Vereinfachung, aber es ist wahr, wenn es um Heilung geht. Die einzige andere Vereinfachung wäre, wenn man sagen würde, dass Heilung darin zusammengefasst werden kann, dass es die Transzendenz der Angst und ein Leben in Liebe ist. Ich verlasse euch nun, meine Freunde, mit diesen Prüfsteinen als Basis für jegliche Heilung. So steht es geschrieben, so soll es geschehen!

Lektion 17 - Kraft

„DIE PORTALE SIND DIE MEISTERSCHLÜSSEL ZUM REICH UND ZUR KRAFT. DIESE PORTALE SIND UNSERE ENERGIEZENTREN IM INNEREN.“

Quan Yin legt hier die Meisterschlüssel dar, welche die Portale öffnen, um den Zutritt zum Reich und seiner Kraft zu erlangen und sie zu aktivieren. Kraft in diesem Sinne ist spirituell; Dinge für Gott zu tun ist keine negative Kraft, die auf dem negativen Ego beruht. Um eine solche Kraft zu besitzen, muss man Gott im Inneren zugänglich machen und ihn aktivieren. Es ist außerdem eine lebensverändernde Kraft, eine Kraft, die den Menschen vom Irdischen hin zum Himmlischen transformiert. Solange man noch kein Meister ist, bleibt dies nur latent in uns vorhanden. Eine solche Kraft wird durch großes Verlangen und Leidenschaft in Bewegung gesetzt. Es ist die Leidenschaft für Gott, das Göttliche, das Absolute, die Kraft in uns. Indem wir die Meisterschlüssel aktivieren, erlangen wir die Kraft, unser eigenes höchstes Selbst zu sein wie auch unser höchstes Interesse zu erreichen.

Die Meisterschlüssel öffnen die Tore zur vollen Meisterschaft. Der Aufgestiegene Meister Sananda gab seinen Jüngern erstmals diese Meisterschlüssel, als er sagte:
„Du bist Petrus, ich werde dir die Schlüssel zum Königreich des Himmels geben.“ Er sprach nicht von einem einzigen Schlüssel, sondern von mehreren. Durch die Meisterschlüssel würde Gott seine Kirche erbauen, das Königreich des Himmels. Daher wurde das Wort, der Logos, auf die Erde gebracht, damit der Mensch ebenfalls in das Königreich aufsteigen konnte. Doch wir müssen das größere Spektrum, das Makro-Spektrum sehen, was den gesamten Planeten angeht. Dies ist der Gegensatz zum Mikro-Spektrum, dem Individuum, dem einzelnen Interesse des Menschen. Die Kraft, das Reich und die Herrlichkeit sind majestätische Worte. Diese Worte sind dem großen Gebet *Vater Unser* zugefügt.

Und nun möchte man die Mysterien dieser Schlüssel kennen. Es sind die Schlüssel zur Selbst-Ermächtigung; sie helfen uns, unser höchstes Wesen zu erreichen, das der Gottheit, was sowohl Yin als auch Yang bedeutet, Gott und Göttin.

Die Meisterschlüssel, welche die Tore zur Kraft öffnen, sind:

* *Die Kraft, unser höchstes Wesen darzustellen*

Eintritt durch das *Kronenchakra*
Wenn man mit Gott durch dieses Chakra verbunden oder auf ihn ausgerichtet ist, so ist es wie ein Blitz, der durch das Kronenchakra dringt; wie ein Stoß spirituellen Adrenalins, welches das gesamte Wesen durch die Berührung Gottes stärkt. Es ist die Berührung der *Liebe*, des *Lichts* und des *Lebens*, die dich in der Realität eines gottesähnlichen Zustands ermächtigt. Du hast dich vom Irdischen hin zum Himmlischen transformiert. Du lebst und bewegst dich und hast dein Sein als Gott/Göttin.

* *Die Kraft, in der übersinnlichen Welt zu sein*

Eintritt durch *das Anjina oder das Dritte Auge*
Wenn man mit Gott durch dieses Chakra verbunden oder auf ihn ausgerichtet ist, beginnt man mehr zu sehen, als das menschliche Auge erfassen kann. Du schaust in die ätherische und übersinnliche Welt der Dinge. Du hast die Kraft, jenseits zu sehen, zu hören und tatsächlich jenseits zu sein. Du lebst und bewegst dich in einer anderen Dimension. Du bist von einer anderen Dimension.

* *Die Kraft der Salbung und der Autorität zu kommunizieren*

Eintritt durch das *Halschakra*
Wenn du auf Gott ausgerichtet bist, bist du gesalbt und kannst mit Autorität sprechen. Du bist mit der Stimme eines *Meisters* ausgestattet.

* *Die Kraft der bedingungslosen Liebe*

Eintritt durch das *Herzchakra*
Wenn du in vollkommenem Einklang mit dem Allmächtigen bist, wird dein eigenes menschliches Herz sanft und zart und ist zur göttlichen, bedingungslosen Liebe für Gott und die Menschen fähig. Jegliche Härte schmilzt dahin und wird weich, wie Lehm in den Händen eines Töpfers. Du wirst vom menschlichen niederen Selbst zum Gottesbild in aller Kraft, Majestät und Leidenschaft neu erschaffen.

* *Die Kraft der Schöpfung*

Eintritt durch das *Sakral Chakra*
Wenn du mit dem Schöpfer vereint bist, bist du in der Lage, nach dem höchsten Interesse Gottes, dem Selbst und dem Menschen mitschöpferisch tätig zu sein. Deine höchsten kreativen Kräfte werden energetisiert und gestärkt, um das herzustellen, was zum höchsten Guten für alle ist. Gleichzeitig wirst du in die kreative Schönheit von Gott/Göttin umgewandelt.

* *Die Kraft des Gefühls, der Emotion und der Leidenschaft*

Eintritt durch den *Solar-Plexus*
Durch die Ausrichtung auf Gott hast du die Kraft, positive Gefühle zum höchsten Guten und Wohle aller in höchster Form auszudrücken.

Während man in gewisser Hinsicht diese Kräfte auf begrenzte Art und Weise aktivieren kann, tut ein Meister, der bewusst diese Meisterschlüssel aktiviert, dies in der Fülle der Kraft und Leidenschaft der Gottheit und nicht als sterblicher Erdenbewohner. Es ist ein wahrlich transformierender Akt, der denjenigen ermöglicht wird, denen die Meisterschlüssel gereicht werden. Es ist der Höhepunkt der ultimativen Meisterschaft, der denjenigen ermöglicht wird, die den Wunsch hegen, ein Meister zu werden.

NUR DU WIRST WISSEN!

Quan Yin trifft, wie üblich, den Nagel genau auf den Kopf, indem sie vom spirituellen Zentrum im Inneren spricht. In den Offenbarungen des Johannes, welche die Bibel abschließen, geht es um die Öffnung der sieben Siegel. Die sieben Siegel sind natürlich die Chakren. Das große Bedürfnis ist, diese sieben Chakren in sieben goldene Leuchter anstatt in die sieben Phiolen des Zorns umzuwandeln. Diese Chakren wurden die sieben Kirchen und die sieben Bücher des Lebens genannt. Ich habe bereits über die Chakren in einem vorherigen Kapitel gesprochen, so dass ich mich hier nicht mehr wiederholen möchte.

Das Einzige, das ich hier zu diesen meisterhaften Worten Quan Yins hinzufügen möchte, ist, dass das sechste Chakra nicht nur die Fähigkeit hat, übersinnlich in die inneren Welten zu schauen, sondern es auch die Entwicklung des Bewusstseins ausmacht. Es gibt in Wahrheit zwei Arten des Sehens. Das okkulte Sehen und das mystische Sehen. Übersinnliche Menschen sind häufig hellsichtig, psychologisch aber sehr unklar. Diejenigen, die psychologisch sehr klar sind oder ein sehr klares Bewusstsein haben, sind oft nicht hellsichtig. Es ist wirklich viel wichtiger, dein Bewusstsein zu entwickeln, denn wenn dein Bewusstsein nicht entwickelt ist, so wird es deine Hellsichtigkeit verderben. Es wird die Einstimmung darauf, ob es astraler oder mentaler Herkunft ist verursachen. Denn Bewusstsein beeinflusst alles. Ein Mensch kann hellsichtig sein, doch sein Drittes Auge kann immer noch ganz geschlossen sein.

Ich hatte einst einen hoch entwickelten Klienten. Er war der nahezu am weitesten entwickelte Eingeweihte, mit dem ich jemals gearbeitet habe. Er hatte einen Traum, in dem ein Mann auf ihn zukam und ihm sagte, dass er das größte Dritte Auge hätte, das er jemals gesehen habe und dieser Mann, der dies sagte, war ein sehr fortgeschrittenes Wesen. Mein Klient war überhaupt nicht hellsichtig und doch hatte er das größte Dritte Auge, das dieses fortgeschrittene Wesen jemals gesehen hat. Denke darüber nach.

Um die Informationen über die Chakren zu vertiefen, schaue dir die vorangegangenen Kapitel dieses Buches noch einmal an.

Lektion 18 - Kraft

„EIN WAHRER MEISTER DEMONSTRIERT DIE KRAFT DES GLAUBENS.“

Quan Yin zeigt in diesem 18. Prinzip der Kraft, dass ein wahrer, aufrichtiger Meister in seinem Leben die Kraft des Glaubens zeigt; eine große Tugend, die in jedem Leben sehr notwendig ist. Es zeigt im höchsten Ausmaß, wie ein Meister diese große Kraft ausübt. Die Kraft des selbstgerechten Ehrgeizes ist in Wirklichkeit eine negative Kraft, die auf dem negativen Ego beruht und nichts mit der Verherrlichung Gottes, sondern nur mit der Verherrlichung des Menschen zu tun hat. Eine solche Kraft ist nicht zum höchsten Guten oder für das höchste Interesse des Menschen, denn sie erreicht die Herrlichkeit Gottes nicht. Es geht hier um wahre spirituelle Kraft, über die Quan Yin in diesem Abschnitt spricht. Der Glaube ist die eine Tugend, die Gott erfreut und ohne die der Mensch nichts tun kann. Die Bibel besagt, dass selbst, wenn der Glaube eines Menschen nur von der Größe eines winzigen Senfkorns sei, dies Gott erfreut. Und sogar dieses winzige Senfkorn kann mächtige Wunder herbeiführen. Glaube ist das Handeln, ohne Resultate zu sehen. Es ist der Glaube an den Einen, der hinter der Kraft des Glaubens steht und es ist das Vertrauen in die Hand, welche die Welt hält. Der Glaube hat bestimmte, bemerkenswerte Qualitäten:

Er geschieht nicht durch das Sehen.
Er ist eine machtvolle Kraft.
Er stellt großartige Resultate her.

Um nur ein Beispiel über die enorme Kraft des Glaubens zu geben, lasst uns die Bibel anschauen, das Kapitel über den Glauben, im Buch der Hebräer.

„Gott vertrauen heißt: sich verlassen auf das, was man hofft und fest mit dem rechnen, was man nicht sehen kann... Keiner kann Gott gefallen, der ihm nicht vertraut. Wer zu Gott kommen will, muss

sich darauf verlassen, dass Gott lebt und die belohnt, die ihn suchen... (hinsichtlich Abraham, Sara und ihrer Nachkommen)... Abraham, Isaak und Jakob sind im Vertrauen auf Gott gestorben. Sie selbst haben nicht bekommen, was Gott versprochen hatte, aber sie sahen es aus der Ferne und freuten sich darauf.... (im Alten Testament)...
Weil sie Gott vertrauten, kämpften sie gegen Königreiche und siegten. Sie sorgten für Recht und erlebten, dass Gott seine Zusagen erfüllt. Sie hielten Löwen das Maul zu und löschten glühendes Feuer. Sie entgingen dem gewaltsamen Tod. Sie waren schwach und wurden stark. Sie kämpften im Krieg wie Helden und trieben fremde Heere zurück. Frauen, die Gott vertrauten, sahen ihre Toten lebendig wieder. Einige starben unter der Folter. Sie weigerten sich, die angebotene Freilassung anzunehmen, denn sie hofften auf ein neues und besseres Leben. Andere wurden verspottet und ausgepeitscht, gefesselt und ins Gefängnis geworfen. Sie wurden gesteinigt, zersägt und mit dem Schwert hingerichtet. Sie zogen in Schaf- und Ziegenfellen umher. Sie litten Mangel, wurden verfolgt und misshandelt." (Hebräer 11)

Dies beschreibt einiges, was die Männer aus dem Alten Testament für den Glauben durchmachten und am Ende bekamen sie ihre Belohnung. Einem Meister wird nicht weniger Glauben geschenkt, auf seine eigene Weise.

DIE MACHT DES GLAUBENS IST SO GROSS, DASS GOTT EINEN MEISTER VOLL DES GLAUBENS NICHT ABWEISEN KANN.

Es gibt eine Geschichte von einem Bauern, der seinen Sohn mit auf das Feld hinaus nahm, um Mais zu pflanzen. Sie pflanzten ihn im Glauben, dass die Natur ihren Lauf tun würde. Doch der Sohn hatte Schwierigkeiten, an ein natürliches „Wunder" beim Maisanbau zu glauben. Am nächsten Morgen wachte der Sohn früh auf und ging ohne des Vaters Wissen zum Maisfeld hinaus. Der Junge zweifelte an dem, was sein Vater tat und begann, die Stelle aufzugraben, an der sie den Mais gepflanzt hatten. Er sah nichts und am nächsten Tag wiederholte er dasselbe, wieder ohne Erfolg. Er tat dies eine Woche lang. Nach mehreren Monaten war es offensichtlich, dass kein Mais auf dem Feld erschien. Als der Mais längst überfällig war, fragte der Vater seinen Sohn, was geschehen sei und der Sohn gestand, dass er daran schuld war, da er den Mais so häufig ausgegraben hatte, nur um nachzusehen, ob er auch wachsen würde.

„Sohn“, sagte der Vater, „du musst vertrauen und glauben, dass das, was wir gepflanzt haben auch wachsen wird, denn es geschieht durch Glauben und nicht durch Sehen. Was du getan hast ist sinnlos, denn nur durch Glauben kannst du den Schöpfer der Maiskörner erfreuen.“ Die großen „Schwierigkeiten“, wenn es um Glauben geht, sind Angst, Zweifel, Ungeduld, Misstrauen, fehlender Glaube, negative Kraft, Unsicherheit und andere negativen Energien, die man anstelle des Glaubens hegt. Heute weisen diese großen „Schwierigkeiten“, selbst unter angehenden Meistern, diese Tugend des Glaubens zurück und somit schlagen ihr Glaube und ihre Wunder fehl. Ohne Glauben gibt es keine Kraft. Kraft gehört denjenigen, die ein mutiges Herz haben. Die Kraft des Glaubens ist so großartig, dass es Zeiten gibt, in denen Gott den Kurs ändert, weil er über den Meister voll des Glaubens derart erfreut ist.

Lektion 19 - Kraft

„DAS EINZIGARTIGE UND KENNZEICHNENDE, DAS EINEN KRAFTVOLLEN MEISTER AUSMACHT, IST SEINE FÄHIGKEIT, EIN KRAFTVOLLER LEHRER ZU SEIN.“

Im 19. Prinzip deutet Quan Yin auf die große Fähigkeit hin, ein kraftvoller Lehrer zu sein. In diesem Fall spricht Quan Yin weder von einem akademischen Lehrer, wie es ihn in Schulen oder Universitäten gibt, noch von einem Privatlehrer, der sich auf einem bestimmten Gebiet spezialisiert hat, wie beispielsweise Sprachen, Kochen, Aerobic, Nähen, Kunst oder jegliche sonstige berufliche Art der Ausbildung. Diese Lehrer mögen ausgezeichnet sein und ihr

Fach sogar „gemeistert“ haben. Doch worauf Quan Yin sich hier bezieht, ist der spirituell integrierte oder evolutionäre Lehrer. Es gibt so viele Lehrer, besonders im New Age, wie es spirituelle Wege gibt. Aus dem gleichen Grund sind nicht alle Leben spiritueller Lehrer wirklich spirituelle Beispiele und dienen als Vorbild. Es gibt einige spirituelle Lehrer, deren Bewusstsein ungesund ist (wie wir zuvor bereits besprochen haben) oder deren Lehren weit von der Wahrheit entfernt sind und die nichts mit der realen Welt zu tun haben. Um noch einen Schritt weiterzugehen sei erwähnt, dass sich unser geliebter Meister auf die Kraft eines Meister-Lehrers und die Grundlage seines Lebens, seiner Worte und seines Beispiels bezieht, und wie dieser den Menschen spirituelle Lehren vermittelt und wie man diese lebt.

Das geeignetste Beispiel ist in diesem Fall Meister Sananda. Als Christus auf Erden hatte Jesus drei Hauptaufgaben:

1. Heiler
2. Prediger
3. Lehrer

Alle drei Aufgaben erfüllte Jesus perfekt durch sein Leben, sein Beispiel und seine Worte oder Lehren. Ihm wird als Sananda der Titel des Weltenlehrers zugeschrieben. Dies ist in der Tat ein bemerkenswertes, erstaunliches und beispielhaftes Zeugnis. Sein ganzes Leben hindurch war er ein perfektes Beispiel für Gehorsamkeit und Unterwerfung dem vollkommenen Willen Gottes gegenüber. Durch bedingungslose Liebe offenbarte er die vollkommene Liebe, indem er sein Leben für seine Freunde gab. Und seine Lehren beinhalten den perfekten Weg, wie ein Mann oder eine Frau auf Erden leben sollte. Er ebnete den Weg für die Welt, um seine Rückreise zu Gott anzutreten. Er hinterließ seine Schriften oder Lehren den Aposteln durch die Bibel. Vor 2000 Jahren, bis zu diesem jetzigen Jahrtausend, hinterließ Sananda, der großartigste Weltenlehrer, sein Erbe für all diejenigen, die sich dazu entschließen, ihm zu folgen. Dieses Erbe, die Bibel, die Heilige Schrift, wurde in sehr viele Sprachen und sogar Dialekte der Welt übersetzt. Sie überschreitet Kulturen, Nationalitäten und Rassen. Ihr Inhalt ist universell und selbst den nicht-christlichen Wahrheiten ähnlich. Dies ist es, worauf Quan Yin gern hindeuten möchte, wenn sie davon spricht, ein kraftvoller Lehrer zu werden. Ein weiterer solch erleuchteter Lehrer ist Buddha, der aus dem Osten kam und viele westliche Menschen berührt. Die Grundlage der buddhistischen Lehre ist der achtgliedrige Weg. Solche Lehren sind nicht nur erleuchtend, sie sind auch sehr kraftvoll, den sie zeigen den Weg auf, wie der Mensch sein irdisches Leben leben sollte und wie er die Freiheit entdecken sollte. Es ist der Mittlere Weg, der den Menschen schließlich vom „Rad der 84" befreit. Es gibt noch weitere, die auf der Liste der Aufgestiegenen Meister aufgeführt sind. Eine sehr junge Meister-Lehrerin ist die heilige Theresia vom Kinde Jesu, aus Lisseux in Frankreich. Ihr wurde der Name „Ärztin der Kirche" gegeben, auf Grund der Lehre ihres „Kleinen Wegs". Dieser Weg, der Kleine Weg, ist ein einfacher, doch sehr heldenhafter Weg dessen, Gott und die Menschen zu lieben. Jeder kann diesem Weg folgen.

Wie in den meisten Lehren der Meister, ist ihr Weg nicht von einer gehobenen oder tiefgreifenden Theologie, sondern es ist die Lehre des gewöhnlichen Menschen; es sind Lehren, die jeder befolgen kann. Die Fähigkeit, dem Menschen zu lehren, wie er sein Leben auf Erden leben soll, und wie er Gott in seinem Inneren entdecken kann, und wie er auf dem evolutionären Weg nach Hause reisen kann, ist die kraftvollste Lehre, die ein Meister vermitteln kann. Dies ist die Grundlage, doch es gibt viele andere Punkte, die hier erwähnt werden könnten. Es macht einen Meister nicht nur kraftvoll, es ermächtigt andere sogar dazu, ebenfalls so zu sein. Das Prinzip der Kraft-Lehren unterscheidet einen aufrichtigen Aufgestiegenen Meister von einem gewöhnlichen Meister. Diejenigen unter euch, meine geliebten Leser, die nach diesen Prinzipien der Kraft-Lehren streben, haben weise gewählt. Wie Quan Yin so eloquent aufzeigt, muss man, um ein kraftvoller Lehrer zu sein, dies mittels Einsatz der rechten und linken Hirnhälfte tun. Dies bedeutet, dass man seine Hausaufgaben erfüllen und lernen muss. Man muss zudem lernen, in irgendeiner Weise zu channeln, sei es intuitiv, telepathisch oder hellhörig, damit eine Ausgeglichenheit zwischen dem gut entwickelten logischen Geist und dem intuitiven, wissenden Aspekt des Selbst herrscht.

Wie Quan Yin aufzeigt, ist das Wichtigste daran, ein kraftvoller Lehrer zu sein, das zu praktizieren, was man predigt und das zu verkörpern, was man lehrt. Es gibt eine große Anzahl von Lehrern, die Bibliotheken von Informationen darstellen, sie demonstrieren, integrieren dies aber nicht. Es ist wie unverdaute Nahrung. Was ein kraftvoller Lehrer vermittelt, das muss auf allen Ebenen im Einklang und in Übereinstimmung sein.

Ein kraftvoller Lehrer vermittelt mit Liebe, Enthusiasmus und spiritueller Passion, denn es gibt nichts Schlimmeres als eine Vorlesung oder eine Rede, die nur vom intellektuellen Verstand aus gehalten wird. Dies wirkt wie die stärkste Schlaftablette. Die Rede eines kraftvollen Lehrers besitzt Geist, mentale Klarheit, spirituelle Leidenschaft, spirituellen Enthusiasmus, Liebe, Licht, Energie, spirituelle Überstrahlung, Erdung, Integration, Synthese, das Betrachten aus dem breit gefächerten Bewusstsein, die Transzendenz des negativen Egos und die Demonstration des spirituellen Christus-/Buddha-/Gottesbewusstseins. Ein kraftvoller Lehrer besitzt Integrität, denn, wenn er spricht, wissen die Menschen, dass er eine vollkommene Verkörperung dessen ist, worüber er spricht und dass er die spirituellen Ideale, die präsentiert werden, praktiziert. Ein kraftvoller spiritueller Lehrer spricht mit Weisheit und nicht nur aus seinem Wissen heraus. Er vergrößert und verfeinert seine Weisheit und sein Wissen ständig und sammelt neues Wissen hinzu. Er strebt ständig nach immer größerer Wahrheit. Er ist gewillt, von jeglichem Wissen loszulassen, welches er besitzt, wenn es sich als unwahr herausgestellt hat.

Ein kraftvoller Lehrer vermittelt nicht nur durch Worte, sondern häufig durch Beispiele oder durch die Stille. Er sucht immer nach dem besten Weg zu lehren, in jeder gegebenen Situation. Dies könnte durch Briefe, Email, Fax, eine Rede, Stille, Körpersprache, auf der inneren Ebene, telepathisch, durch Licht, Geräusche, Berührung, Fühlen usw. sein. Ein kraftvoller Lehrer hat eine großartige spirituelle Wahrnehmung und wird nicht leicht durch falsche Theorien, die Verunreinigung des negativen Egos, dem Mangel an Integration und Ausgeglichenheit beeinflusst. Er lehrt zudem das, was wirklich wichtig ist und er verschwendet keine Zeit mit obskuren Fakten, die keinen Wert im Leben der Menschen haben. Ein kraftvoller Lehrer vereinfacht die Dinge, damit sie jeder verstehen kann, er macht die Dinge anschaulich, ist umfassend und schaut sich die Dinge auf eklektische und zusammengefasste Weise an. Er sieht sich jede Situation aus der Perspektive des breit gefächerten Bewusstseins an, nicht aus der Perspektive des limitierten Filterbewusstseins. Er spricht nicht über die Köpfe der Menschen hinweg und wirft den Menschen kein ganzes Brot hin, wenn diese nur nach einer Scheibe verlangen. Er füllt jede Lehre mit Beispielen, damit man einen besseren Bezug zu ihr hat. Wenn die Schüler Buddhisten sind, dann gibt er buddhistische Beispiele. Wenn sie sich mehr auf Psychologie konzentrieren, dann gibt er psychologische Beispiele.

Ein kraftvoller Lehrer ist nicht starr an seine Theorien gebunden und setzt die Liebe an erste Stelle. Er streitet niemals über Theorie oder Kosmologie. Er ist nicht selbstgerecht und teilt auch Meinungen anderer. Andere können ihre eigenen Vorstellungen haben, ohne dass ihn dies bedrohen würde. Er gestattet keine Meinungsverschiedenheiten über Theorien oder Fakten, die einen Mangel an Liebe herstellen. Er betrachtet die Dinge von verschiedenen Seiten, so dass der eine nicht im Recht und der andere im Unrecht ist. Er stimmt einer anderen Ansicht in Liebe zu.

Lektion 20 - Kraft

„DIE GRÖSSE EINES MEISTERS WIRD DURCH DIE KRAFT SEINER STANDHAFTIGKEIT UNTER ALLEN UMSTÄNDEN GEMESSEN.“

Quan Yin trifft in diesem Prinzip eine sehr wichtige und kraftvolle Aussage. Mit diesen Worten wird gezeigt, „aus welchem Stoff“ ein aufrichtiger Meister besteht. Bis zum Ende durchzuhalten zeigt viel

Charakter und Stärke und die wohlverdiente Glaubwürdigkeit eines wahren Meisters. Die Kraft der Standhaftigkeit erfordert es häufig, „eine weitere Meile zu gehen". Zur gleichen Zeit erfordert dies die Kraft des Glaubens, als auch die Kraft der Entschlossenheit (die im nächsten Kapitel besprochen wird). Aufzugeben, wenn die Dinge schief laufen oder wenn es schwierig wird, ist kein würdiges Zeichen eines Meisters. In vielen Fällen entmutigt es einen, wenn andere die Dinge erschweren oder wenn sie noch mehr Schwierigkeiten verursachen und beispielsweise schlecht über einen reden. Dies sollte jedoch als *Herausforderung* betrachtet werden und nicht als Schwierigkeit. Aufzugeben ist eine sehr negative Einstellung. Sie hat ihren Ursprung im negativen Ego und ist dadurch das Gegenteil vom Bewusstsein eines Meisters, der das spirituelle Christus-/Buddha-/Gottes-bewusstsein aufrechterhält. Auf einer solchen Ebene des Bewusstseins schaut eine Seele hinauf und nicht hinab auf die Umstände. Die Umstände können einen häufig täuschen, was den realen Zweck des finalen Zieles betrifft. Weitere Faktoren für Entmutigung sind ein Misserfolg, ohne die Stärke zu besitzen, wieder aufzustehen, Fehler, Kritik, Zeitdruck und Ärger. Nehmt zur Ermutigung das Beispiel des geliebten Meister Jesus, von dem geschrieben steht:

„Dabei wollen wir Jesus nicht aus den Augen lassen. Er ist uns auf dem Weg des Vertrauens vorausgegangen und bringt uns auch ans Ziel. Er hat das Kreuz auf sich genommen und sich nichts aus diesem schändlichen Tod gemacht, weil eine so große Freude auf ihn wartete. Jetzt hat er seinen Platz auf dem Thron an der rechten Seite Gottes eingenommen. Denkt daran, was er ertragen musste und wie er die ganze Feindschaft der sündigen Menschen auf sich genommen hat. Das wird euch helfen, mutig zu bleiben und nicht aufzugeben."

Dies ist ein klares und perfektes Beispiel eines Meisters, der bis zum Ende durchgehalten hat. Seine Belohnung war, dass er zur Rechten Gottes sitzen würde. Anderen wurde gesagt, dass sie das Rennen, welches vor ihnen liegt, mit Ausdauer durchhalten sollen. Und was ist nun dieses Rennen? Es ist das Rennen in Richtung Heiligkeit und Perfektion, das Rennen des Meisters.

Die Belohnung für Standhaftigkeit ist Freiheit und Befreiung von der Knechtschaft der irdischen Ketten. Der Grund dafür, alle Dinge zu ertragen, ist in der Bibel aufgezeigt. Es ist nur Liebe, die alle Dinge erträgt, die Liebe zu Gott. Im Neuen Testament erzählt Thaddäus, der Apostel des Meister Jesu, seinen eigenen Anhängern, dass im kommenden Zeitalter die Menschen nur von den einfachen Dingen im Leben hören werden wollen, von Dingen, die sie erfreuen. Dies gilt auch für die heutige Zeit. New-Age-Anhänger wollen gern die neuesten Dinge über ein einfaches spirituelles Leben wissen, eventuell gemischt mit außergewöhnlichen, neuartigen Attraktionen. Doch die alten Meister erinnern den Menschen daran, schwierige Umstände durchzuhalten und die Aufgaben eines Dieners, eines Geistlichen und eines Meisters zu erfüllen; nicht den einfachen Weg zu gehen, sondern harte Arbeit mit Standhaftigkeit zu verrichten. Standhaftigkeit ist in der Tat die Kraft hinter jedem Meister. Dies kann sogar hinsichtlich der Versprechen, die Abraham gegeben wurden, gesagt werden; denn er hielt geduldig durch. Es gibt immer eine Belohnung für geduldige *Standhaftigkeit*. Der Mensch der modernen Zeit gibt viel zu leicht auf. Vielleicht aus dem Grund, weil er durch moderne Bequemlichkeiten, schnelle Autos, High-Tech-Geräte usw. verwöhnt ist. Um durchzuhalten bedarf es Geduld und Entschlusskraft, was als nächstes Thema besprochen wird.

Die geliebte Quan Yin zeigt einen extrem wichtigen Punkt auf, indem sie darüber spricht, wie ein Meister die Kraft der Standhaftigkeit besitzt. Darüber wurde in metaphysischer Literatur auf so viele verschiedene Arten geschrieben. Im Buch des *I Ging* wird von der „Dauer“ gesprochen. In den Schriften des Universellen Geistes durch Edgar Cayce wird es das „lange Leiden und die Geduld“ genannt. Der Universelle Geist geht sogar so weit, dass er sagt: „In deiner Geduld besitzt du deine Seele.“ In anderer metaphysischer Literatur werden unter anderem Begriffe wie spirituelle Beharrlichkeit, spiritueller Krieger, die Einstellung und die Sichtweise, niemals zu sterben verwendet.

Das Erdenleben ist eine harte Schule und ähnelt sehr einem Rennen, wovon in der Bibel die Rede ist. Es handelt sich nicht um einen 50 Meter Lauf, sondern um einen Marathon. Wir selbst müssen das

Tempo bestimmen, damit wir das Rennen bis zum Schluss durchhalten können. Wir müssen lernen, in unserer spirituellen Arbeit so beständig zu sein wie die aufgehende Sonne und die Wellen des Ozeans. Das Wichtigste ist, niemals aufzugeben, denn das Leben ist wie das Besteigen eines spirituellen Berges. Es ist egal, wie oft wir abgerutscht und gefallen sind, wir müssen weiter steigen, bis wir alle unseren persönlichen Mount Everest bestiegen haben. Wenn dies erreicht ist, setzt sich der spirituelle Dienst weiter fort und es wird wieder andere kosmisch spirituelle Berge zu besteigen geben. Dies hält uns auf Trapp. Meiner bescheidenen Meinung nach wird dies in einer Lektion in *Ein Kurs in Wundern* am Besten zusammengefasst, wo es heißt: „Ich werde von der Liebe Gottes getragen." Diese Aussage hat eigentlich zwei Bedeutungen. Wir alle werden von der Liebe Gottes getragen. Und zweitens, wir alle werden von der Liebe Gottes erhalten. Beide Bedeutungen sind simultan wahr.

Zu lernen, standhaft zu sein, rührt außerdem vom konstanten Arbeiten an deiner persönlichen Kraft, Selbstmeisterung, Kausalität, Selbstdisziplin, Glauben, Geduld, Mut, Beständigkeit, einer guten Arbeitsethik usw. her. Viele dieser spirituellen Christus-/Buddha-/Gottesqualitäten sind miteinander verbunden. Du wirst in deiner Evolution an einem Punkt angelangen, an dem es nicht schwer ist, standhaft zu sein, denn du hast, außer Gott, alle anderen Verlangen und Identifikationen losgelassen. Wenn du diesen Punkt erreicht hast, wirst du jeden Morgen das Gefühl haben, dass du es kaum erwarten kannst, deinen spirituellen Weg fortzusetzen und mit deinem Dienst erneut zu beginnen. Denn es gibt dann nichts anderes, das du tun willst und du bist dann so angeregt von deiner spirituellen Arbeit, die du ausübst. Es geschieht eine Veränderung und das, was zuerst als Arbeit wahrgenommen wurde, wird nun zu dem, was Jesus in *Ein Kurs in Wundern* folgendermaßen beschreibt: „Es ist eine wahre Freude, Gott zu dienen."

Lektion 21 - Kraft

„DIE KRAFT DER ENTSCHLOSSENHEIT ENTHÜLLT DIE WAHRE STANDHAFTIGKEIT EINES MEISTERS."

In Quan Yins 21. Prinzip wird die Kraft der Entschlossenheit hervorgehoben. Entschlossenheit ist die Schwesternkraft der Standhaftigkeit. Man kann weder die Entschlossenheit ohne die Kraft der Standhaftigkeit besitzen noch die Kraft der Standhaftigkeit ohne Entschlossenheit. Beide gehen Hand in Hand und unterstützen sich gegenseitig. Was ist der Unterschied zwischen ihnen? Die Standhaftigkeit mag als die Aktion-in-Bewegung betrachtet werden, *wohingegen die Kraft der Entschlossenheit sich auf das Ziel oder die Ziele, die zu erreichen sind, konzentriert.* Es gibt einen kleinen Unterschied; sie sind nicht gleich. Dies ist wichtig für die Unterstützung, die beide Kräfte geben.
Die Bibel weist häufig darauf hin, den Blick auf etwas auszurichten, sich auf seine Ziele zu konzentrieren oder sich auf das, was Oben ist, auszurichten. All dies hilft dabei, Entschlossenheit zu entwickeln. Ein entschlossener Mensch wird höchstwahrscheinlich seine Ziele erreichen. Es können Fehler oder Lektionen auftreten, die gelernt werden müssen, doch dies hindert ihn nicht noch hält es ihn von seiner Entschlossenheit ab. Ein Meister kann kein kraftloser Mensch sein, sondern es ist ein Mann oder eine Frau mit eindrucksvoller Entschlossenheit. Es liegt viel Kraft in einer Seele mit einer solchen Entschlossenheit. Dieser Mensch kann Dinge vollbringen, die einen Durchschnittsmenschen viele Leben kosten würden, um sie zu erlangen.

Im Alten Testament steht geschrieben:

„Und Salomo gedachte dem Namen des Herrn ein Haus zu bauen und auch ein Haus für sich als König."

Für den heutigen Menschen scheint dies unwichtig zu sein, aber für Salomo hieß es, dass er:

* 70.000 Männer beauftragen musste, um die Lasten zu tragen
* 80.000 Männer brauchte für den Steinbruch in den Bergen
* plus 3.600 Männer, um die 150.000 Arbeiter zu überwachen

Er musste diese Männer auch mit allem Notwendigen versorgen und sie ernähren. Kannst du dir vorstellen, was es bedeutet 150.000 Männer jeden Tag dreimal mit Nahrung zu versorgen? Und wo sollten sie schlafen? Doch ungeachtet dessen beschloss Salomo ein Haus für den Herrn zu bauen und einen Palast für sich selbst.

Zusätzlich wollte er noch einige Rituale durchführen:

* gutes Räucherwerk vor Ihm darbringen
* ständig Schaubrote zurichten
* Brandopfer bringen, am Morgen und am Abend an den Sabbaten und Neumonden und an den Festen des Herrn, unseres Gottes, wie es allezeit in Israel gilt

König Salomo fragte sich: *„Aber wer vermag es, Ihm ein Haus zu bauen? Denn der Himmel und aller Himmel Himmel können Ihn nicht fassen. Wer bin ich denn, dass ich Ihm ein Haus baue, es sei denn, um vor Ihm zu opfern?"* Und doch war er immer noch dazu entschlossen, das Projekt zu beenden.

Mit starker Entschlossenheit versammelte er die geschickten Arbeiter und bestellte folgendes:

* einen tüchtigen Mann, der mit Gold, Silber, Kupfer und Eisen arbeiten kann
* er musste in der Lage sein, mit rotem Purpur, Scharlach und blauem Purpur zu arbeiten
* er musste in der Lage sein, mit geschickten Meistern zu arbeiten, die David, sein Vater, bestellt hatte
*er benötigte Balken aus Zedern, Zypressen und Sandelholz aus dem Libanon
*die Holzarbeiter mussten dann 200.000 Scheffel Weizen und 200.000 Scheffel Gerste schneiden und es wurden ihnen dazuhin noch 20.000 Eimer Wein und 20.000 Eimer Öl zur Speise gegeben

Die Instruktionen, dieses Haus für den Herrn und seinen Palast zu bauen, gehen weiter, gehen noch mehr ins Detail und werden noch komplizierter. Es war fast unglaublich. Doch er war schließlich in der Lage, sein Vorhaben durchzuführen, da er so *entschlossen* war. Zur Belohnung erfüllte Gottes Herrlichkeit das gesamte Haus. Dies war wirklich eine erstaunliche Tat von König Salomo, die seine kraftvolle Entschlossenheit zeigte. Die Größe eines Meisters ist nicht weniger wert als dies.

Wie Quan Yin so meisterhaft aufzeigt, ist Entschlossenheit einer der wesentlichen Schlüssel, um Selbst- und Gotteserkenntnis zu erlangen. Ich glaube, dies wird am Besten durch ein Zitat von Paramahansa Yogananda ausgedrückt, als er sagte: „Wenn ein Mensch Gott erkennen möchte, dann muss er Gott so sehr wollen, wie ein Ertrinkender die Luft will." Denn wenn ein Mensch Gott nicht auf diese Weise will, dann wird er Gott nicht finden. Auf der Erde gibt es so viele Hindernisse, Versuchungen, Ablenkungen, falsche Götter, alternative Vorlieben und negative Kräfte, die es zu überwinden gibt. Das ist der Grund, warum die persönliche Kraft den ersten Strahl ausmacht und der Anfang allen spirituellen Wachstums ist. Ohne die persönliche Kraft, Selbstmeisterung und Entschlossenheit wird man es nie schaffen. Es ist der stetige Kampf, den Mount Everest zu erklimmen.

Entschlossenheit ist damit verbunden, ein spiritueller Krieger im Leben zu sein. Wir haben gesehen, wie Arjuna auf dem Schlachtfeld zu weinen begann, wie er in der *Bhagavad Gita* nicht weiter kam und wie Krishna zu ihm sagte: „Steh' auf, leg deine Feigheit ab und kämpfe. Dein Selbstmitleid und deine Nachgiebigkeit stehen einer solch großen Seele, die du bist, nicht zu." Wie Yogananda sagt: „Das Leben ist ein Schlachtfeld." Im Christentum wird das Leben ebenfalls als Krieg angesehen. Es ist die Schlacht des Armageddon; die Kräfte des Lichts gegen die Kräfte der Dunkelheit; Gut gegen Böse; das niedere Selbst gegen das Höhere Selbst; Gott, Christus und der Heilige Geist gegen das Ego. Im Osten ist es die Wahrheit gegen die Illusion. Es ist unglaublich einfach, dem negativen Ego, der Angst, der Illusion, der Verblendung, der Maya, dem Autopiloten, den Erscheinungen, der Selbsttäuschung, der Faulheit, der Trägheit, dem

Zögern, dem Narzissmus, den Versuchungen, den falschen Göttern, den alternativen Vorlieben, dem Schlaf, der Hypnose und dem Mangel an Integrität zu erliegen. Es bedarf persönlicher Kraft und Energie, um entschlossen zu bleiben.

Was ist es, das uns für eine gesamte Lebenszeit entschlossen hält? Es gibt nur eine Sache, die groß und bedeutend genug ist, die dem würdig ist und das ist Gott. Das Ideal, Selbst- und Gotteserkenntnis zu besitzen und für immer in den Himmel zurückzukehren ist das einzige Ziel, das unsere Aufmerksamkeit ausgerichtet behalten kann. Denn wir erkennen nach einer Weile, dass all diese falschen Götter, kleinen Götter, symbolischen Idole, die niederen Perlen und die alternativen Vorlieben uns nur Leiden bis zum Ende bringen. Das Einzige, das uns das Ewige Leben, die Erlösung, die Auferstehung, den Aufstieg, die Transformation, die Erleuchtung, die Promotion, die Glücklichkeit, die Glückseligkeit, die Freude, die spirituelle Ekstase und einen Frieden jenseits des Verstehens bringt ist Gott.

Weil Gott so unergründlich, ewig großartig ist, ist Gott ein Ziel, das man jeden Augenblick seines Lebens entschlossen erreichen möchte, so gut man kann. Zu Beginn bis in die mittleren Phasen des spirituellen Weges gleicht dies einem Schlachtfeld, doch wenn man einmal erkennt und sieht, dass Gott das Einzige ist, was man will und man der materiellen und unbeständigen Welt kein Interesse mehr entgegenbringt, außer dem, Gott zu dienen, dann entwickelt man die Gewohnheit, entschlossen zu sein. Es ist dann weniger eine Schlacht. Das Einzige, womit ich dies vergleichen kann, ist eine physische Diät. In jüngeren Jahren wolltest du wohl eher Junk Food, Kekse, Eis, Süßigkeiten usw. haben. Als du dich weiterentwickelt hast, wolltest du nun natürlicherweise lieber gesunde Nahrung. Es fiel dir dann nicht schwer, Gemüse, Salat, braunen Reis usw. zu essen, weil du es einfach wolltest. Das Gleiche gilt für deine Gedanken, Gefühle, dein Verhalten und deinen Lebensstil. Am Anfang gibt es die Schlacht zwischen dem niederen Selbst und dem Höheren Selbst, die Schlacht zwischen Gott, Christus, dem Heiligen Geist und dem negativen Ego, die Schlacht zwischen den zersplitterten Kräften und den Kräften der Einheit, die Schlacht zwischen dem Meisterbewusstsein und dem Opferbewusstsein, die

Schlacht zwischen Liebe und Hass. Doch wenn du diese Schlacht einmal gewonnen hast und eine Gewohnheit daraus entstanden ist, dann wird dein Unterbewusstsein reprogrammiert, und selbst wenn du eine Milliarde Dollar gewinnen würdest, so würdest du deinen spirituellen Lebensstil, den du momentan lebst oder von nun an leben wirst, nicht ändern. Denn du wärest an nichts interessiert, außer an Gott. Du bist dann symbolisch, nicht buchstäblich, für Gott entflammt.

Das Problem dieser Welt, wie ich es sehe, ist, dass die meisten Menschen nicht für Gott entflammt sind. Nur sehr wenige sind es und bleiben es auch. Die meisten sind es nur für eine kurze Zeit und fallen dann wieder zurück in das Massenbewusstsein, in schlechte Gewohnheiten, in das Opferbewusstsein und werden von den Energien der Menschen der dritten Dimension beeinflusst. Ich finde es bescheidenerweise nicht sehr schwierig, entschlossen zu bleiben, denn Gott ist das Einzige, was mich interessiert. Alles andere erscheint mir eine unglaubliche Zeit- und Energieverschwendung. Ich werde niemals müde auf meinem spirituellen Weg und ich kann es kaum erwarten, jeden Morgen aufzustehen und ihn fortzusetzen. Denn der einzige Weg, in Gott zu verbleiben ist, Gott etwas zu geben und Gott in allen seinen Manifestationen zu dienen. Wenn du verstehst, was Johannes sagte: *„Ich war blind und jetzt kann ich sehen"*, dann wird deine Entschlossenheit umso größer. Ich habe demütig meine integrierte spirituelle Meisterschaft und Selbsterkenntnis erreicht und bin nun sogar noch entschlossener, dies nicht nur auf der 22. Ebene der Einweihung und der Lichtkörper, sondern auch auf der 352. Ebene Gottes und des Mahatma zu erreichen.

Kann Gott wirklich mit Materialismus, Hedonismus, dem Begehren des niederen Selbst und dessen Aktivitäten, dem negativen Ego, der Trennung, dem Unbeständigen usw. gemessen werden? Wenn du aus der spirituellen und psychologischen Blindheit erwachst, erkennst du, dass das Streben nach etwas anderem als nach Gott dir nur Leiden bringt. Wenn du nach Gott trachtest, „werden dir alle Dinge des Himmels und der Erde zufallen." Nach Gott zu trachten ist nicht nur der Schlüssel zum spirituellen Erfolg, sondern auch der

Schlüssel zu irdischem Erfolg. *„Trachtet zuerst nach dem Reich Gottes und alles andere wird euch zufallen.“* Möchtest du dich immer weiter reinkarnieren bis in alle Ewigkeit oder möchtest du promovieren? Möchtest du lieber auferstehen wie Meister Jesus oder ein hedonistisches Leben führen? Die meisten Menschen bleiben lieber zurück. Sie meinen, dass sie etwas „opfern“ müssen, um auf dem spirituellen Weg zu sein. Dies ist in Wahrheit Illusion, meine Freunde. Du opferst alles, wenn du nicht auf dem spirituellen Weg bist. Du kommst an einem Punkt an, an dem dir alles bedeutungslos erscheint, außer dein spiritueller Weg. Wenn du an diesem Punkt angelangst, bist du entschlossener als jemals zuvor, denn du willst Gott auf der höchstmöglichen Ebene erkennen.

Es gibt kein besseres Gefühl im unendlichen Universum als stets und vollständig mit Gott vereint zu sein. Es ist, als ob man ein Sandkorn mit dem unendlichen Omniversum vergleicht. Ich wiederhole mich erneut mit meinem guten Freund Paramahansa Yogananda und sage, wenn du Gott erkennen willst, dann strebe nach Ihm, wie ein Ertrinkender nach Luft strebt und wenn du Ihn mit dieser Entschlossenheit, Intensität, Konzentration, Hingabe und besonderem Versprechen so gut wie du kannst suchst, Fehler erkennst und sie als Lektionen ansiehst, dann wirst du Ihn finden. Wenn ich zurück auf mein Leben blicke und an die eine Sache denke, die mir über allem anderen ermöglicht hat, ein integrierter Aufgestiegener Meister zu werden und meine 22 Ebenen der Einweihung und des Lichts zu erreichen und ein ganzes und gleichwertiges Mitglied der Spirituellen Hierarchie zu werden, so war dies, bescheiden gesagt, meine Entschlossenheit. Sie war sehr ausgeprägt und ich lasse mein symbolisches Feuer für Gott brennen und jeden Tag verstärke ich es. Ich bin in meinen Bemühungen unaufhörlich und vollkommen unnachgiebig. Als ich den Berg nicht hinaufrennen konnte, bin ich eben gegangen und als ich nicht gehen konnte, bin ich gekrochen, doch ich würde mir niemals erlauben, meine Konzentration, meine Hingabe oder meine Entschlossenheit zu verlieren. Ich habe manchmal Fehler gemacht, doch ich habe sie niemals zu ernst genommen und bin an ihnen gewachsen und habe meine Lektionen gelernt und bestimmte spirituelle Gelübde abgelegt, damit sie mir nicht noch einmal passieren und bin weiter hinaufgeklettert. Bis ich schließlich einen Traum hatte, in dem ich den Mount Everest bestieg. Es war ein gefährlicher Aufstieg, doch ich habe es zur Bergspitze geschafft und dies geschah drei Wochen nachdem ich meine 22 Ebenen der Einweihung und der Lichtkörper erreichte. Ich wusste immer, dass ich es zur Bergspitze des spirituellen Mount Everest schaffen würde, denn die Geistige Welt und die Meister ließen es mich wissen; doch es war schön, in einem Traum meine Reise symbolisiert zu sehen. Ich war der höchste spirituelle Bergsteiger, obwohl ich noch nie einen physischen Berg bestiegen habe. Wie die Geistige Welt und die Meister mir mitteilten, sei meine Arbeitsethik kaum zu übertreffen. Ich habe 30 Jahre lang nach Gott gestrebt wie ein Ertrinkender nach Luft und durch die Gnade Gottes habe ich Ihn gefunden und Ihn auf der planetaren Ebene vollständig realisiert. Nun bin ich entschlossener als je zuvor, Ihn auf der höchsten kosmischen Ebene zu realisieren, wie mein Freund Erzengel Metatron. Meine Entschlossenheit ist vollständig konzentriert darauf, auf der Erde zu bleiben, wie meine liebe Freundin Quan Yin, indem ich das Gelübde des Boddhisattva ablege und auf meine irdische physische Auferstehung verzichte, damit ich so vielen meiner Brüder und Schwestern wie möglich helfen kann, dies auch zu erreichen und um zu helfen, das Neue Jerusalem und das siebente Goldene Zeitalter auf die Erde zu bringen.

Denn wenn man gemeinsam mit Gott und den Meistern, den Erzengeln und Engeln, den christusbewussten Außerirdischen und Elohim in mitschöpferischer Weise tätig ist, und wenn man das Wesen dessen, „spirituell entschlossen“ zu sein zur Gewohnheit macht und man nur die „große Perle Gottes“ sucht, wie Quan Yin so eloquent aufzeigt, dann wird das Erdenleben zu einem freudvollen Abenteuer. Meister Jesus sagte: *„Alles, was ich tue, könnt auch ihr tun und noch viel mehr.“* Dies kann jedoch nicht erreicht werden, solange du nicht vollkommen entschlossen bist, nur nach Gott zu streben, so wie ein Ertrinkender nach Luft. Lass dies von diesem Augenblick an dein spirituelles Ideal sein. So steht es geschrieben, so soll es geschehen!

„EIN MEISTER, DER SEHR KONTROLLIERT IST, MANIFESTIERT DIE KRAFT DES GLEICHMUTS."

Quan Yin sagt, dass ein Meister ein Meister genannt wird, weil er sich erstens selbst gemeistert hat und weil er sich zweitens perfekt unter Kontrolle hat. In diesem Prinzip hebt Quan Yin die Notwendigkeit und die Bedeutung eines Meisters hervor, kraftvollen Gleichmut zu besitzen und dadurch gleichmütig zu sein.

Der großartige Aufgestiegene Meister Paramahansa Yogananda spricht offen darüber. Er betrachtet *den Gleichmut als die richtige Grundlage der Existenz:* „Gleichmut muss geübt werden. Egal, welchen Erfahrungen du im Leben gegenüberstehst, tue es mit einem gleichmütigen Geist. Gleichmut des Geistes, eine gleichmütige Haltung, bringt nicht nur dir eine große Freude, sondern auch anderen. Dies bedeutet aber nicht, dass du rückgratlos oder ohne Enthusiasmus sein solltest; es bedeutet, dass du Gelassenheit ausüben musst. Es ist in Ordnung, die guten Dinge der Welt zu genießen, aber rege dich nicht übermäßig durch sie auf. Und wenn Trauer kommt, dann akzeptiere sie und denke darüber nach, wie du sie überwinden kannst, anstatt dir zu erlauben, gestresst und ruhelos zu werden und deine Ruhe im Inneren zu verlieren..."

Er sagt weiter das, was Swami Shankara gelehrt hat: „Sei ständig gleichmütig, wenn du willst, dass der gleichmütige Herr den Altar deiner Seele verziert. Ohne Gleichmut kann man Gott niemals finden." Hinzugefügt sei, dass Gleichmut sowohl einen gleichmütigen Verstand, gleichmütige Emotionen, einen gleichmütigen, kontrollierten physischen Körper als auch einen gleichmütigen Geist umfasst. Es ist ein wundervolles Zeichen eines kraftvollen Meisters. Darüber wird in den Lehren des New-Age kaum gesprochen und es darf nicht mit übermäßiger Disziplin oder Strenge einiger traditionellen, religiösen Wege verwechselt werden. Wie

Buddha sagen würde, nimm den Mittleren Weg. Dieser Idee nahe ist das Merkmal der Gelassenheit, die jedem Frieden bringt. Man darf nicht zu extrem sein, weder zu euphorisch noch zu betrübt.

Eine weitere heilige Nonne, die in diesem Zusammenhang erwähnt werden könnte, ist eine junge Italienerin, die gesegnete Assunta. In jeder Situation, ob sie darum gebeten wurde oder nicht, war sie dafür bekannt, dass sie ständig „Lo Stesso" sagte, was bedeutet: Es ist dasselbe für mich. Sie würde keine Diskussion beginnen, wenn sie anderer Meinung war noch würde sie überreagieren, wenn ihr etwas gefiel. Sie war einfach ruhig und gleichmütig in allen Dingen. Sie war eine Freude für ihre Gemeinde, die ihr und den anderen Nonnen Glück brachte. Nachdem sie in Italien gedient hatte, wurde sie zu einer Mission nach China geschickt, wo sie auch sehr geliebt wurde. Schließlich starb sie im Frieden des Herrn, als sie noch sehr jung war.

Dies sind außergewöhnliche Beispiele, ausgeübt mit klaren Motivationen und mit reiner Absicht. Wenn man die Kraft des Gleichmuts ausübt, kommen mehrere Erwägungen auf. Wenn man sich seiner eigenen Intelligenz und Gottes bewusst ist, so wird man in einer gegebenen Situation, die man missbilligen könnte, wissen, dass Gott mehr darüber weiß und es besser weiß. Wenn man seine emotionale Reaktion betrachtet, kann man erkennen, dass Emotionen die Situation nicht ändern werden. Hinsichtlich des physischen Körpers, wie auch immer man reagiert, kann dieser weder die Dinge verbessern noch ändern.

Und schließlich ist die Seele spirituell flexibel, kreativ und frei. Mit Gott in Einklang zu sein ist alles, was zählt. Das Beste ist, in allen Dingen und auf jegliche Art und Weise ruhig oder gleichmütig zu bleiben. Meine geliebten Leser, ich habe über dieses Thema, wie man die Dualität des negativen Egos überwinden kann, in den vorherigen Kapiteln gesprochen, so dass ich mich hier nicht mehr wiederholen möchte. Die einzige Sache jedoch, die ich diesen wundervollen Worten der geliebten Quan Yin hinzufügen möchte, ist, dass die meisten Menschen dieser Welt ihr Leben wie auf einer Achterbahn verbringen. Es ist fast komisch mit anzusehen, wie unser

Präsident in den Reden im nationalen Fernsehen so wütend und verärgert wird. Die meisten Menschen der Welt akzeptieren dies als eine angebrachte Reaktion. Aber es ist keine angebrachte Reaktion, es ist ein Zeichen dafür, dass sich die Welt auf der psychologischen Ebene mit dem negativen Ego und nicht mit Gott identifiziert. Es ist ein Zeichen dafür, dass die Welt mit der Persönlichkeit und nicht mit der Seele und dem Geist identifiziert ist. Die meisten Menschen der Welt sind Opfer ihrer Emotionen und Gefühle, anderer Menschen und äußerer Erfahrungen. Sie erkennen nicht, dass Glück, innerer Frieden und Gleichmut ein Geisteszustand, eine Einstellung und eine Perspektive dem Leben gegenüber ist. Es gibt eine Art des Denkens, die spirituelles Christus-/Buddha-/Gottesbewusstsein genannt wird, die dir diesen „Gleichmut", diesen inneren Frieden und dieses Glück zu allen Zeiten bringt, ungeachtet dessen, was im Inneren, im physischen Körper, mit anderen Menschen oder in der äußeren Welt passiert. Viele Menschen in dieser Welt sind manisch-depressiv. Sie erkennen nicht, dass sie nicht so leben müssten. Sie wurden einfach nicht darin geschult, kein Opfer mehr zu sein. Das Problem ist, dass die meisten Psychologen, Psychiater, Sozialarbeiter, Berater, Minister und Rabbis im Opferbewusstsein leben. Sie projizieren diesen Achterbahngeist und die Emotionen auf Gott.

Wir müssen außerdem im Körper gleichmütig sein. Damit meine ich, dass man auf künstliche Stimuli wie Kaffee, koffeinhaltige Tees, Ginseng, Kräuterstimuli, Zucker und Ähnliches verzichtet. Sie geben dir für eine kurze Zeit extra Energie, während deine Energie hinterher drastisch sinkt. Sie sind giftig für deine Leber und sie schwächen deine Nebennieren. Lerne, in deinen Energien gleich zu bleiben. Wenn du müde bist, dann ruhe dich aus oder schlafe ein wenig. Iss Gemüse, ausreichend Proteine und Körner, die deine Energie langsam aufbauen. Bleibe in deiner persönlichen Kraft und Selbstmeisterung, werde die Ursache deiner Realität. Denke mit deinem spirituellen Christus-/Buddha-/Gottesgeist und kreiere nur Gefühle aus Christus und Buddha, die spirituell sind, positive Gefühle und Emotionen und deine Energie wird enorm steigern. Rufe außerdem Gott, die Geistige Welt, die Meister und die Engel an und bitte sie um Energie.

Lerne, deine persönliche Kraft, Selbstmeisterung, Selbstdisziplin, Kausalität, Unverwundbarkeit, dein Loslassen, deinen Schutz und deine Beständigkeit aufrechtzuerhalten und dies wird dir kontinuierliche Energie bringen. Denn das spirituelle Ideal ist, konstante physische Körperenergie zu haben, psychologischen Gleichmut zu besitzen und im Einklang mit dem Geist zu sein.

Der Grund dafür, warum Gleichmut so wichtig ist, liegt darin, dass unsere wahre Identität der Geist, Christus, Buddha, das Ewige Selbst, eine realisierte Seele und Gott ist. Unsere Identität ändert sich nicht, denn dies ist es, was wir immer schon waren und immer sein werden. Wir sind im Prozess, dies zu erkennen. Da unsere Identität sich nicht ändert, sollte sich unser Bewusstsein auch nicht ändern. Wenn wir in Wahrheit der Christus sind, so müssen wir im Christusbewusstsein bleiben. Wenn wir in Wahrheit der Buddha sind, dann müssen wir im Buddhabewusstsein bleiben. Wenn wir in Wahrheit eine Inkarnation Gottes sind, dann müssen wir im Gottesbewusstsein bleiben. Die Natur des spirituellen Christus-/Buddha-/Gottesbewusstseins liegt immer in deiner persönlichen Kraft, Selbstmeisterung, Kausalität, anteilnehmenden Distanz, bedingungslosen Liebe, Vergebung, Urteilslosigkeit, Gleichmut, Frieden, Glück, Freude, Glückseligkeit, Harmlosigkeit, Gewaltlosigkeit, Egolosigkeit, Gottesreinheit, Heiligkeit, Selbstlosigkeit, Schuldlosigkeit, Angstfreiheit, Demut, Bescheidenheit und Unveränderlichkeit. Was auch immer im Leben, in unseren Beziehungen oder mit uns selbst geschieht, wir bleiben in diesem Bewusstseinszustand, denn die Geistige Welt, Christus, Buddha, das Ewige Selbst und Gott sind unsere Identität.

In der Bibel heißt es: *„Wir sind nach dem Bilde und nach dem Gleichnis Gottes geschaffen.“ „Ihr seid Götter und wisset es nicht.“ „Sei still und wisse, dass ich Gott bin.“ „Der Vater und ich sind eins.“ „Lass den Geist in dir sein, der in Jesus Christus war.“* Jesus, Buddha, Moses, Krishna, Mohammed, Lao Tse, Konfuzius, Zoroaster, sie alle wurden zum Christus, Buddha, Ewigen Selbst, zu Gott, geistig und zur realisierten Seele, in verschiedenen Graden und auf verschiedenen Ebenen, doch genug, um zu promovieren und Befreiung zu erlangen, so wie es auch alle Aufgestiegenen Meister und Erzengel wie Quan Yin, Metatron, Sananda, Buddha und Djwhal Khul taten. Sie taten es nicht nur, indem sie ihre wahre Identität als geistiges Wesen, Christus, Buddha, Ewiges Selbst und Gott besaßen, sondern indem sie das Bewusstsein des Geistes, des Christus, des Buddha, des Ewigen Selbstes und Gottes, oder die Früchte des Geistes, von denen „Gleichmut" eine der wichtigsten ist, demonstrierten.

Wenn man nicht gleichmütig ist, dann kann man nicht richtig bedingungslos lieben, denn wenn man nicht gleichmütig ist, dann wird auch die bedingungslose Liebe schwanken. Denn all die „Früchte des Geistes", meine Freunde, sind miteinander verbunden und beeinflussen sich gegenseitig. Wie Quan Yin aufzeigt, ist Gleichmut eine der am wenigsten verstandenen spirituellen Christus-/Buddha-/Gottesqualitäten. Um dies zu erlernen, studiere das Kapitel über die Transzendenz (Lektion 15) in diesem Buch sehr sorgfältig. Denn dieses Kapitel zeigt dir völlig detailliert die spirituellen und psychologischen Mechanismen, wie man dies am schnellsten und effektivsten erreichen kann. So steht es geschrieben, so soll es geschehen!

Lektion 23 - Kraft

„EINE BEDEUTENDE QUALITÄT EINES MEISTERS IST DIE KRAFT DER STILLE."

Während Stille missbilligend als Zeichen der Schwäche betrachtet werden könnte, listet Quan Yin sie unter ihren Kraftprinzipien auf. Warum? Weil es großer Selbstkontrolle bedarf, um bei den meisten Anlässen ruhig zu bleiben. Meist befindet sich der Geist im ständigen Geplapper. Das Gehirn kann nicht einfach still sein, es will plaudern. Dies betrifft den Verstand. Der Verstand möchte die Dinge auch in Worte fassen. Er nimmt jede Gelegenheit wahr, um zu reden. Doch nicht nur hierbei. Auch zu Zeiten der Selbstverteidigung, der Kritik, des Streits, ungerecht beschuldigter Situationen und Ungerechtigkeiten will der Mensch die Stille brechen und laut reden. Währenddessen setzt sich das stille Geplapper in starker Drehzahl bezüglich vieler Themen und Ideen, selbst aus der gespeicherten Erinnerungs-Datenbank, weiter fort. Der Mensch kann sich vom Geplapper nicht freimachen, weder sich selbst gegenüber noch im Außen. Daher wird Meditation als Medizin betrachtet. Sie bringt die Seele zum Schweigen und hilft ihr, konzentriert zu bleiben. In tiefer Meditation, also in Kontemplation, ist die Seele fast vollständig ruhig. Sie ist kontrolliert und stellt sich selbst so häufig wie möglich ab und bleibt im Einklang mit dem Göttlichen im Inneren.

Die Meister haben ihre eigene Sprache. Sie muss nicht verbalisiert werden. Die Sprache ist nur ein Werkzeug der Kommunikation. Ein Meister kann kommunizieren, ohne Worte zu gebrauchen. Ideen, Gedanken und Botschaften können durch Telepathie, Channeling, Visionen, Träume, Eindrücke und andere Formen der stillen Sprache ausgetauscht werden. Diese Formen sind nichtsdestotrotz gültig. In den meisten Fällen kommunizieren die Meister durch Channeling. Dies ist der übliche Weg. Die Genauigkeit und Reinheit der Botschaften hängt von der aufnehmenden Kraft und Reinheit des Empfängers ab. Wie bereits in den Aufstiegslehren erwähnt wurde, gibt es noch weitere nennenswerte Faktoren, die beachtet werden müssen: die Art des Empfängers, seine übersinnlich-psychologische Aufmachung, seine intellektuelle Verfassung, seine Fähigkeiten, religiöse Einflüsse und vieles mehr. Wir heben hier nicht das Channeln hervor, sondern die Kraft der Stille.

Quan Yin deutet auf die Kraft der Stille hin, indem man es beispielsweise unterlässt, sich zu verteidigen. Sie erwähnt die Größe dessen, still zu bleiben. Ein ehrlicher und aufrichtiger Mensch erfährt durch sein eigenes Leben der absoluten Wahrheit eine Beurteilung und Wertung. Wenn man fehlerhaft beurteilt wird, gibt es nichts Falsches daran, die Wahrheit zu sagen. Doch es ist eben besser, dann still zu bleiben. Wenn dies nicht wahr wäre, hätte sich der großartige Meister Jesus selbst verteidigt, als er zu Unrecht beschuldigt wurde. Das Wort Gottes im Neuen Testament zeigt dieses Ereignis deutlich auf. Meister Jesus sprach nicht ein Wort zu seiner Verteidigung. Er trug sein Kreuz in Stille. Als er ausgepeitscht und gepeinigt wurde, blieb er still. Er wehrte sich nicht. War dies Schwäche? In der Bibel heißt es deutlich:

„Christus ist euch gegenüber nicht schwach, sondern erweist unter euch seine Macht. Als er am Kreuz starb, war er schwach. Aber jetzt lebt er durch Gottes Macht."

Und

„Für die, die verlorengehen, muss die Botschaft vom Kreuzestod als barer Unsinn erscheinen. Wir aber, die gerettet werden, erfahren darin Gottes Macht."

Im Tod und in der Scham, in Schwäche und im Leiden wählte Meister Jesus den Weg der Stille, denn sie war so *kraftvoll*. Auch wir können dieses kraftvolle Prinzip erlernen. In unserer Zeit gibt es großartige Männer und Frauen, die dieses Prinzip leben. Eine davon ist zum Beispiel Corrie Ten Boom, die gefangen genommen und zur Gefangenen der Nazis gemacht wurde. Sie ertrug alle Beschuldigungen, die Beschmutzungen und die ungerechte Behandlung ihrer eigenen Schwester in Stille. Es wird gesagt, dass viele Jahre später, nachdem sie befreit wurde und sie den Offizier traf, der ihr dies angetan hat, sie immer noch ruhig blieb, selbst als sie sich von Angesicht zu Angesicht begegneten. Ihre einzigen Worte waren die der Vergebung. Es gibt viele Möglichkeiten dieses Prinzip im täglichen Leben anzuwenden. Etwa bei einer einfachen Unterhaltung aus der plötzlich ein Streit wird. Du könntest es einfach unterlassen, weitere Kohlen in das Feuer zu werfen, indem du still bleibst. Auch wenn über dich etwas Ungerechtes, Kritik oder Unwahres gesagt wird, bleibe still. Wenn du dies übst, wirst du bald die Weisheit und die Kraft dieses Prinzips der Stille erkennen.

Die geliebte Quan Yin verdeutlicht hier einen unglaublich wichtigen Punkt, indem sie die Seelenqualität der Stille aufzeigt. Es gibt so viele Menschen auf dieser Welt, die eine Art „Mund-Durchfall" haben, ohne dies verurteilen zu wollen. Sie sind gezwungen, all das zu sagen, was in ihr Bewusstsein oder in ihren Geist kommt. Dies unterstreicht auch das, worüber ich zuvor als die kindliche

Ehrlichkeit im Gegensatz zur Ehrlichkeit eines integrierten spirituellen Meisters gesprochen habe. Ein integrierter spiritueller Meister sagt nicht alles, was ihm in den Sinn kommt. Er entscheidet bewusst. Es gibt eine Zeit, in der man redet und es gibt eine Zeit, in der man schweigt. Der Meister tut das, was „angebracht" ist und erfüllt stets den Willen Gottes in jeder Situation. Der Meister nutzt seine spirituelle Unterscheidungskraft, um eine Situation und das Verhältnis abzuwägen, um zu erkennen, was dem höchsten Guten dient. Wie der Universelle Geist durch Edgar Cayce sagte, es gibt Sünden der Unterlassung und Sünden der Ausübung.

Wir alle haben Folgendes schon einmal gehört: „Wenn du nichts Nettes zu sagen hast, dann sage gar nichts." Ein Meister hat kein Bedürfnis zu reden, denn ein Meister ist Angriffen, Kritik oder Verurteilungen gegenüber unverwundbar und antwortet niemals darauf. Ein Meister agiert immer nur, was wiederum bedeutet, dass er entscheidet. Was die meisten Menschen nicht verstehen, ist, dass Stille häufig mächtiger ist als Reden, im Sinne der Auswirkung, die sie auf den Zuhörer hat. Wir alle haben uns schon in Situationen wieder gefunden, in denen wir gesprochen haben, ohne uns dies vorher genau zu überlegen und hinterher tat es uns leid. Das Gleiche gilt für impulsives Handeln, ohne zuvor nachgedacht zu haben. Wie es in den biblischen Passagen heißt; *es ist nicht so wichtig, was in den Mund hineingeht, wichtiger ist das, was aus dem Mund herauskommt.* Manchmal müssen wir ruhig bleiben, um Dinge zu verarbeiten und um uns zu versichern, dass wir mit uns selbst im Reinen sind.

Es ist sehr wichtig, wenn man ein integrierter spiritueller Meister werden will, dass man keine weiteren Kohlen ins Feuer wirft, wenn sich eine Schlacht des Egos oder ein Streit anbahnt. Denn ein integrierter spiritueller Meister verteidigt sich nicht und bleibt stets harmlos. Die meisten Menschen heiligen weder ihre Worte noch verstehen sie die Macht des gesprochenen Wortes. Sie reden einfach um zu reden und tun dies häufig, um Stille zu vermeiden. Es ist sehr wichtig zu lernen, sich in der Stille wohl zu fühlen. Man sollte zudem seine Worte weise wählen und sparsam mit ihnen umgehen. Ein Meister spricht niemals Worte, die schaden könnten. Kinder reden unaufhörlich, weil sie nicht bewusst darüber entscheiden, denn ihr Bewusstsein ist noch nicht weit genug entwickelt und so befinden sie sich wie in einem Bewusstseinsfluss. Dies ist keine Ehrlichkeit, sondern in Wahrheit eine Form des Opferbewusstseins.

Ghandi fastete einen Tag in der Woche vom Reden. Dies ist eine Übung, von der jeder profitieren könnte, denn wenn man dann wieder spricht, nimmt man seine Worte ernster und heiligt sie. Man kann nicht lernen zu schweigen, solange man nicht gelernt hat, seine Gedanken, Gefühle, Emotionen, Impulse, Wünsche, Motivationen, Reaktionen, das Unterbewusstsein, das innere Kind, das negative Ego usw. zu meistern. Es wäre unmöglich, ein Opfer dieser Dinge und gleichzeitig Meister des Schweigens zu sein. All dies gehört zusammen. Es gibt Menschen, die reden, weil sie in Angst leben oder weil sie mit sich selbst und mit Gott nicht im Reinen sind und daher reden sie unaufhörlich, um dies zu überdecken oder sich davor zu verstecken. Ein integrierter spiritueller Meister ist mit sich selbst, mit Gott und allen anderen in Frieden und im Einklang und daher ist es für ihn nicht wichtig, ob er redet. Er spricht nur, wenn dies die Selbst- und Gotteserkenntnis erhöht. Wenn jemand ständig denkt, handelt und spricht, dann wird er die zarte Stimme im Inneren nicht vernehmen können und er wird die Stille Gottes nicht genießen können.

Lektion 24 - Kraft

„EIN GROSSER MEISTER MANIFESTIERT ENORME KRAFT DURCH WEISHEIT.“

Quan Yin lehrt uns in diesem Kraftprinzip, dass Weisheit eine sehr wichtige Tugend im Leben eines Meisters ist. Es ist außerdem notwendig, Wissen zu besitzen. Und Weisheit bedeutet hier auch die Anwendung einer solchen Weisheit. Ein klassischer biblischer Fall ist das Leben des Königs Salomo. Als Gott ihn fragte, was er sich wünscht, so antwortete er, dass er sich Weisheit wünscht. Es ist eher ungewöhnlich für ein menschliches Wesen, Weisheit inmitten all der materialistischen Reichtümer der Welt zu wählen. Und doch schaffte er es, einer der reichsten Menschen der gesamten Welt zu seiner Zeit zu sein. Und warum? Gott war so erfreut über König Salomos Entscheidung, dass er sagte:

„Du hättest dir langes Leben oder Reichtum oder den Tod deiner Feinde wünschen können. Statt dessen hast du mich um Einsicht gebeten, damit du gerecht regieren kannst. Darum werde ich deine Bitte erfüllen und dir soviel Weisheit und Verstand schenken, dass kein Mensch vor oder nach dir mit dir verglichen werden kann.“

Das Erstaunliche daran ist, dass Salomo bereits die Weisheit besaß, eine solche Entscheidung zu treffen. Er wurde daher doppelt ermächtigt. Seine kraftvolle Weisheit trat in Erscheinung, als er zwei Frauen begegnete, die beide behaupteten, die Mutter des gleichen Kindes zu sein. Er forderte sie heraus, indem er ihnen anbot, das Kind zu halbieren, um jeder Frau eine Hälfte zu geben. Doch die wahre Mutter trat hervor und bat darum, dass das Kind verschont bliebe und dass man es nicht in zwei Hälften trennen sollte und dass das Kind lieber der anderen Frau gegeben werden sollte. Sofort wusste er, dass diese Frau die Mutter des Kindes war und es wurde ihr zurückgegeben. Es gibt viele weitere weise Menschen und Meister überall auf der Welt. Im Osten haben wir Meister Buddha. In seinen Lehren, der Weisheit Buddhas, sind viele Weisheiten enthalten.

„Lasst uns aufstehen und dankbar sein, denn wenn wir heute nicht viel gelernt haben, dann doch wenigstens ein bisschen, und falls wir auch kein bisschen gelernt haben, so sind wir doch nicht krank geworden, und falls wir doch krank geworden sind, so sind wir nicht gestorben, daher lasst uns dankbar sein.“

In dieser Weisheit wird eine sehr positive Einstellung dem Leben gegenüber aufgezeigt. Nur der weise Mensch kann lernen. Ein weiteres Beispiel ist die Weisheit aus den Engaku Sutras:

1. Lass dich nicht täuschen.
2. Wenn du doch getäuscht wurdest, dann urteile nicht über andere und fühle dich nicht schuldig.
3. Wenn du doch getäuscht wurdest und dich schuldig fühlst, dann halte deinen Mund geschlossen.

John Holt schrieb: „Wahre Charakterstärke zeigt sich nicht dadurch, dass man weiß, was man tun soll, sondern wie man sich verhält, wenn man nicht weiß, was man tun soll."

Und schließlich von einem unbekannten Autor:
„Ansehen ist das, was wir im Licht tun, Charakter ist das, was wir in der Dunkelheit tun."

Vor über 2400 Jahren war der berühmte Philosoph Sokrates bekannt dafür, sehr weise zu sein. Eines Tages kam jemand zu ihm und sagte ihm, dass er ihm etwas über einen seiner Schüler erzählen muss. Sokrates antwortete, dass er ihn zuerst einen dreifachen Test bestehen lassen wolle. Sokrates stellte ihm dann die erste Frage: „Ist es wahr?" Und der Mann sagte, dass er nicht sicher wäre, ob es wahr sei. Dann stellte Sokrates die zweite Frage: „Ist es gut?" Er antwortete: „Nein, ich bin mir nicht sicher, ob es gut ist." Sokrates sagte: „Nun, du hast immer noch eine Chance, die dritte Frage zu bestehen: „Ist es nützlich?" Und er antwortete: „Nicht wirklich." Dann antwortete Sokrates: „Wenn es weder wahr, noch gut oder nützlich ist, warum würdest du es mir dann erzählen wollen?"

Wie die geliebte Quan Yin so eloquent aufzeigt, besitzen alle integrierten spirituellen Meister große Weisheit. Diese Weisheit ist nicht nur das erlernte Bücherwissen. Es ist spirituelle Weisheit, psychologische Weisheit und irdische Weisheit. Ein integrierter spiritueller Meister besitzt alle drei Arten der Weisheit. Er hat seine Datenbank mit diesem Wissen und dieser Weisheit gefüllt, die es ihm erlaubt, ein so genannter „Mann oder eine Frau der Renaissance zu sein". Er kann sich mit allen Arten von Menschen unterhalten und zu ihnen sprechen. Sein Channeling ist viel besser, denn seine Datenbanken sind auf allen drei Ebenen gefüllt. Integrierte spirituelle Meister haben außerdem Zugang zur Weisheit aus vergangenen Leben und erhalten zudem große Weisheit aus ihrem

Überbewusstsein, aus ihrer Überseele, der mächtigen ICH BIN - Gegenwart und vom Heiligen Geist. Denn sagte Jesus nicht zu seinen Aposteln, dass *„sie die Kraft des Heiligen Geistes empfangen würden, um die frohe Botschaft in die Welt hinaus zu tragen"?*

Es ist auch möglich, Gott und die Meister, die Erzengel und Engel um Weisheit zu bitten und darum zu beten. Sie kommt in Form von Lichtpaketen. Ich habe dies selbst oft in meinem Leben getan, indem ich darum gebeten habe, dass sich Weisheit aus verschiedenen Gebieten aus Gottes Schatztruhe des Lichtes oder aus den Archiven Shamballas verankern möge. In den vergangenen Kapiteln haben wir bereits über den Unterschied zwischen Weisheit und Wissen gesprochen. Der Universelle Geist sagte durch Edgar Cayce: „Es ist nicht wichtig, was man weiß, sondern was man mit dem macht, was man weiß." Es gibt so viele Menschen in dieser Welt, die Informationsbibliotheken darstellen, doch sie wenden weder diese Informationen an noch verkörpern sie sie. Sie verfügen über esoterische Weisheiten oder konkretes Wissen, besitzen jedoch keine psychologische Weisheit, um mit dem Selbst, mit Gott und ihren Beziehungen richtig umzugehen. Ein Mensch kann eine Million spirituelle Bücher lesen, doch wenn er die Weisheit dessen nicht besitzt, das negative Ego zu überwinden, mit dem Selbst und mit Gott im Reinen zu sein, die Ursache seiner Realität zu sein und nicht das Opfer, Selbstliebe zu erlangen, worin liegt dann der Nutzen? Das Gleiche gilt für Menschen, die Weisheit von den Meistern channeln, diese Weisheit aber nicht leben. Dies ist unverdaute und unintegrierte Weisheit. Dann gibt es solche Menschen, die über Wissen verfügen und meinen, dass sie weise sind, es aber nicht sind, also folglich gefährliches Halbwissen haben. Oder anders ausgedrückt: „Der Weg zur Hölle ist gepflastert mit guten Absichten."

Weisheit ist so wichtig, es ist eine der dreifaltigen Flammen und einer der sieben Strahlen. Es gibt auch die Weisheit des zweiten und des dritten Strahls. Die Weisheit der sieben Strahlen ist Liebe/Weisheit des spirituellen Wachstums und die Weisheit des dritten Strahls ist die Weisheit der aktiven Intelligenz, welches die Weisheit ist, die auf der Erde angewendet werden kann. Einige besitzen die Weisheit des zweiten Strahls, es fehlt ihnen jedoch völlig die der aktiven Intelligenz. Aus diesem Grund sagt Sai Baba: „Hände, die helfen, sind heiliger als Lippen, die beten." Dies ist die Weisheit der aktiven Intelligenz. Es gibt also die Weisheit des konkreten Verstandes, wobei es sich um wissenschaftliche und weltliche Fakten handelt. Es gibt esoterische und psychologische Weisheit. Der Schlüssel ist, die Weisheit, die du besitzt, anzuwenden und zu nutzen, und dann wird dir noch mehr gegeben werden. Lehre zudem das, was du lernen willst. Einige Lichtarbeiter lesen diese unglaublichen esoterischen Bücher, die gefüllt sind mit kosmischen, obskuren Fakten, die wahr sind oder auch nicht, was fast schon eine Art mentale Masturbation ist, wenn du meine Sprache entschuldigen würdest. Lichtarbeiter wären besser damit beraten, wenn sie spirituelle Bücher lesen und ihre Zeit damit verbringen würden, die Bücher zu studieren, die ihnen tatsächlich dabei helfen, den Aufstieg zu erreichen, ihre Lichtkörper zu verankern, ihre Einweihungen zu erlangen und Gott auf effektive Art zu verkörpern, denn mit den anderen Büchern werden sie nur ihre Zeit vergeuden.

Die Lichtarbeiter brauchen ein besseres spirituelles Unterscheidungsvermögen hinsichtlich dessen was sie studieren und lesen. Sie finden eine unglaubliche Quelle an Weisheit, wie beispielsweise in dieser spirituellen Enzyklopädie, und studieren dann obskure Lehren, die ihren Geist oftmals nur mit falschen, unintegrierten, schwer zu lesenden, zersplitterten Informationen füllt. In dieser Hinsicht wird viel mehr spirituelles Unterscheidungsvermögen benötigt. Hinsichtlich der dreifaltigen Flamme wird ein Mensch, der über Macht verfügt, jedoch keine Weisheit besitzt, ein Chaos herstellen. Ein Mensch mit Liebe, aber ohne Weisheit, wird verwirrt und einfältig sein. Nur wenn Weisheit mit Macht und Liebe ausbalanciert ist, kann echte Weisheit erlangt und realisiert werden. Eine der wichtigsten Formen der Weisheit ist, dass man aus seiner Lebenserfahrung lernt. Viele Menschen und Lichtarbeiter leben ihr Leben, lernen aber nicht aus ihren täglichen Erfahrungen. Oder sie lesen spirituelle Bücher und wenden die spirituellen Ideale, über die sie lesen, nicht an. Es wäre für die meisten besser, weniger zu lesen, dafür aber das Gelesene und das, was in Büchern, in Workshops, in spirituellen Diskussionen usw. gelernt wurde zu integrieren und zu verarbeiten.

Bete zu Gott und bitte darum, dass die Weisheit des Salomo in dir verankert wird und du in der Lage sein wirst, Zugang zu all deiner Weisheit, deinen Talenten und Fähigkeiten aus all deinen vergangenen Leben und aus deinen Seelenausdehnungen zu erlangen. Bitte und bete um die Weisheit des Heiligen Geistes und die deines Überbewusstseins. Diese spirituelle Enzyklopädie liefert dir die Informationen dazu. Bete darum, dass die Lichtpakete der Weisheit und des Wissens der Bereiche, in denen du mehr Weisheit in deinem Leben benötigst, während du schläfst in dir verankert und aktiviert werden. Bete um Weisheit und strebe nach ihr. Am Wichtigsten ist, dass du deine Weisheit lebst. Vergeude deine Zeit nicht damit, obskure Formen der Weisheit zu studieren oder nach ihnen zu fragen, denn sie haben keinen wirklichen Wert für dein Leben. Konzentriere dich auf die Weisheit, die deinen Aufstieg am stärksten beschleunigen wird, und dir dabei helfen wird, dich zum bestmöglichen Diener des Göttlichen und deiner Brüder und Schwestern auf Erden zu machen. So steht es geschrieben, so soll es geschehen!

Lektion 25 - Kraft

„DIE GRÖSSE EINES MEISTERS LIEGT IN SEINER FÄHIGKEIT, DIE KRAFT DES OPFERNS ZU ERKENNEN UND AUSZUÜBEN."

Opfern wird im Wörterbuch als die Fähigkeit, für jemand anderen etwas aufzugeben definiert. Im spirituellen Sinne geht dies so weit, dass man sein Leben für einen anderen aufgibt. Als ein Bodhisattva gab Meisterin Quan Yin ihre eigene spirituelle Honorierung und Annehmlichkeit zu Gunsten der Menschheit auf. Als sie ihre ewige Honorierung in Anspruch nehmen konnte, sah und hörte Quan Yin das Weinen der Welt und entschloss sich dazu, allen empfindungsfähigen Wesen auf ihrem Weg nach Hause zu helfen.

Andere sind ebenfalls diesem Beispiel gefolgt und haben das Gelübde des Bodhisattva abgelegt. Derart zu handeln entstammt dem Prinzip, dass wir alle eins sind. Dieses Prinzip folgt außerdem der goldenen Regel, andere so zu behandeln, wie man es sich selbst wünscht, behandelt zu werden.

Dies steht im Einklang mit dem ausgezeichneten Spruch:
„Es gibt keine größere Liebe als die, wenn ein Mensch sein Leben für einen anderen gibt."

Die Kraft des Opferns beinhaltet die Qualitäten der:
* Aufopfernden Liebe
* Bedingungslosen Liebe
* Selbstlosigkeit
* Egolosigkeit
* und viele andere ähnliche Qualitäten.

Der großartige Meister Jesus ist das perfekte Beispiel, das durch niemanden übertroffen werden kann. Er brachte sein bewusstes Opfer aus bedingungsloser Liebe. Jesus gibt außerdem das perfekte Beispiel, welches die Kraft des Opferns zeigt. Durch diese Kraft konnte er sogar sich selbst und andere von den Toten auferstehen lassen. Dies ist eine der Fähigkeiten wie beispielsweise auch die Bilokation, das Wunder, die Heilungskräfte, die ein Meister als Potenzial besitzt. Von der Kraft des Opferns geht sehr viel Stärke aus. Es ist ein Kelch, den Gott jedem täglich anbietet, um davon zu trinken. Wenn man das Opfern in kleinen Dingen übt, dann wird eines Tages die Zeit für große Opfer kommen, die dann jedoch nicht so groß erscheinen, wenn man den kleinen Dingen treu bleibt. Ein Anhänger Jesu gibt uns ein großartiges Beispiel des Opferns - das Opfern seiner Selbst für den Meister und für die christlichen Lehren. Es ist der großartige heilige St. Stephan, der sein Leben für den Glauben aufopferte und dadurch viel Kummer ertragen musste. Er war ein einfacher Mann, der zum Schüler wurde. Doch im Augenblick der Wahrheit holte ihn die Kraft des Opferns ein und gab ihm die Stärke, ohne Vergeltung zu Tode gesteinigt zu werden. Als er seinen Körper opferte, öffnete er seine Augen und sah den großartigen Himmel vor sich. Wahrlich, die Kraft des Opferns erfüllte ihn mit enormer Stärke und Kraft. Eine solche Opferprüfung zu durchstehen ist auch Teil vieler Einweihungen. Selbst einfache Menschen haben die Kraft des Opferns in ihren eigenen Leben erfahren. In der New-Age-Bewegung heutzutage wird man selten auf diese Lehre stoßen, denn dies ist nur für diejenigen gedacht, die danach streben, ein integrierter Aufgestiegener Meister zu werden. Meine geliebten Leser, ich habe bereits einige einführende Gedanken über das Opfern in den vorherigen Kapiteln dargelegt und werde mich daher hier nicht mehr wiederholen. Was ich aber gern hinzufügen möchte, ist, dass das Opfern kein Opfern mehr ist, wenn man erkennt, dass man alles gewinnt, und ich meine alles, wenn man Gott realisiert. Aus einer anderen Sichtweise heraus gibt es immer noch bestimmte Opfer, die man bringt. Für das Bewusstsein fühlt es sich wie ein Opfern an, daher nennen wir es auch so. Es ist ähnlich wie mit dem Begriff Vergebung. Es gibt tatsächlich nichts zu vergeben, wir vergeben jedoch, als würden wir jemandem einen Gefallen damit tun. In Wahrheit tun wir uns selbst diesen Gefallen! Der integrierte spirituelle Meister will Opfer bringen, so wie Quan Yin es mit ihrem Bodhisattva-Gelübde getan hat, weil ein Meister von Liebe und Dankbarkeit für Gott, von Liebe für seine Brüder und Schwestern, von Mitgefühl und dem Wunsch zu dienen erfüllt ist. Wie Meister Jesus sagte: *„Der Größte unter euch soll euer Diener sein.“*

Der integrierte spirituelle Meister führt ein selbstloses Leben, denn indem er Ganzheit und die Selbst- und Gotteserkenntnis und die richtige Beziehung zu sich selbst und zu Gott erlangt und die Ursache seiner eigenen Realität ist, erfährt er sich selbst, da er dann nicht nur alles hat, sondern auch alles ist. Er hat keine Wünsche, außer dem, zu geben und zu dienen. Er verfolgt keine andere Absicht, außer Gott in allen seinen Formen und Inkarnationen zu dienen. So fühlt es sich wiederum an, als würde man aus der Sicht der dritten Dimension etwas opfern, doch aus einem selbst- und gottrealisierten Standpunkt aus gesehen erkennt man, dass man Gott nur dann realisieren kann, wenn man Gott gibt. Der integrierte spirituelle Meister versteht, dass Gott ihn so behandeln wird, wie er seine Brüder und Schwestern behandelt. Er versteht das großartige Gesetz, dass Jesus in *Ein Kurs in Wundern* aufzeigte: „Um alles zu haben, musst du allen alles geben.“ Der integrierte spirituelle Meister wünscht sich außerdem, ein irdisches spirituelles Erbe zu hinterlassen, um auch noch lange nachdem er gegangen ist zum Wohlergehen der Welt beizutragen. Er weiß auch, dass die spirituelle Entwicklung eines Menschen in Verbindung steht mit seinem spirituellen Dienst. Der Schlüssel, um seinen Aufstieg tatsächlich zu beschleunigen, liegt darin, noch umfangreicher zu dienen. Denn beides ist eng miteinander verbunden. Jesus wiederum opferte seinen physischen Körper auf dem Altar Gottes. Doch war es wirklich ein Opfer? Er wusste, dass er nach drei Tagen auferstehen würde. Er opferte sich, indem er durch Schmerzen ging, nicht aber durch Leiden. Schau dir an, was aus ihm wurde. Er wurde zum Christus, indem er dies tat. Es ist in Ordnung, wenn man dies als Opfern ansieht, doch aus einer anderen Perspektive betrachtet, wurde und erreichte Meister Jesus alles, und daher ist es aus dieser Sicht heraus kein Opfern.

In den anfänglichen und mittleren Stadien des spirituellen Weges fühlt es sich für die meisten Menschen an, als würden sie große Opfer bringen, was auch in Ordnung ist. Daher haben wir das Wort Opfern und aus diesem Grund ist es auch ein nützlicher Ausdruck, denn aus dieser Perspektive müssen viele Opfer gebracht werden. Der spirituelle Weg verlangt Selbstdisziplin und ein Widerstehen von Versuchungen, mit dem Begehren des niederen Selbst, einer Verhätschelung sich selbst gegenüber, Extremismus, Hedonismus, der Fleischeslust, dem Denken des negativen Egos usw. Wenn wir dies Opfern nennen, dann soll es so sein. Doch du wirst an einem Punkt ankommen, an dem es kein Opfern mehr ist, denn der innere Friede, die Glückseligkeit, die spirituelle Ekstase, die du fühlst, wenn du eins bist mit Gott, lässt dich so empfinden, als hättest du das Gegenteil geopfert. Daher ist alles eine Frage der Betrachtung, meine Freunde. Man kann einen bestimmten Lebensstil zu Gunsten eines größeren Zweckes opfern, was auch eine Form des Opferns ist. Doch jegliche Art des Lebens mit Gott ist besser, als ein Leben des Hedonismus, der übermäßigen Identifikation mit der Materie und den fünf Sinnen, dem Begehren des niederen Selbst, dem negativen Ego, dem Opferbewusstsein und dem Abgeschnittensein von Gott im Bewusstsein, nicht in der Realität. Quan Yin hat Recht, es gibt Opfer, die gebracht werden müssen. Doch es muss hierbei erwähnt werden, dass der spirituelle Weg ein Weg der Einweihungen ist, und selbst wenn man einen spirituellen Weg auf der höchsten Ebene wählt, so ist es der Wille Gottes, der dir erlaubt, immer noch die Welt und ihre irdischen Dinge zu genießen. Der Unterschied liegt darin, statt sich übermäßig mit der Materie zu identifizieren, zu erkennen, dass man in dieser Welt lebt, jedoch nicht von ihr ist. Man behält seinen Kopf in den Wolken und seine Füße fest auf dem Boden. Man ist völlig in das Erdenleben integriert und kann Spaß, sexuelle Beziehungen und Freude haben, jedoch aus einer gelösten Haltung all dem gegenüber heraus und nicht auf Grund von Anhaftungen. Man muss also nicht die Welt und ihre irdischen Freuden aufgeben, nur die Dinge des niedere Selbstes wie beispielsweise Pornographie, Fleischeslust, Drogen, schlechte Angewohnheiten, Süchte usw. Doch als ein integrierter spiritueller Meister ist es immer noch möglich, das irdische Leben zu genießen und dies möchte Gott auch. Eben aus deiner spirituellen Absicht und Mission heraus, die Priorität besitzt.

Ein weiteres Opfer, über das die Menschen sprechen, ist die Einsamkeit. In Wahrheit ist ein integrierter spiritueller Meister allein, jedoch nicht einsam, denn er fühlt sich eins mit Gott und eins mit den Aufgestiegenen Meistern, Erzengeln und Engeln. Es gibt eine Phase, in der man vom toten Holz lassen sollte. Doch mit jedem Tod kommt eine Wiedergeburt, indem man neue spirituelle Freunde bekommt und Beziehungen knüpft. Jesus sprach davon, als er sagte: *„Ich bin nicht gekommen, Frieden zu bringen, sondern das Schwert.“* Es klingt eigenartig, dass Jesus dies gesagt hat, doch er sprach vom Opfern, manchmal vom Opfern der Familie und der Freunde, um der Wahrheit, dem Weg und dem Leben zu folgen. In einigen Fällen muss dies geschehen und man muss dies akzeptieren.

Zum Abschluss möchte ich noch erwähnen, dass es viele Opfer gibt, die man auf dem spirituellen Weg auf sich nehmen muss, doch am Ende gibt es eine Sache, die ich dir verspreche und dies ist, dass keines dieser Opfer sich mehr wie ein Opfer anfühlen wird. Denn wenn du Selbst- und Gotteserkenntnis erlangt hast, bist und hast du buchstäblich alles, und die Dinge, denen du zuvor angehaftet warst, werden auf einmal völlig bedeutungslos erscheinen, im Vergleich zu all dem, was du gewonnen hast und was noch kommen wird. So steht es geschrieben, so soll es geschehen!

Lektion 26 - Kraft

„EIN WAHRER MEISTER WEISS, WER ER WIRKLICH IST. ES IST SEINE EIGENE GOTTESREALISIERUNG, DIE KRAFT DER AUTHENTIZITÄT."

Quan Yin lehrt uns in diesem Prinzip, dass jeder von uns erkennen muss, wer er wirklich ist. Viele Menschen, selbst und vielleicht insbesondere unter den New-Age-Anhängern, denken, dass sie das sind, was sie darstellen. Ein solcher Mensch mag beispielsweise sagen, dass er ein Lehrer ist, weil er lehrt, oder ein Sänger, weil er singt, oder ein Koch, weil er kocht, oder sogar ein Heiler, weil er heilt, etc. Doch dies sind eigentlich nur Aktivitäten und manchmal Darstellungen eines Menschen. Es beantwortet nicht die essenzielle Frage: Wer bin ich? Der Mensch scheitert häufig daran, zu entdecken, wer er wirklich ist. Schließlich führt dies zu einer falschen Identität. Er identifiziert sich auch mit seinen Wurzeln. Dearartige Antworten könnten sein: „Ich bin der Sohn von...oder die Tochter von... Ich komme aus Texas oder aus New York." Das negative Ego antwortet und versucht dabei, andere zu beeindrucken. Eine weitere Antwort mag sein: „Ich habe gerade eine Goldmedaille für ... gewonnen, oder ich habe den ersten Platz gemacht bei ... ‚oder ich war der Beste im ..." Doch das Herz, so sagt der Prophet Jeremia, ist *„trügerischer als alles andere."* Der Mensch wird häufiger durch das Herz betrogen als durch irgendetwas anderes. Er betrügt sich sogar selbst. Er kann keine authentische Identifizierung darüber abgeben, wer er wirklich ist.

Im Neuen Testament haben die Menschen versucht herauszufinden, wer Jesus war. Was war seine wahre Identität? In dieser Hinsicht traten viele Fragen auf, sogar vom Teufel und von bösen Geistern. Sie sagten, er sei ein Lehrer, ein Heiler, ein Mann der Blasphemie, weil er sagte, dass er Sünden vergeben und die Toten auferstehen lassen könne. Als er die Tauben und Stummen heilte, fragten die Menschen: *„Könnte dies der Sohn Davids sein?"*

Andere sagten, dass er der reinkarnierte Johannes der Täufer war. (Damals glaubten die christlich-jüdischen Gläubigen an Reinkarnation, was eine übliche Lehre war.) Andere wiederum glaubten, dass er ein sehr hoher Rabbi oder der König Israels, der König der Juden, war, wie es auf seinem Kreuz geschrieben stand. Schließlich fragte Jesus selbst seine Anhänger. Meister Jesus gab seinen Anhängern eine Aufgabe. Er fragte sie: *„Was meint ihr, wer ich bin?"* Und sie antworteten unterschiedlich. Einige sagten Johannes der Täufer, andere Elija, wieder andere Jeremia oder einer der Propheten. Doch dann fragte er Petrus die Eine-Million-Dollar-Frage: *„Was meinst du, wer ich bin?"* Und Simon Petrus antwortete: *„Du bist der Christus, der Sohn des lebendigen Gottes."*

Und Simon Petrus bekam die Anerkennung.

„Und Jesus antwortete und sprach zu ihm: Selig bist du, Simon Petrus, Jonas Sohn; denn Fleisch und Blut haben dir das nicht offenbart, sondern mein Vater im Himmel. Und ich sage dir auch: Du bist Petrus, und auf diesen Felsen will ich meine Gemeinde bauen, und die Pforten der Hölle sollen sie nicht überwältigen."

Und so ernannte Meister Jesus Petrus zum Führer, denn auch Petrus war ein Sohn Gottes und wusste, wer er war und dass Gott im Inneren ist. Nun wird dir diese Frage gestellt. Quan Yin fordert dich heraus, deine wahre Identität darüber, wer du wirklich bist, zu entdecken. Einige mögen sagen, dass sie ein physischer Körper, ein intelligentes Wesen oder ein ätherisches Wesen sind. New-Age-Anhänger schlagen schnell das vor, wovon sie überzeugt sind: Ich bin die Seele. Doch bist du bereits weiter vorangeschritten? Was ist mit der Monade, dem Höheren Selbst, dem größeren Wesen, der Überseele, dem Göttlichen, Gott, Göttin?

Gott ist das Einzige, was zählt. In der Bibel heißt es: *„Ihr seid Götter und wisset es nicht."* Wir sind buchstäblich Inkarnationen Gottes. Wir sind buchstäblich ewige Wesen. Wir sind Buddha, Christus und Atma. Ja, wir sind buchstäblich Gott. Wir teilen diese Gotteserkenntnis mit euch, geliebte angehende Meister. Wir teilen dies mit euch, um euch zu helfen, eure wahre Identität, euer authentisches Selbst als Meister zu erkennen.

Ihr seid Götter und Göttinnen.

Die geliebte Quan Yin offenbart hier einen sehr wichtigen Punkt, indem sie dieses Thema über die Kraft der Authentizität erklärt.

Dies ist in Wahrheit ein vielschichtiger Ausdruck. Er reflektiert, dass der Meister integriert und im Einklang ist mit allem, was er tut. Er reflektiert Konsistenz auf allen Ebenen und die Menschen spüren dies über diese Person und diesen Meister. Er reflektiert einen untadeligen und makellosen Charakter, ein strenges Festhalten an spirituellen Idealen und ein Leben dessen, was gepredigt wird. Er reflektiert Meisterschaft auf allen Ebenen und die Überwindung des negativen Egos und der Unausgeglichenheit und die Verkörperung des spirituellen Christus-/Buddha-/Gottesbewusstseins. Er reflektiert eine effiziente Wahrnehmung oder Realität und eine rechte Beziehung zum Selbst und zu Gott. Er reflektiert, ein Meister und die Ursache seiner eigenen Realität und kein Opfer oder keine Wirkung zu sein. Er reflektiert Demut, Bescheidenheit, Egolosigkeit und die Reinheit Gottes in allem, was man tut.

Der Meister spielt viele Rollen, weiß aber um seine wahre Identität. Es ist wahr, dass jeder Mensch in Wahrheit eine Inkarnation Gottes ist, doch die Wahrheit ist, dass nicht jeder es erkannt hat, und dies ist es, worum es im Prozess des Lebens geht. Die meisten Menschen auf der Erde sind Götter im himmlischen Ideal, aber noch nicht in der vollen Erkenntnis. In der Erkenntnis sind sie entwickelnde Seelen auf dem Weg, Christus, Buddha, das Ewige Selbst, der Atma, der Geist, die mächtige ICH BIN - Gegenwart und Gott zu werden. Dies ist der gleiche Weg, dem Meister Jesus und alle Meister folgten. Meister Jesus hat seinen freien Willen in seinen vergangenen Leben als Amilius zu Atlantischen Zeiten und als Adam bei Adam und Eva falsch genutzt, doch durch seine vergangenen Leben entwickelte er sich weiter, so dass er zum Christus wurde. Lord Buddha tat dies genauso wie auch die Aufgestiegenen Meister.

Viele Menschen auf Erden denken, dass sie ihr physischer Körper sind. Andere denken, sie wären ihre Persönlichkeit. Andere wiederum meinen, dass sie die sich auf der Seelenebene der

Selbsterkenntnis befindende Wesenheit sind und wieder andere sind völlig auf die Monade ausgerichtet. Es gibt nur acht integrierte Aufgestiegene Meister auf dem Planeten zu dieser Zeit.

Viele Menschen spielen Rollen und sie werden zu verschiedenen Personen, wenn sie diese Rollen spielen. Ein Beispiel, das ich dir geben kann, ist ein Gedanke und ein Gefühl von mir, als ich in der Universität Psychologie studierte und auf dem Weg war, Psychologe und Ehe-, Familien- und Kinderberater zu werden. Immer wenn ich jemanden therapierte oder für mich alleine war, fühlte ich mich stets wie die gleiche Person. Ich hatte immer das Gefühl, dass dies ein gutes Zeichen ist, denn diese Rolle war in meinem Wesen integriert. Ich sage nicht, dass es keine angebrachte professionelle Persona in mir gab, die alle Professionellen in ihrem Beruf haben müssen. Ich sage nur, dass ich die gleiche Person war. Ich erinnere mich an den Chef der Verwaltungsabteilung des Beratungszentrums in dem ich arbeitete, der mir, als ich meine Lizenz bekam, sagte, dass ich einer der wenigen Menschen wäre, die dort arbeiteten, deren Persönlichkeit sich nicht veränderte, obwohl sie ihre Lizenz bekamen. Ich nahm dies als Kompliment auf, denn die Rolle war in mir integriert. Ich denke, dies ist ein interessanter Punkt und eine interessante Lektion hinsichtlich des Verstehens dessen, wie man Rollen integriert und wie man nicht von ihnen überwältigt wird und zum, wie Quan Yin sagt, negativen Ego wird.

Es ist sehr angebracht, bestimmte Rollen im Leben zu spielen, wie die des Vaters, der Mutter, des Sohnes, des Bruders, der Schwester, des Professionellen, des Freundes, des Autors, des öffentlichen Redners usw. Dabei ist es wichtig zu verstehen, dass du nicht diese Rollen bist, sondern es einfach nur Rollen sind, die du spielst, die auf richtige Weise in dein Bewusstsein integriert werden müssen, genau so wie die sich entwickelnde Seele und das himmlische Ideal dessen, wer du bist, sich auf richtige Weise integrieren muss; so wie wir uns selbst auf persönlicher, seelischer und monadischer Ebene verwirklichen müssen.

Lektion 27 - Kraft

„ES LIEGT VIEL KRAFT IM LOSLASSEN, WIE JEMAND SIE OFT NUTZT, UM EIN SCHACHSPIEL ZU GEWINNEN. EIN WEISER MEISTER ÜBT DIESE KRAFT AUS UND LÄSST GOTT WALTEN.“

Quan Yin selbst ist eine weise Aufgestiegene Meisterin. Sie hat nicht nur ein von Liebe, Gnade und Mitgefühl erfülltes Herz, sie übt zudem auch vollkommene Hingabe aus. Sie besitzt die Kenntnis, jederzeit loszulassen. Dies bedeutet auch die Abwesenheit von Sturheit und vom negativen Ego, das immer hartnäckig ist. Eine solche Eigenschaft ist bei den New-Age-Anhängern oft nicht vorhanden. Sie bestehen darauf, im Recht zu sein und darauf, dass ihr Weg der einzig richtige Weg ist. Sie sind ja so erleuchtet. Einige Christen tragen auch diese heilige Sturheit mit sich. Ich war in einem solcher Kreise, bei dem ein Mensch sehr krank war und dabei war zu sterben. Doch die Christen würden in ihrem Kampfgebet nicht aufgeben und loslassen. Sie dachten, dass dieser Mensch ein Verlierer wäre, wenn er nicht jetzt und hier gesund werden würde. Sie hatten überhaupt kein Verständnis über die Wege Gottes.

Einst starb ein junger Mann im Alter von 27 Jahren. Er war Rockmusiker und hatte Krebs. Er hatte zwei Schläuche in seiner Nase, an beiden Armen Infusionen, ein Loch in seinem Magen, durch das er mittels eines weiteren Schlauches ernährt wurde, da der Krebs in seinem Hals war und sich in seine Lungen ausbreitete. Er konnte kaum schlucken, noch nicht einmal Wasser. Er konnte kaum liegen, wegen den wunden Stellen, die sich auf seinem Rücken entwickelten, und er war zu schwach, um aufrecht zu sitzen. Er sah bleich und dünn aus, wie ein lebendes Skelett, doch seine Eltern und seine Familie waren eingetaucht in Gebeten. Sie glaubten an ein Wunder. Dann flüsterte dieser Krebspatient etwas in mein Ohr: „Es ist in Ordnung. Ich sehe das Licht und ich bin bereit, nach Hause zu gehen.“

Doch auch als ich versuchte, der Familie und insbesondere der Mutter zu erklären, dass es nun Gottes Zeit für ihn sei, wollten sie nicht loslassen. Sie beharrten auf ein Wunder. Doch selbst wenn er leben würde, so würde der junge Mann ständig an Schmerzen leiden und am Ende verhungern, weil er nicht essen konnte. Er verlor stets Blut und es wurden ihm Bluttransfusionen gegeben. Er war bereit zu gehen, konnte es aber nicht, weil die Familie sich weigerte loszulassen. Erst nach vielen Erklärungsversuchen mit viel Einfühlungsvermögen gab die Familie sich dem hin, was Gott wollte, und so ging der junge Mann schließlich in eine neue Dimension über, für die er bereit war. Erst dann ließen sie los.

„Manchmal kämpfen wir und gewinnen. Manchmal verlieren wir und gewinnen trotzdem."

Loslassen bedeutet nicht, ein Verlierer zu sein. Es gibt Zeiten, in denen unser Partner, unser Freund oder selbst unsere Kinder ihren Willen möchten. Doch wir bestehen auf unseren Willen, aus Angst, einem Mangel an Einsicht, Schutzbedürfnis, Angst vor Unfällen oder der Angst vor einem negativen Ergebnis, das niemals eintritt. Wir versuchen uns einzumischen, zu manipulieren und zu beschützen. Wir wagen es nicht, von unserem Willen loszulassen. Häufig ist dies ungesund und dem anderen Menschen gegenüber nicht sinnvoll. Sein Bedürfnis, die Dinge für sich selbst zu erleben und zu verarbeiten wird nicht gesehen. Loszulassen und es Gott zu übergeben bedeutet, dem anderen Menschen gegenüber bedingungslose Liebe und Vertrauen entgegenzubringen. Es bedarf des Standpunkts und des umfassenden Spektrums eines Meisters, eine solch Sichtweise einzunehmen.

Ja! Lasse los und lasse Gott walten!
Dies ist der Weg eines weisen Meisters!

Die geliebte Quan Yin zeigt hier einen sehr wichtigen Punkt auf, indem sie das berühmte Zitat: *„Lass los und lasse Gott walten"* zitiert. Wir alle müssen uns Gott hingeben. Doch dies muss auf richtige Art geschehen. Viele leben ihre Hingabe an Gott und besitzen dabei jedoch nicht ihre persönliche Kraft und Selbstmeisterung und überlassen dadurch ihrem Unterbewusstsein die Führung. Hingabe und das Beanspruchen der persönlichen Kraft und Selbstmeisterung muss simultan geschehen. Wir müssen uns Gottes Willen hingeben und das negative Ego loslassen. Doch indem wir das negative Ego loslassen, müssen wir unsere persönliche Kraft und Selbstmeisterung bewahren, und jeglichem Gedanken oder Gefühl, das nicht von Gott stammt und unser Bewusstsein betreten will, den Zutritt verweigern.

Quan Yin hebt einen weiteren interessanten Punkt über das Gewinnen und das Verlieren hervor. So etwas wie Verlieren gibt es nicht, genauso wenig wie es ein Versagen gibt. Dies ist lediglich eine der Dualitäten des negativen Ego. Es gibt nur Fehler, Lektionen, Herausforderungen, die es zu überwinden gilt, Lektionen der Beharrlichkeit usw. Wenn wir die goldene Weisheit aus unseren Fehlern erlangen, dann wird das, was vorgefallen ist, zur positiven Erfahrung. Fehler sind demnach positiv, nicht negativ.

Lektion 28 - Kraft

„EIN WEISER MEISTER KENNT DIE KRAFT UND DEN WERT DER SELBSTDISZIPLIN."

Im Kraftprinzip 28 zeigt Quan Yin ein sehr wichtiges Prinzip für einen Meister auf. Als wir kleine Kinder waren und herangewachsen sind, erfuhren wir alle irgendeine Art von Disziplin, ob dies nun von unseren Eltern, von der Schule oder den Gesetzen der Gesellschaft stammte. Disziplin rührt jedoch manchmal von Angst her und wird mit Angst befolgt, normalerweise der Angst vor Bestrafung. Dies ist ein negativer Druck, den die meisten Kinder erfahren, wenn sie aufwachsen. Als Erwachsene setzen sie es dann weiter fort, in einer solchen Angst zu leben. Sie fürchten die Regeln und Erwartungen der Gesellschaft und der Gesetze. In der westlichen Welt hält die Disziplin die Gesellschaft zu einem bestimmten Ausmaß aufrecht. Doch heutzutage rebellieren viele in der jungen Generation gegen diese Disziplin.

Im Osten ist in vielen Ländern, deren Kultur, Religion und manchmal auch Regierung vereinheitlicht sind, die Disziplin gut bekannt. In China wachsen die Kinder beispielsweise mit strengem disziplinierten Benehmen, wie es traditionell durch die konfuzianischen Lehren übergeben wurde, auf. Es beinhaltet außerdem Tao-Einflüsse aus den Lehren des I-Kuan Tao vor 4500 Jahren. Ein Beispiel dafür ist, wenn Kinder etwas erlernen. Schreiben, genannt Kalligraphie, und selbst chinesische Bilder hängen weitestgehend von der Disziplin und der Kontrolle über die Hand und dem Einsatz des gesamten Armes ab. Zusätzlich basieren die meisten Disziplinlehren aus China auf den Werten, die der Familie gegeben wurden, insbesondere den Älteren, wie Ehre, Respekt und Mäßigung. Chinas Einfluss war eine Mischung aus Konfuzianismus und Buddhismus. Der Tao-Einfluss begann in Taiwan und 500 Jahre später, mit dem Kommen von Jesus, fanden christliche Lehren auch einige Ähnlichkeiten. Eines der Zitate von Konfuzius besagt: „Um die Welt in Ordnung zu bringen, müssen wir zuerst die Nation in Ordnung bringen, und um die Nation in Ordnung zu bringen, müssen wir zuerst die Familie in Ordnung bringen, und um die Familie in Ordnung zu bringen, müssen wir unser persönliches Leben kultivieren, und um unser persönliches Leben zu kultivieren, müssen wir zuerst unsere Herzen in Ordnung bringen." Dies ist die Lehre des Konfuzius, die hilft, Ordnung zu bewahren.

Mit Buddha wurden strengere Formen oder Grundsätze des disziplinierten Lebens deutlich. Meist waren diese *8 Grundsätze* gültig für Mönche und Priester.

Die 8 Grundsätze besagen, man müsse sich Folgendem enthalten:

1. Der Zerstörung jeglicher lebendiger Kreaturen
2. Sich das zu nehmen, was einem nicht gehört
3. Sexueller Fehltritte
4. Falschem Reden
5. Berauschender Getränke und Drogen, die zu Gleichgültigkeit führen
6. Essen zu verbotenen Zeiten (z.B. nach Mittag)
7. Trinken, singen, tanzen und der Unterhaltung, dem Tragen von Schmuck, der Anwendung von Parfüm oder der Verschönerung des Körpers durch Kosmetika
8. Dem Schlafen auf hohen oder luxuriösen Schlafplätzen

Die Disziplin der Zen-Lehre ist das Öffnen des geistigen Auges, um den Grund der Existenz zu erkennen. Es ist die Befreiung des Geistes. Obwohl Disziplin ausgezeichnet ist, so ist es nicht das ganze Spektrum dessen, worüber Quan Yin spricht, obwohl sie unter einer solchen Disziplin und Ordnung erzogen wurde durch ihre chinesische Abstammung mit buddhistischen Einflüssen. Quan Yin spricht hier mehr als dies an. Sie meint mehr als die körperliche oder moralische Disziplin; sie meint die spirituelle, emotionale und intellektuelle Disziplin wie auch die Disziplin der Einstellung. Es berührt alles, was wir sind, alles, was wir haben und alles, was wir tun. Hier sind einige Beispiele:

Die Disziplin der Zeit.
Die Disziplin unserer Kreativität.
Die Disziplin unserer Intelligenz.
Die Disziplin unseres Herzens.
Die Disziplin unserer Zunge in Geschmack und in Worten.
Die Disziplin unseres Bewusstseins.
Die Disziplin unseres Körpers, unserer Emotionen, unseres Geistes, unserer Psyche, unserer Visualisierungen.
Die Disziplin des Talents.
Die Disziplin unserer Besitztümer, Reichtümer und unseres Wohlstands.

Und eine Reihe anderer Dinge, die in uns und außerhalb von uns liegen. Quan Yin hofft, dass wir dies meistern. Selbstdisziplin ist ein höchst interessantes Thema. Wie Quan Yin aufzeigt, tragen die meisten Menschen diesbezüglich eine negative Narbe mit sich herum. Dies liegt daran, dass es eine Auffassung des negativen Egos und eine andere des spirituellen Christus-/Buddha-/Gottesbewusstseins über die Disziplin gibt. Die Auffassung des negativen Egos, wie es Quan Yin erwähnt, basiert auf dem Missbrauch von Macht und einer Form der Gewalt, die Angst erzeugt. Die Auffassung des spirituellen Christus-/Buddha-/Gottesbewusstseins basiert auf Liebe und dem Wunsch nach Selbst- und Gotteserkenntnis. Wenn man erkennt, dass wir hier sind, um Meister zu werden und folglich lernen müssen, Selbstmeisterung in allen Bereichen des Lebens zu erreichen, dann ist die Selbstdisziplin eine natürliche Ausdehnung dieses Bewusstseinszustands. Wenn man Selbstmeisterung über einen längeren Zeitraum hinweg beherrscht, dann besitzt man Disziplin.

Teil der Selbstdisziplin ist das Bedürfnis aller sich entwickelnder Seelen, ein Programm oder eine Routine für spirituelles Wachstum zu erstellen, etwas das weder zu schwierig noch zu einfach ist. Dies mag morgendliche Meditationen, Gebete zwei Mal am Tag, zur Arbeit gehen, einen disziplinierten Essensplan, einen disziplinierten Plan des Schlafens, Tagebucheinträge, das Üben von Channeln, Ruhezeiten einhalten, Hobbyzeiten, soziale Zeit, Erholungszeit, physische Fitness oder drei Mal die Woche ins Fitnesscenter gehen, Affirmationen oder kreative Visualisierungen, spirituelle Lesezeiten usw. mit einschließen. Jeder hat einen anderen „Punkt der Balance", so dass die Routine eines jeden anders sein wird. Routinen sind wichtig und man sollte sie weder zu schwierig noch zu einfach gestalten. Gestalte deinen Routineplan im perfekten Tao. Nur durch ständiges Üben wirst du Selbst- und Gotteserkenntnis erlangen. Wenn etwas aufkommt und du triffst die Entscheidung, deine Routine nicht einzuhalten, dann ist das in Ordnung, solange du dies bewusst entscheidest, denn wir sind keine Maschinen und manchmal ist eine Änderung notwendig.

Dies erinnert mich an Meister Jesus, der in seinem geistigen Amt am Sabbat heilte, obwohl es die Pharisäer und Sadduzäer nicht mochten. Wir wollen uns hier nicht übermäßig mit dem Gesetz identifizieren, so dass es nicht durch die Entscheidung der direkten Führung des Heiligen Geistes, eines Meisters, dem Überbewusstsein oder einer Seele verändert werden könnte. Auf der anderen Seite sollte man aber nicht das Kind mit dem Bade ausschütten und ohne Routinen, Gesetze, Ordnung, Schema oder Programme des spirituellen Wachstums leben. Viele Lichtarbeiter lassen sich von ihren Gefühlen leiten und leben das aus, was der berühmte Psychologe Carl Gustav Jung aus der Schweiz folgendermaßen benannte: „Die größte Sünde des Menschen ist seine Trägheit und Faulheit." Sie folgen dem Weg des geringsten Wiederstands und dem unlogischem Unterbewusstsein oder dem Emotionalkörper, statt dem Überbewusstsein und dem Heiligen Geist zu folgen. Dem Überbewusstsein und dem Heiligen Geist kann nur gefolgt werden, wenn man seine Selbstmeisterung und Selbstdisziplin aufrechterhält. Dies ist ein Teil des Prinzips, über das Quan Yin gesprochen hat.

Das Wichtigste ist, das zu entwickeln, was ich hier „integrierte Disziplin" nenne. Mit anderen Worten, Selbstmeisterung und Selbstdisziplin auf allen Ebenen - spirituell, mental, emotional, energetisch, physisch, irdisch, beruflich, finanziell, sozial usw. Viele Menschen halten beispielsweise spirituelle und berufliche Selbstdisziplin aufrecht, doch sie besitzen keine Disziplin in ihrem Geist, in ihren Emotionen, im energetischen und finanziellen Bereich. Oder sie besitzen Selbstdisziplin bei der Arbeit und verlieren sie, sobald sie nach Hause kommen. Dies geschieht sehr häufig. Ein integrierter spiritueller Meister behält seine Selbstmeisterung und seine Selbstdisziplin ständig aufrecht. Für einige mag dies schwierig und anstrengend erscheinen, doch in Wahrheit ist es das nicht. Wie ich zuvor bereits erwähnte, wird es zur Gewohnheit, so zu leben und wenn die Selbstmeisterung und Selbstdisziplin auf die Selbst- und Gotteserkenntnis gerichtet ist, so wird es zum süßesten Honig und zum göttlichen Nektar und die hedonistischen Freuden der Erde haben bald keine Anziehungskraft mehr. Selbstmeisterung und Selbstdisziplin können zur positiven Gewohnheit werden und bald wirst du dir gar nicht mehr vorstellen können, anders zu leben. Es macht dann Freude und man nimmt es gar nicht mehr als Anstrengung wahr. Wie Sananda in *Ein Kurs in Wundern* sagte: „Wahre Freude ist der Dienst für Gott."

Lektion 29 - Fülle

„ÜBERALL GIBT ES SCHÄTZE DES REICHTUMS.
ES BEDARF DES AUGES EINES MEISTERS,
UM DIES ZU ERKENNEN."

Quan Yin zeigt uns hier auf, dass es überall Schätze des Reichtums gibt. Es gibt alle Arten des Reichtums, nicht nur den materiellen Überfluss oder die materiellen Reichtümer, sondern auch andere Schätze der Fülle. Worin bestehen diese Schätze? Es gibt viele Arten von Schätzen auf verschiedenen Ebenen für unterschiedliche Bedürfnisse. Man kann auf der natürlichen materiellen Ebene beginnen, doch es endet ganz sicher nicht dort. Es bedarf eines globalen und sogar eines planetaren Auges, um dies zu verstehen.

Wenn man die natürliche Umwelt betrachtet, erkennt man, wie umfangreich und weit, tief und groß der Planet Erde ist. Man kann die Tiefen des Ozeans erfassen und zum Mond und zurück gelangen und hat noch immer nicht alle Schätze, die der gesamte Planet für den Menschen bereithält, betrachtet. Die Sterne am Himmel allein können nicht gezählt werden noch die Wassertropfen im Meer. Sein globales Auge zu öffnen ist die Tür zu den Reichtümern der Erde. Man mag dies nicht in Betracht ziehen, doch dann wird man nie die wahre Bedeutung des Wortes Reichtum verstehen. Häufig wird von der winzigen Insel, den Philippinen, gesagt, dass sie ein armes und kleines Land sei. Vielleicht mag dies wirtschaftlich so sein. Doch die Kehrseite dessen ist, dass nur 10 % der natürlichen Ressourcen des Landes entdeckt und entwickelt wurden. Was ist mit den verbleibenden 90 %, die noch gehoben werden müssen? Was ist mit den Reichtümern des Goldes, des Silbers, sogar des Platins und anderer Mineralien? In der Bibel heißt es:

„Alle Tiere des Waldes gehören mir, das Großwild auf den Bergen ist mein Eigentum. Auch die Vögel dort gehören mir und alle kleinen Tiere auf freiem Feld. Selbst wenn ich Hunger hätte, würde ich von dir nichts fordern; denn mir gehört die ganze Erde und alles, was darauf lebt."

Während dies die Worte des Höchsten sind, so ist all das, was Ihm gehört auch unser. Denn in der nächsten Zeile sagt Er, dass Er uns in den Zeiten der Not retten und uns helfen wird, demjenigen, der auch immer Ihn um Hilfe bittet. Durch die Reichtümer ist er in der Lage, uns zu helfen. Bitte Ihn einfach nur um Hilfe. Dies bezieht sich sowohl auf unsere physischen, als auch auf alle anderen Bedürfnisse. Im Neuen Testament steht geschrieben:

„Ich (Jesus) bin gekommen, um euch das Leben in seiner ganzen Fülle zu bringen."

Was hiermit gemeint ist, liegt in der ersten Bedeutung des Wortes Leben: Er meint das reiche Leben auf Erden. Doch in der zweiten Bedeutung meint Jesus das Ewige Leben danach. Es ist somit die Fülle des reichen Lebens. Wenn wir fragen, was es ist, das uns davon abhält, einen solchen Überfluss zu erhalten, dann finden wir die Antwort im Buch von Deuteronomium:
„Wenn ihr dem Herrn, eurem Gott, nicht gern und voll Freude dient, aus Dank für den Wohlstand, den er euch schenkt, werdet ihr euren Feinden dienen müssen, die der Herr gegen euch aufbietet, und ihr werdet dabei Hunger und Durst leiden, nichts anzuziehen haben und alles entbehren, was man zum Leben braucht. Der Herr wird euch unter ein eisernes Joch zwingen, bis ihr alle umgekommen seid."

Gott tut dies natürlich niemandem an, es ist das Karma der Menschen, die den Missbrauch ihrer eigenen freien Entscheidung ernten. Dies ist die wahre Bedeutung dieser Aussage. In den Lehren des Buddha ist es die Anhaftung an Dinge, die uns leiden und Entbehrung erfahren lässt. Zu viel Anhaftung kreiert ein größeres Bedürfnis nach Dingen im Überfluss. Wenn ein Mensch loslässt, benötigt er weniger, doch er hat mehr. Die Bibel und die Lehren von Buddha haben viele Gemeinsamkeiten. Es gibt zudem ein traditionelles chinesisches Sprichwort, das besagt, dass selbst wenn ein Bauer einen Sack voll Reis besitzt, er nur drei Schalen Reis benötigt, um zufrieden zu sein. Um drei Schalen Reis zu kochen bedarf es nur einer Hand voll Reiskörner. Die folgenden Prinzipien umfassen die Schätze des Reichtums, welche sich auf die fünf Körperebenen und weitere Formen der Fülle, die man erlangen möchte, beziehen.

„ÜBERALL GIBT ES SCHÄTZE DES REICHTUMS. ES BEDARF DES AUGES EINES MEISTERS, UM DIES ZU ERKENNEN."

Die geliebte Quan Yin zeigt hier einen sehr interessanten Punkt auf, den ich „den Überfluss des integrierten breit gefächerten Bewusstseins" nennen werde. Die meisten Menschen denken, wenn es um Reichtum geht, an Geld oder materielle Dinge. Quan Yins eindrucksvolle Punkte über die Fülle berühren jedoch alle Ebenen des Seins.

Die Wahrheit ist, dass niemand Reichtum entwickeln kann, ohne einen „reichen Bewusstseinszustand" entwickelt zu haben. Wenn ein Mensch ohne dieses Bewusstsein Geld erwirbt, dann wird er dieses Geld, oder diese materiellen Dinge, schnell wieder verlieren. Wir alle haben dies bei vielen Menschen gesehen. Damit ist natürlich das Wohlstandsbewusstsein gemeint, nicht das Armutsbewusstsein. Alles, was sich im Außen manifestiert, beginnt zuerst im Bewusstsein. Gott kreierte das unendliche Omniversum und alles darin enthaltene mit seinem Bewusstsein. Wir sind nach dem Bilde Gottes geschaffen und wir kreieren ebenso mit unserem Bewusstsein. Wie innen, so außen. Wie oben, so unten. Das großartige Hermetische Gesetz, das euch bestimmt interessieren wird, wurde von Meister Jesus kreiert. Denn Hermes war, laut dem Universellen Geist durch Edgar Cayce, ein vergangenes Leben Jesu.

Wenn wir an Geld oder materielle Dinge angehaftet sind und Gott nicht an erste Stelle setzen, dann stoßen wir das von uns ab, was wir eigentlich zu erhalten suchen. In der Bibel heißt es: *„Eher geht ein Kamel durch ein Nadelöhr, als dass ein Reicher in den Himmel kommt."* Dieses Zitat wurde missverstanden. Denn Gott will nicht, dass wir arm sind. Er hätte es gern, dass wir alle Millionäre sind. Geld oder materielle Dinge sind nicht das Thema, sondern wie wir damit umgehen. Das Wort „reich" bedeutet hier nicht Geld, sondern Materialismus und die Überidentifizierung mit Materie, reich an negativem Ego, dem Begehren des niederen Selbst, Habgier, falsche Götter, Götzenverehrung, niedere Götter und andere Dinge, die wir lieben. Gott will, dass wir Millionäre sind, damit wir einen guten Teil davon abgeben können, um denjenigen zu helfen, die in Not sind.

Die meisten Lichtarbeiter besitzen kein Wohlstandsbewusstsein, sondern ein Armutsbewusstsein. Gott will, dass es uns auf der materiellen Ebene gut geht, doch wir brauchen einfach keine 54 Rolls Royce, wie es bei einem berühmten Guru der Fall war, dessen Name hier nicht erwähnt werden soll. Das Komische am Wohlstandsbewusstsein ist, dass ein selbst- und gottrealisiertes Wesen nur sehr wenig Materielles begehrt, denn sein einziges Interesse liegt in Gott und nicht im Mammon. Hedonistische Habgier ist für ihn nicht von Interesse und besitzt keinen Reiz. Der intergrierte spirituelle Meister wird im irdischen und weltlichen Sinn sehr erfolgreich sein, denn er strebt nur nach Gott und so wird ihm alles gegeben, einschließlich materiellem und finanziellem Reichtum. Es wird ihm gegeben, weil er Gott an erste Stelle setzt und weil ihm Gott und die Meister zutrauen, dies zu besitzen, da sie wissen, dass er es nutzen wird, um anderen zu helfen und nicht für einen übermäßig prunkvollen Zweck einsetzen wird.

Ich erinnere mich daran, dass einer meiner Freunde einst einen Traum hatte, in dem ein Mensch hierin feststeckte. Im Traum fand er den Heiligen Gral, der in äußerer Erscheinung sehr einfach schien, doch offensichtlich einen großen inneren Wert besaß; in Wahrheit den höchsten Wert und Reichtum aller Dinge. Doch diesem Menschen gefiel das Aussehen dieses Kelches nicht und er wollte ihn zusätzlich mit einigen Juwelen verzieren. Dieser Mensch steckte im Materialismus fest. Wenn eine solche Person gefragt wird, was sie sich wünschen würde, wenn sie in der Lotterie gewinnen würde, so hieße es dann, ein großes Haus und alle möglichen ausgefallenen Dinge, anstatt das Bewusstsein eines integrierten spirituellen Meisters, ohne dies jetzt werten zu wollen. Die Person im Traum war noch immer gefangen im Begehren des niederen Selbst, im Materialismus, in den Anhaftungen und im Bewusstsein der dritten Dimension.

Die Lektion hierbei lautet, so zu sein wie der Heilige Gral. Außen einfach und schlicht, doch im Inneren den größten Schatz aller Schätze bergend. In diesem Fall die Erkenntnis des Christus, da es der Kelch war, von dem Jesus beim letzten Abendmahl trank. Es ist nicht wichtig, ob man vom Kelch des Jesu, des Buddha, des Krishna, des Mohammed, des Mose, des Lao Tse, des Konfuzius, des Zoroaster oder eines sonstigen Aufgestiegenen Meisters trinkt, denn jeder Kelch ist von außen einfach, doch er birgt im Inneren den größten aller Reichtümer. So steht es geschrieben, so soll es geschehen!

Lektion 30 - Fülle

„SPIRITUELLE UND INTELLEKTUELLE SCHÄTZE DES REICHTUMS SIND TIEF IM MEISTER VERANKERT."

Bei der Schöpfung des Menschen ist allein der Geist ein Schatz des Reichtums. Dieser Reichtum bleibt nach hundert, vielleicht sogar tausend Lebenszeiten in der Seele enthalten. Wenn man sich tiefer und tiefer ins Innere zurückzieht, trifft man auf die Seelenbank der Erinnerungen, in der sich verborgene Schätze des Wissens befinden. Wenn man im Inneren sucht, stößt man auf verborgene Schätze aus vielen Lebenszeiten. Während dieser Leben nahm die Seele die Form eines Mannes, manchmal einer Frau an und war vielleicht sogar einmal ein Homosexueller oder dergleichen. Man könnte ein Wissenschaftler, ein Künstler, ein Psychologe, ein Erfinder, ein großartiger Komponist oder ein Mathematiker gewesen sein. Innerhalb dieser Tiefen liegen Spuren reichen Wissens und Informationen. Sehr häufig befindet sich das Geschenk der Inspiration latent tief im Inneren.

Was bedeutet es, zu inspirieren? Dies ist eines der Geschenke, die den Heiligen und den Meistern gegeben werden. Inspiration steht auf einer der Listen des spirituellen Christus-/Buddha-/ Gottesbewusstseins. Es ist eine sehr positive, dynamische, aktive, energetische, machtvolle und selbstermächtigende Kraft oder Schwingung. Sie ermutigt andere, das Beste in sich zum Vorschein zu bringen oder das höchste Ziel bezüglich Gott, dem Selbst und für andere zu erreichen. Inspiration ist das, was vielen Lichtarbeitern heutzutage fehlt. Wenn dies nicht so wäre, gäbe es mehr angehende spirituelle, integrierte Meister in diesen Tagen und zu diesen Zeiten. Die Welt benötigt Inspiration, nicht Verzweiflung. Es gibt genug Verzweiflung in der Welt. Verzweiflung entstammt der Angst und dadurch dem negativen Ego. Wir wiederholen Folgendes tatsächlich häufig in den Aufstiegslehren:

Alle Probleme, welche Probleme du auch immer haben magst, entstammen dem negativen Ego.

Dir fehlt so viel, weil du nicht genügend gibst.
Gib und dir wird gegeben werden!
Dir wird reichlich gegeben werden!
Fürchte dich nicht davor, reichlich zu geben.
Denn dir wurde viel gegeben, damit du sogar noch mehr geben kannst!
Gib Inspiration, inspiriere andere und du wirst inspiriert werden, du wirst reichlich inspiriert werden!
Inspiration bringt tiefe Zufriedenheit mit sich.

Ein Meister wurde geboren, um zu inspirieren, um sich zu erheben und sich zu entwickeln.

In der Bibel heißt es:

„Erhebet eure Herzen, alles ist gut. Folgt nicht dem Weg der Verzweiflung, denn nur wenn jemand erniedrigt ist kann er erhöht werden.“ Er wir sogar emporgehoben. Erhebet eure Herzen. Amen. Halleluja.

Quan Yin spricht hier von diesem „integrierten breit gefächerten Wohlstandsbewusstsein“, indem sie von spirituellen und intellektuellen Schätzen spricht. Ich würde außerdem die psychologischen oder die Schätze des Bewusstseins hinzufügen. Auf der spirituellen Ebene liegt unser Reichtum in der Erkenntnis unserer Identität als Christus, Buddha, das Ewige Selbst, Gott und die sich entwickelnde Seele. Er liegt auch in der Erkenntnis, dass wir nicht nur ein Bewusstsein und ein Unterbewusstsein besitzen, sondern auch ein Überbewusstsein, was kaum jemand auf Erden realisiert. In diesem Überbewusstsein befindet sich auch das Lager allen Wissens, die Akasha Chronik und das Buch des Lebens. In uns befindet sich außerdem der Heilige Geist, der die Stimme Gottes ist und der uns Weisheit und Wissen von den Fundamenten der Erde bringen kann. Wir sprechen hier von Reichtum. Wie Quan Yin sagt, befinden sich in den Tiefen unseres Unterbewusstseins unsere Erinnerungen aus vergangenen Leben, welche die meisten alten Seelen durchliefen, ungefähr zweihundert Leben. Wir besitzen zudem Erinnerungen aus vergangenen Leben unserer Seelenausdehnungen, von unserer Überseele und der mächtigen ICH BIN - Gegenwart, erst der zwölf und dann der einhundert-vierundvierzig. Wir besitzen all den Reichtum, die Weisheit und das Wissen unserer Überseele und der Monade. Wir besitzen zudem die Talente, die Gaben und die Fähigkeiten aus vergangenen Leben und unserer Seelenausdehnungen. Wir sprechen hier von Reichtum. Dann gibt es all die Gaben des Heiligen Geistes, die all denjenigen zugänglich sind, die ihr Leben Gott und seinem Dienst widmen. Es gibt die Gaben des Christus, dem zweiten Aspekt der Dreieinigkeit, was Meister Jesus so perfekt als Beispiel aufzeigte. Wir besitzen außerdem den Reichtum aller Erinnerungen, Gedanken, Bilder und all dessen, was wir jemals in unserem Leben studiert und gelernt haben. Wir sprechen hier von Reichtum. Wir haben auch die Fähigkeit, Informationen zu channeln, sei es intuitiv, telepathisch, hellhörig, poetisch, musikalisch, künstlerisch, bildhaft, von den Aufgestiegenen Meistern, Erzengeln oder Engeln, den christusbewussten Außerirdischen und Elohim, die den Pool des Reichtums, der Weisheit und des Wissens formen, der unbegreiflich ist in Umfang und Größe.

Wir müssen außerdem verstehen, dass wir, indem wir zum integrierten Aufgestiegenen Meister und zum selbst- und gottrealisierten Wesen werden, buchstäblich alles sind und alles haben. Jesus ist dafür das perfekte Beispiel. Er hatte kein Geld und kein materielles Vermögen, doch wurde er zum Christus durch seine eigene Bemühung und dadurch, dass er Gott suchte; und so wurde er eines der reichsten Wesen, das diese Erde jemals kannte. Indem man zum Christus, Buddha, Ewigen Selbst, Atma, Spirit, zur mächtigen ICH BIN - Gegenwart, Monade, realisierten Seele wird, ist man alles und besitzt man alles, denn man hat Gott realisiert. Dies, meine geliebten Leser, ist wahrer Reichtum! Wir empfangen außerdem jeden Tag einen unglaublichen Reichtum. Gute Gesundheit, die Möglichkeit zu dienen, Liebe, wundervolle Lektionen und spirituelle Prüfungen, Freundschaften, Beziehungen, Einkommen, Heilung, Führung, usw. Doch wenn wir nicht die Augen haben zu sehen und die Ohren zu hören, so werden wir den Reichtum, den wir tatsächlich besitzen nicht erkennen.

Lektion 31 - Fülle

„DIE SCHLÜSSEL ZUM HIMMELREICH SIND DIE SCHLÜSSEL ZUR FÜLLE. EIN MEISTER HÄLT DIESE SCHLÜSSEL IN SEINER HAND."

Quan Yin teilt hier mit euch die Geheimnisse ihrer Prinzipien für einen angehenden integrierten Meister. In diesem sehr wichtigen Schlüssel wirst du entdecken, dass die Fülle in deiner Reichweite liegt. Sie wird 12 Schlüssel erwähnen, die du dir für ein reiches Leben bewahren musst. Einige davon wirst du bereits besitzen. Schätze sie. An anderen wirst du noch arbeiten müssen. Jeder Schlüssel liegt in deinem Inneren; du musst dich einfach an den Meister wenden, der den Schlüssel besitzt, und seiner Weisheit folgen. Häufig leben Lichtarbeiter nicht in der Fülle, denn niemand hat ihnen den Weg dorthin gezeigt. Andere sind einfach nur müde und enttäuscht vom Leben und wiederum andere sind leicht entmutigt und geben auf, noch bevor sie beginnen. Mit solchen Einstellungen wird man immer auf der ersten Stufe der Leiter zum Königreich stecken bleiben und nicht weiterkommen. Eine positive Einstellung ist die Energie, die dafür gebraucht wird, den ersten Schritt zu tun. In der Bibel heißt es klar: *„Trachtet zuerst nach dem Reiche Gottes und alles andere wird euch zufallen."*

Mit dieser inneren Einstellung kann man beginnen und dann voranschreiten. Es gibt nur 12 Schritte, die zu unternehmen sind, um die 12 Schlüssel zu sichern:

1. Der Schlüssel zum reichen Leben.
2. Der Schlüssel zur reichen Gesundheit.
3. Der Schlüssel zur reichen Liebe.
4. Der Schlüssel zur reichen Weisheit.
5. Der Schlüssel zur reichen Wahl von Freunden und rechten Beziehungen.
6. Der Schlüssel zur richtigen Art reicher Emotionen.
7. Der Schlüssel zur richtigen Umgebung als Lebensraum.
8. Der Schlüssel zu materiellen Reichtümern.

9. Der Schlüssel zur reichen spirituellen Nahrung.
10. Der Schlüssel zum reichen übersinnlichen Leben.
11. Der Schlüssel zur reichen Gnade und Tugend.
12. Der Schlüssel zu deinem persönlichen Meister/Meistern.

Wie du hierbei vorgehen solltest, wurde teilweise bereits in den vorherigen Prinzipien beschrieben. Es liegt an dir, für dich zu entdecken, wo und wie du dies anwenden willst. Nur der letzte Schlüssel wurde noch nicht eingehend erwähnt. Daher wird sich Quan Yin in diesem Prinzip damit befassen. *Wie man seinen eigenen persönlichen Meister oder seine persönlichen Meister bekommt.* Quan Yin und die anderen Meister meinen, dass ein angehender Meister einen persönlichen Meister benötigt, der ihn auf seiner Reise zurück zu Gott führt.

Wenn der Schüler bereit ist, wird der Meister kommen.
Was macht einen Schüler bereit?

* Zum einen steigt ein leidenschaftlicher Wunsch seitens des Schülers auf, einen Meister zu benötigen und zu wollen.
* Die eigene Suche nach einem bestimmten Meister.
* Häufig gibt es eine besondere Anziehung zu einem bestimmten Meister.
* Manchmal wird der Meister sich dem Schüler nähern.

Was sollte der Schüler dann unternehmen?

* Der Schüler kann die Liste der Aufgestiegenen Meister studieren und etwas aus deren oder dessen Leben herausfinden.
* Wenn der Schüler dann einen Meister gefunden hat, von dem er sich angezogen fühlt, kann der Schüler um Erleuchtung und Bestärkung bitten.
* Der Schüler sollte dann versuchen, mit diesem Aufgestiegenen Meister zu kommunizieren, bis er sich sicher und vertraut damit fühlt.
* Der Schüler sollte dem Meister seine Fragen stellen und warten, bis er diese beantwortet.
* Der Schüler und der Meister sollten diese Beziehung nun fortsetzen und mit der Zeit wird sie sich vertiefen.

Manchmal wird ein Meister nur für eine bestimmte Zeit geschickt, vielleicht um eine Botschaft zu überbringen, und dann übernimmt ein anderer Meister die Führung. Gleich einem Freund ist ein Meister dazu da, um zu helfen. In einigen Fällen bleiben ein oder sogar zwei Meister bei einem Schüler. Zu anderen Zeiten könnte es eine Gruppe von Meistern sein, die eine tägliche und intensive Kameradschaft mit einem Schüler pflegen. Es gibt keine starren Regeln. Die Meister befinden sich im 24-Stunden-Dienst, sind allen empfindungsfähigen Wesen zugänglich, wann immer sie gebraucht werden. Der persönliche Meister unterstützt in allen möglichen Situationen, strebt ständig nach dem höchsten Interesse und dem höchsten Guten der Seele. Es ist wundervoll, einen persönlichen Meister zu haben. Dadurch bekommt der Schüler die richtige Führung und ist nicht mehr von anderen Menschen abhängig, die darin nicht ausgebildet sind.
Suche nach deinem persönlichen Meister, während du dich auf deiner spirituellen Reise entwickelst. Du wirst um Sätze wachsen. Dieses außergewöhnliche Kapitel von Quan Yin enthält den Schlüssel, „die Fülle des integrierten breit gefächerten Bewusstseins" zu empfangen. Ich würde gern kurz über die anderen Schlüssel sprechen, die Quan Yin erwähnt hat. Ein reiches Leben ist ein „Leben der Wunder". Meister Jesus war dafür das perfekte Beispiel. Wie Sananda aufzeigt, sind Wunder natürlich und sie stammen aus dem Wunderbewusstsein, den Wunderemotionen, der Erzeugung von Wunderenergie, von Wundergesundheit und vom Wunderlebensstil. In diesem Wunderzustand des Bewusstseins zu leben bedeutet ein wahres, reiches Leben. Dieses gesamte Buch beschäftigt sich mit reicher Gesundheit. Dieses Wissen entstammt dem Verständnis der wahren Natur der Gesundheit aus dem integrierten breit gefächerten Bewusstsein, und dem Erkennen der 90 % dessen, was die meisten Ärzte und Menschen nicht als die wahre Ursache von Heilung und Gesundheit erachten. Dieses Buch vermittelt dir die Einsicht und die Hilfen, dies in dir selbst zu erlangen und anderen dabei zu helfen, dasselbe zu tun.

Reiche Liebe wird dadurch erlangt, dass du Gott aus ganzem Herzen, aus ganzer Seele und aus deinem ganzen Geist heraus liebst, und indem du deinen Nächsten liebst wie dich selbst. Dies erreichst du, indem du zuerst die Selbstliebe erlangst, dein inneres Kind und dein Selbst liebst. Denn dann musst du nicht nach der Liebe von anderen streben, denn du hast Liebe im Inneren und bist vollkommen und ganz. Es ist außerdem ein Zustand des Reichtums, dir selbst zu gestatten, die Liebe von Gott und den Meistern zu empfangen. Wenn du diese Liebe im Inneren und von Gott erfährst, kannst du rechte Beziehungen mit allen anderen Menschen auf allen Ebenen erleben; zudem mit allen empfindungsfähigen Wesen in allen Reichen, und mit allen lebenden und leblosen Wesen, und mit allen Außerirdischen als ein kosmischer Bürger, ungeachtet dessen, ob sie anders als wir aussehen. Dies, meine Freunde, ist reiche Liebe. Reiche Weisheit wurde im vorherigen Kapitel erklärt.

Reiche, rechte Beziehungen erlangt man, wenn man mit sich selbst und mit Gott im Reinen ist. Indem man loslässt vom toten Holz und von den Beziehungen, die einem nicht mehr dienen und man „heilige Beziehungen", spirituelle Beziehungen und Freunde findet. Dies entstammt der Aussage von Meister Jesus, *„nicht den Frieden, sondern das Schwert zu bringen"*. Das Schwert der spirituellen Erkenntnis dessen, die Beziehungen, die dir nicht mehr dienen, in Vergebung und bedingungsloser Liebe loszulassen. Dies geschieht, wenn du deine spirituelle Gemeinschaft findest. Wenn ich mich nicht täusche, ich bin kein Experte im Buddhismus, so meine ich, dass es drei Zufluchten gibt. Die Zuflucht zum Buddha, die Zuflucht zum Dharma (der Lehre) und die Zuflucht zum Sangha (der spirituellen Gemeinschaft). (Quan Yin wird stolz auf mich sein, dass ich mich daran erinnert habe.) Im Christentum nennen sie dies spirituelle Kameradschaft. Komm zum Wesakfest nach Mount Shasta und du wirst diese spirituelle Gemeinschaft, Kameradschaft und Sangha antreffen.

Reiche Emotionen werden durch das Erkennen des Unterschiedes zwischen dem negativen Ego mit seinem trennenden, angstbegründeten Denken und dem Denken des spirituellen Christus-/Buddha-/Gottesbewusstseins auf psychologischer Ebene erreicht. Studiere dazu auch mein Buch „*Seelenpsychologie*". Reichtum bezüglich der rechten Umgebung wird erlangt, indem du zunächst physisch in die geographischen Städte und an die Orte ziehst, die dir am meisten gefallen. Des Weiteren, indem du dein Zuhause in ein spirituelles Christus-/Buddha-/Gottesheiligtum und –tempel verwandelst. Die Akademie hier ist voll von Bildern der Meister, spirituellen Statuen, Kristallen, Heilsteinen usw. Ich sage hier nicht, dass jeder sein Zuhause genauso schmücken sollte, sondern dass man seinen eigenen Weg für ein spirituelles und tempelähnliches Heiligtum finden sollte. Dies kann auch einen wunderschönen Garten mit einschließen. Nutze zudem die richtige Feng-Shui Ausrichtung für deine Gegenstände. Kontaktiere einen Spezialisten in deiner Gegend, der dir dabei helfen kann. Dies ist die Kunst der physischen Dekoration des spirituellen Taoisten.

Spirituelle Reichtümer werden durch das Verstehen der Gesetze der Manifestation erlangt. Lerne, um diesen Reichtum zu beten und deine persönliche Kraft und Selbstmeisterung zu besitzen, um Reichtum zu kreieren; dein Unterbewusstsein mit Affirmationen und kreativen Visualisierungen des Reichtums zu programmieren; mit Energie zu arbeiten, damit du den Reichtum zuerst energetisch manifestierst, der als ein Magnet für finanziellen und materiellen Reichtum dient; richtige Taten zu unternehmen, um finanziellen und materiellen Reichtum herzustellen; die Energien der Erde und irdische Weisheit zu meistern, um Reichtum zu schaffen; den rechten Lebensunterhalt zu verdienen und Reichtum zu erlangen. Finanzieller, irdischer Reichtum wird erlangt, indem man diese Gesetze versteht und sie systematisch auf disziplinierte Weise der Selbstmeisterschaft mit perfektem Glaube, Vertrauen und Geduld anwendet.

Reiche, spirituelle Nahrung wird erlangt durch das Verstehen dessen, dass *„der Mensch nicht vom Brot allein lebt, sondern von jedem Wort, das aus dem Munde Gottes kommt“*. Dies kann durch Meditation, Gebet, Channeln, Seelenreisen, Träume, Bilokation, spirituelles Studium, dem Wiederholen der Namen Gottes, den Mantras Gottes, Chanting, dem Besuchen der Heiligen unter den Heiligen, dem Anrufen des Lichts und der Liebe Gottes, der Aktivierung der Auferstehung, dem Herabrufen der höheren Chakren Gottes und dem Bitten um innere Führung erreicht werden. Dann wird man vom Wasser des Lebens und dem kosmischen Baum des Lebens genährt werden.

Ein reiches, übersinnliches Leben wird durch die Kultivierung der spirituellen und übersinnlichen Sinne erlangt. Die meisten Menschen denken, dass wir fünf Sinne haben. Dies ist absurd. Wir haben hunderte von Sinnen. Diese beinhalten nicht nur die Hellsichtigkeit, Hellhörigkeit und Hellfühligkeit, sie schließen zudem den inneren Geruchssinn, den inneren Tastsinn, die Intuition, das Wissen, die Psychometrie, den spirituellen Idealismus, die spirituelle Erkenntnis, das Begriffsvermögen, die Schönheit, die Perfektion, das Allwissen, die spirituelle Telepathie, das Channeling, den emotionalen Idealismus, das Reagieren auf Gruppenschwingungen, die Heilung, die göttliche Vision, den aktiven Dienst und die Realisation mit ein, um hier nur einige zu nennen. Diese entstammen den Archiven der Spirituellen Hierarchie und aus Shamballa vom Aufgestiegenen Meister Djwhal Khul.

Es gibt okkulte innere Sinne und mystische innere Sinne. Diese sind allen zugänglich, um kultiviert zu werden und dies geschieht, indem man dieses Wissen hier studiert. Die Entwicklung reicher Gnade und reicher Tugenden wird durch das Entwickeln eines makellosen Charakters kultiviert, der Entwicklung einer rechten, spirituellen Psychologie, Philosophie und eines Glaubenssystems. Indem man das Denksystem des negativen Ego transzendiert und das Denksystem des spirituellen Christus-/Buddha-/Gottesbewusstseins kultiviert und die Gnade und Tugend Gottes, des Heiligen Geistes, der Aufgestiegenen Meister, der Erzengel und Engel und der christusbewussten Außerirdischen herbeiruft.

Die letzte Anrufung eines persönlichen Meisters ist ein interessanter Punkt, den Quan Yin so eloquent beschrieben hat. Es muss zunächst verstanden werden, dass du bereits einen persönlichen Meister hast, noch bevor du überhaupt die Aufgestiegenen Meister anrufst, und dies ist dein Überbewusstsein oder dein Höheres Selbst. Ich messe demütig einen großen Teil meines Erfolgs, die integrierte spirituelle Meisterschaft und meine 22 Ebenen der Einweihung und der Lichtkörper erlangt zu haben, meiner Ausrichtung auf mein Überbewusstsein und mein Höheres Selbst und meiner mächtigen ICH BIN - Gegenwart bei, und zudem meiner direkten Ausrichtung auf Gott, Christus und den Heiligen Geist. Viele Lichtarbeiter richten sich so sehr auf die Aufgestiegenen Meister aus, dass sie Gott, Christus und den Heiligen Geist, ihre mächtige ICH BIN - Gegenwart und die Monade, die Überseele und das Überbewusstsein vergessen. Die Aufgestiegenen Meister bringen eine unerschöpfliche Quelle an Weisheit, Wissen, Führung und Lehren mit sich. Warum also das Rad neu erfinden, das bereits erfunden wurde? Jeder ist bereits schon zum Zeitpunkt seiner Geburt durch die Strahlenanordung mit einem spirituellen Meister verbunden, mit dem Gott einen versieht. Diese steht in Verbindung mit dem Strahl deiner Monade und deiner Seele. Es kann ein jeder der Meister oder der Chohans der sieben Strahlen sein. Man ist dadurch aber nicht eingeschränkt, denn wie Quan Yin sagte, liegt es am freien Willen der inkarnierten Seele und auch an anderen Meistern. Zum Beispiel bin ich eine Monade und eine Seele des zweiten Strahls, dessen Fokus unter anderem in der Unterrichtung/Bildung liegt, doch ich habe auch eine starke Ausrichtung auf Metatron, Meister Jesus, Buddha, Quan Yin und natürlich den Meistern des zweiten Strahls, Kuthumi und Djwhal Khul, neben den weiteren. Ich arbeite direkt mit Gott, Christus und dem Heiligen Geist und meinem eigenen Überbewusstsein und immer auch mit den Aufgestiegenen Meistern. Ich liebe zudem die Erzengel und Engel, insbesondere Metatron und außerdem die christusbewussten Außerirdischen, im Besonderen Lord Arcturus, die Arcturianer und Kommandant Ashtar und das Ashtar-Kommando. Ich rufe außerdem die sieben mächtigen Elohim und den Rat der Elohim an.

Meine Freunde, arbeitet mit ihnen allen mit integriertem breit gefächerten Bewusstsein, um euch der Geistigen Welt und den himmlischen Freunden zu nähern. Warum deine Sichtweise bezüglich der reichen, spirituellen Hilfe, wie Quan Yin so eloquent aufgezeigt hat, begrenzen? So steht es geschrieben, so soll es geschehen!

Lektion 32 - Fülle

„EIN MEISTER, DER DAS PRINZIP DER FÜLLE VERSTEHT, KANN SICH FREUEN UND LÄCHELN.“

Heutzutage, in dieser Generation im neuen Jahrtausend, einer Ära des neuen Zeitalters, in der so viel Fortschritt vorhanden ist, kann man leider erkennen, dass Freude, Lächeln und eine reiche, glückliche Einstellung nicht immer vorhanden ist. Sogar spirituelle Menschen nehmen das Leben sehr negativ. Es kann an ihren ernsten Gesichtern abgelesen werden. Selten erfüllt die Kraft der Freude oder des Lächelns die Atmosphäre. Aus diesem Grund will Quan Yin den Reichtum der Freude, den Grund für das Lächeln, hervorheben. Das Leben auf Erden sollte für einen spirituellen Meister eine andere Basis besitzen als für einen gewöhnlichen Menschen.

Ich traf einst einen Anhänger des Tao. Er zeigte ständig ein strahlendes, freudvolles, glückliches Gesicht. Ich fragte ihn, warum? Was ist in seinem Glaubenssystem, das ihn so glücklich erscheinen lässt? Vielleicht verpasste ich etwas? Er enthüllte mir dann einige der Praktiken im Ausüben des Tao. Das Tao, so sagte er, kann nicht definiert werden, es ist einfach ein Lebensweg. Es ist flexibel mit dem Fluss der Dinge, man nimmt einen freien Geist wahr und ist für andere keine Last. Man ist auf eine direkte, höhere Ordnung fokussiert. Man ist wahrlich fokussiert und konzentriert sich auf das Sein. Es gibt keine Definition. Doch es gibt bestimmte Eigenschaften wie beispielsweise sich dessen bewusst zu sein, was geschieht und dem dann mit einem offenen Geist Aufmerksamkeit zu schenken. Er erzählte mir dann, wie er eine solch dynamische, offene und strahlende Persönlichkeit entwickelte.

Das erste, was er am Morgen tat, wenn er aufwachte, war zu lächeln. Ja, er begann seinen Tag mit einem Lächeln. Er ist sich dessen bewusst, dass es jeden Tag so viel Fülle zu entdecken gibt. Er übt außerdem das innere Millionen-Dollar-Lächeln aus. Wenn er lächelt, projiziert er dies auf all seine Chakren und sogar seine physischen Organe. Manchmal schaut er in den Spiegel und lächelt sich selbst zu. Er fühlt sich durch und durch gut, ermächtigt mit reichem Leben, glücklich und voller Freude. Meister Jesus wandelte umher und tat „Gutes", heißt es in der Bibel. Er wandelte außerdem umher und munterte die Menschen auf. Zu mehreren Anlässen sagte Jesus: *„Seid guten Mutes."* Warum sagt er dies? Die Bibel zitiert seine Gründe:

Denn dir wurde vergeben!
Denn es ist die Gegenwart von Ihm selbst, Jesus, dem Herrn.
Denn du musst dich nicht fürchten.
Denn durch den Glauben an Gott.

All dies sind sehr gute Gründe für den Menschen, guten Mutes und glücklich zu sein. Warum es also nicht im Gesicht zeigen? Es gibt nichts, worüber man sich Sorgen machen müsste. Wenn Gott für dich ist, wer mag dann gegen dich sein? Freue dich daher! Quan Yin ist sich dessen sehr bewusst und ermutigt alle angehenden Meister dazu, diese freudige Einstellung auszudrücken. Quan Yins Name ist zudem abgeleitet von Freude und Reichtum. Die geliebte Quan Yin zeigt hier einen höchst wichtigen Punkt auf, indem sie von der Bedeutung der Freude und des Lächelns im Leben spricht. Wie ich bereits erwähnt habe, heißt es im Buch des Lebens und in der Akasha Chronik, dass Meister Jesus auf seinem Kreuzweg lachte. Er ist die Wahrheit, der Weg und das Leben. Auch andere Aufgestiegene Meister taten das Gleiche.

Die Gründe, warum man im Leben lächeln, sich erfreuen und lachen kann, liegen darin, dass es zum einen keinen Tod gibt und zum anderen, wenn „Gott, die Aufgestiegenen Meister und die Erzengel und Engel für dich sind, wer oder was kann dann gegen dich sein?" Drittens ist alles, was im Leben geschieht, positiv, im Sinne, dass das, was passiert, passieren muss und dass eine spirituelle Aufgabe und eine Lektion dahinter steht. Viertens, warum sich sorgen, wenn man beten kann? Fünftens, wenn wir integrierte, spirituelle Meister werden, so liegt unsere Sicherheit in unserem Bewusstsein und in Gott. Wie Yogananda sagte: „Gott ist meine Aktien, meine Wertpapiere und meine finanzielle Sicherheit." Die meisten Menschen finden Sicherheit außerhalb ihrer Selbst, statt im eigenen

Bewusstsein und in Gott. Dies bietet jedoch keine wahre Sicherheit. Nur dein eigenes Bewusstsein und Gott sind ewig und können dir niemals weggenommen werden. Sechstens, ein integrierter spiritueller Meister kann loslassen und ist somit in der Lage, über sich selbst und über das Leben zu lachen. Siebtens, der integrierte spirituelle Meister sagt: *„Ich war blind und jetzt kann ich sehen.“* Indem man die wahre Natur des Selbst und des Lebens sieht und erkennt, wie rückständig die Welt die Dinge sieht. Investiere daher dein Bewusstsein, deine Zeit und deine Energie in das Reich Gottes und nicht allein in die Überidentifizierung mit Materie und den weltlichen Dingen.

Es sollte außerdem erwähnt werden, dass es nicht falsch ist, zu Zeiten ernsthaft zu sein, denn einige Lichtarbeiter gehen ins andere Extrem und lachen und machen Witze über alles und verrichten ihre spirituelle Arbeit nicht. Ein wahrer integrierter spiritueller Meister bleibt immer nach seinen besten Kräften in der Selbstmeisterung und in der Selbstdisziplin, doch tut er dies auf freudige Art und Weise. Es ist der richtige Ausgleich zwischen Yin und Yang, Gott und Göttin. Ein integrierter spiritueller Meister ist freudig und glücklich, denn er besitzt vollkommenen Glauben, Geduld und Vertrauen in Gott und seine Gesetze. Worüber sich also sorgen? Ein integrierter spiritueller Meister weiß, dass er hier nur zu Besuch ist und verstrickt sich nicht in das irdische Leben, da es nicht übermäßig wichtig wird. Ein integrierter spiritueller Meister verrichtet seinen Dienst, ist aber nicht „an die Früchte seiner Arbeit angehaftet“.

Ein integrierter spiritueller Meister tut sein Bestes und überlässt den Rest Gott und den Meistern. Er versteht das, was der Universelle Geist durch Edgar Cayce folgendermaßen nannte: „Rechtschaffenheit in den Augen Gottes bedeutet, es zu versuchen.“ Ein integrierter spiritueller Meister ist zu allen Zeiten freudvoll, glücklich und glückselig, denn er ist die Ursache seiner Realität und von anderen Menschen und äußeren Situationen unberührt, es sei denn, er entscheidet sich bewusst anders. Ein integrierter spiritueller Meister erhält seine Freude nicht dadurch, dass er ins Kino geht, sich ein Baseballspiel ansieht, ins Theater geht oder an sonstigen äußeren Dingen teilnimmt, wie es bei den meisten Menschen der Fall ist. Er erkennt, dass Glücklichsein, Freude und innerer Frieden ein „Geisteszustand" ist, eine Sichtweise des Lebens, eine Haltung, die er „wählt" und die er in jedem Augenblick aufrecht erhält, selbst dann, wenn er im Gefängnis wäre. Ein integrierter spiritueller Meister ist glücklich, weil er immer eins mit Gott ist und eins mit seinen Brüdern und Schwestern und er weiß dies und praktiziert es; warum also unglücklich sein, wenn *„Ich und der Vater eins sind"*. Ein integrierter spiritueller Meister ist immer glücklich, denn er hat Vorlieben, aber keine Anhaftungen, und dadurch hat er sein Bewusstsein darauf programmiert, danach zu gehen, was er aus ganzem Herzen, aus ganzer Seele, aus ganzem Geist und aus ganzer Kraft auf allen Ebenen will, doch wenn er es nicht bekommt, so fühlt er sich trotzdem glücklich, denn er ist an nichts angehaftet. Ein integrierter spiritueller Meister ist immer glücklich, denn er lebt in Dankbarkeit all den einfachen Dingen des Lebens gegenüber, welche die meisten Menschen für selbstverständlich halten. Ein integrierter spiritueller Meister ist immer glücklich, denn er richtet sein Bewusstsein und seine Aufmerksamkeit nur auf Gott und er hält seinen Geist fest im Licht. Er hält sein Bewusstsein fokussiert auf das perfekte Ideal, er betet ständig dafür, affirmiert und visualisiert stets dieses Ideal, wann immer er sieht, dass es in der realen Welt nicht vorhanden ist.

Ein integrierter spiritueller Meister ist immer glücklich und erfreut, denn er segnet alles, was im Leben geschieht und dankt Gott dafür. Wie Sai Baba sagte: „Willkommen, Elend." Ein integrierter spiritueller Meister ist immer glücklich, denn er weiß, dass Gott ein Gott der bedingungslosen Liebe und Vergebung ist, und selbst wenn Fehler auftreten, nimmt er Gottes Liebe und Vergebung an und behandelt sich selbst und auch andere so. Und schließlich ist ein integrierter spiritueller Meister immer glücklich, denn er geht das Leben aus dem spirituellen Christus-/Buddha-/Gottesbewusstsein auf integrierte und ausgeglichene Weise an, so dass er stets nur Gott auf allen Wegen und in allen Dingen sieht. Dies gibt ihm *„einen Frieden, der jegliches Verstehen überschreitet"*. Ein integrierter spiritueller Meister weiß, dass er ein reiches ewiges Leben des Dienstes durch die vielen Wohnungen Gottes hat, und er ist jetzt auf Erden glücklich, denn „wahre Freude liegt im Dienste Gottes". Der integrierte spirituelle

Meister bleibt spirituell wachsam, tut dies jedoch mit „freudiger Wachsamkeit“. Er hat das Tao gefunden, welches den Ausgleich in allen Dingen als Yin und Yang darstellt. Er hat die richtige Mischung zwischen Liebe, Weisheit und Kraft gefunden, was ihm erlaubt, seine spirituelle Führungsrolle, seinen Dienst und seine spirituelle Mission mit großer Perfektion zu meistern, und doch genießt er sein Leben und hat Spaß daran. Er hält am Wegesrand an, um den Duft der Blumen wahrzunehmen. Er lebt ein Leben der Integration, das ihm erlaubt, sich in das irdische Leben hineinzubegeben und es zu genießen, ohne angehaftet zu sein. Er hat daher das Beste beider Welten, im Himmel und in der Welt. Er folgt dem Mittleren Weg, wie es Buddha lehrte und er hat kein Bedürfnis, übermäßig asketisch oder hedonistisch zu sein. Er hat das Tao gefunden, den Mittleren Weg.

Die Geistige Welt, die Meister und ich fragen euch, meine Freunde, was es im Leben gibt, worüber man unglücklich sein könnte oder worüber man sich nicht erfreuen könnte? Denn „wir leben und bewegen uns und haben unser Sein in Gott“. Wir sind buchstäblich inkarnierte Götter, und wie Avatar Meyer Baba sagte: „Sorge dich nicht, sei froh.“ Denn die Welt ist nur eine Projektionswand unserer eigenen Gedanken, und jeden Augenblick unseres Lebens entscheiden wir, wie wir denken wollen, ob es Gedanken des Glücks oder der Traurigkeit sind. Wie Buddha in seinen Vier Edlen Wahrheiten sagte, jegliches Leiden kommt von Anhaftungen und von falschen Ansichten. Dieses Buch lehrt dich unter anderem, richtig zu denken, damit du für immer *„diesen Frieden haben kannst, der jegliches Verstehen überschreitet“*. So steht es geschrieben, so soll es geschehen!

Lektion 33 - Fülle

„DRÄNGE DICH ZU DEN REICHEN SCHÄTZEN DES LEBENS VOR. EIN MEISTER UMARMT DAS LEBEN MIT OFFENEN ARMEN.“

In diesem Prinzip meint Quan Yin, dass ein wahrer Meister dem Leben gegenüber und allem, was es beinhaltet, weit offen ist, denn es ist ein Schatz voller „Reichtümer“. Ein Meister scheut das Leben nicht, er strebt voran wie bei einem Rennen. Das Buch der Hebräer sagt, dass man Folgendes tun sollte: *„Wir wollen durchhalten in dem Lauf, zu dem wir angetreten sind. Dabei wollen wir Jesus nicht aus den Augen lassen. Er ist uns auf dem Weg des Vertrauens vorausgegangen und bringt uns auch ans Ziel.... Das wird euch helfen, mutig zu bleiben und nicht aufzugeben.“*

Sehr viele spirituelle Männer und Frauen, selbst Lichtarbeiter, gehen widerwillig auf ihrer Reise. Sie scheinen ängstlich zu sein, das „Leben zu umarmen“ und die reichen Schätze, die es beinhaltet. Es gibt einen Mangel an bestimmter Dynamik und keinen Eifer, dieses Rennen durchzustehen. Die Menschen um dich herum können dies auch erkennen. Das Gegenteil dieses Widerwillens ist Enthusiasmus. Dies ist es, was die Menschen näher zu Gott zieht. Quan Yin lädt uns ein, uns die großartigen Führer der Vergangenheit anzuschauen, die in ihrem eigenen Land, in China, anzutreffen waren. Was war es? Welches Charisma zog tausende von Anhängern, Intellektuellen und Männer der Ehre zu diesen Führern, wie Konfuzius, in ihrer Zeit? Welches Charisma zog tausende in den Osten zum Buddhismus? Und was ist mit Meister Jesus? Wie kommt es, dass das Christentum die Grenzen überschritt und in den Westen kam? Auch die Vorgehensweise der offenen Arme von Paramahansa Yogananda, der seine Lehren der Selbsterkenntnis in den Westen brachte, resultierte in vielen Anhängern. All diese Gruppen und Wege wachsen auch heute noch in großem Umfang an. Warum? Könnte es an ihren Führern, welche die Vorgehensweise der offenen Arme, die das Leben umarmt und Willkommen heißt, liegen? Meister Jesus gibt ein sehr gutes Beispiel, wenn er die Müden und Problembeladenen mit offenen Armen einlädt. Er sagt: *„Kommt her zu mir, die ihr mühselig und beladen seid; ich will euch erquicken. Nehmt auf mein Joch und lernt von mir; denn ich bin sanftmütig und von Herzen demütig.“*

Eine solche Einladung präsentiert ein Bild eines Meisters mit offenen Armen. Dies sollte die Einstellung eines jeden Meisters sein. Denn er ist auf eine Art ebenfalls belastet. Indem er selbst durch viele Lebensprozesse gegangen ist, hat ein Meister ein besseres Verständnis über die Probleme und Lasten, die den Menschen niederdrücken. Da er jegliche Lebenssituationen bereits umarmt hat, bereitet dies einen Meister auf seine spirituelle Mission vor, anderen zu helfen und denjenigen die Lasten abzunehmen, die müden Herzens sind. Das Leben mit einer positiven Einstellung anzunehmen ist ein weiterer Prozess im Verlaufe des Lebens. Ein Meister erkennt, dass die Lektionen, die erfahren und verstanden werden müssen, ihm dabei helfen zu wachsen und sich auf der Reise zurück zu Gott zu entwickeln. Schließlich wird dadurch, dass ein Meister, der mit offenen Armen das Leben und all seine Schätze umarmt, gezeigt, dass er sich nicht fürchtet. Angst lähmt die meisten von uns, die das negative Ego noch nicht überwunden haben. Doch die Liebe verleiht den Mut, das Leben zu umarmen.

Quan Yin legt einen weiteren sehr wichtigen Punkt dar, indem sie darüber spricht, wie ein Meister das Leben mit offenen Armen annimmt. Denn ein Meister lebt, wie bereits erwähnt wurde, im bedingten Loslassen. Er ist den Dingen nicht angehaftet, ist jedoch auch nicht zu distanziert, wie es einige Lichtarbeiter, besonders im Osten, sind. Er lebt mittendrin, wie Meister Jesus es demonstriert hat. Der wahre integrierte spirituelle Meister steht voll im Leben, in Beziehungen, in Liebesbeziehungen, wenn er sich dafür entscheidet, im Dienst, in der spirituellen Führung, im planetaren Weltendienst und im Einsatz für die Gesellschaft. Jeder kann ein Meister sein, sich in einer Höhle, einem Tempel oder in einer Wohnung verstecken, denn dann ist er nicht in das Leben involviert. Und somit gibt es auch keine spirituellen Prüfungen oder Lektionen. Der wahre integrierte spirituelle Meister ist in der Lage, seine Meisterschaft, seine Klarheit, sein spirituelles Christus-/Buddha-/Gottesbewusstsein aufrechtzuerhalten und selbst sein Involviertsein in das irdische Leben auszubalancieren. Er hat seinen Kopf in den Wolken und seine Füße fest auf dem Boden. Er ist gekommen, um den Himmel auf Erden zu bringen und um zu helfen, das Neue Jerusalem und das Goldene Zeitalter auf diesen Planeten zu bringen und seine Priorität ist nicht sein eigener Aufstieg. Er ist voller spiritueller Leidenschaft und spirituellem Enthusiasmus. Er ist symbolisch Feuer und Flamme für Gott und er manifestiert dies auf integrierte und ausgeglichene Art und Weise, indem er seine Brüder und Schwestern, alle empfindungsfähigen Wesen und alle lebenden und leblosen Objekte so betrachtet. Sein spiritueller Enthusiasmus und seine spirituelle Leidenschaft ist auf positive Weise „ansteckend". Er liebt nicht nur den Himmel, sondern auch das materielle Universum und die Erde, denn er erkennt, dass das materielle Universum einer der sieben Himmel ist. Er erkennt Gott durch alle seine vier Antlitze (spirituell, mental, emotional und materiell). Er ist wahrlich ein Meister unter Meistern, denn er erkennt Gott durch das breit gefächerte Bewusstsein in allen vier Antlitzen und ist dabei immer noch in der Lage, seine Selbstmeisterung aufrechtzuerhalten und die Ursache seiner Realität zu bleiben. Er liebt das Erdenleben und betrachtet es nicht als Gefängnis, wie es einige Lichtarbeiter tun. Er besitzt eine aufrichtige Liebe für seine Brüder und Schwestern und er will den Menschen aus der Güte und Aufrichtigkeit seines Herzen heraus wahrlich helfen.

Er bleibt in einem einschließenden, nicht im ausschließenden Bewusstseinszustand, der alle Menschen, Rassen, Glaubensbekenntnisse, Farben, Religionen, spirituellen Wege, Gurus und spirituelle Lehren akzeptiert, denn der integrierte spirituelle Meister sieht jenseits der Formen die wahre Essenz der Dinge; die Seele und den Geist, die alles durchdringt. Er liebt es, zu lachen und Witze zu machen, während er immer noch seine Arbeit auf höchst effektive und meisterhafte Weise verrichtet. Er umarmt das Leben offen und ganz, denn er sieht alles, und ich meine alles, als Inkarnation Gottes an. Dies schließt mit ein: Pflanzen, Tiere, Steine, Maschinen, Natur, Menschen, die Sonne, den Mond, die Sterne, den Himmel, die Erde, die Luft, den Wind, alles. Jegliche Energie wird als Gott betrachtet und somit sind alle Dinge eine Inkarnation Gottes. Dem Leben gegenüber nicht vollkommen offen zu sein wäre im Grunde so, als würde man Gott ablehnen, denn Gott ist alles. Ich denke, dass du sehen kannst, was für einen wichtigen Punkt die geliebte Quan Yin hier aufbringt.

Lektion 34 - Fülle

„SEINE EIGENEN REICHEN SCHÄTZE DER BEDÜRFNISSE UND NEIGUNGEN ZU ERKENNEN UND ZU AKZEPTIEREN, IST EIN ZEICHEN EINES GROSSEN MEISTERS."

Quan Yin bringt uns dazu, uns den Realitäten in unserem Leben zu stellen. Wir nähren die reichen Schätze in uns. Ein großer Teil der Polaritäten, die wir zur vollen Entfaltung kommen lassen, stützen sich auf solche Bedürfnisse und Neigungen. Es ist gut, wenn wir uns ihnen stellen. Doch aus diesem Reichtum heraus sollten wir in der Lage sein, das auszuwählen, was wir behalten und was wir beseitigen sollten. Einige unserer Bedürfnisse und Neigungen sind positiv, während andere negativ sind. Es ist wichtig, das Durcheinander in unserem Leben zu beseitigen. Einiges davon befindet sich im Bereich des Geistigen oder des Intellektuellen. Andere Dinge könnten emotional und sogar physisch sein, wie z.B. Menschen. Es gibt Zeiten, in denen wir das Durcheinander der Menschen in unserem Leben, die wir eigentlich nicht mehr brauchen, auflösen müssen. Es bedeutet nicht, dass wir sie nicht mehr lieben sollen. Nein, das ist nicht das, was gemeint ist. Es bedeutet, dass eine solche Beziehung weder zum höchsten Guten noch von höchsten Interesse ist. Unsere Zeit und die Energie, die wir mit diesen Menschen verbringen, hat ihre Bedeutung und ihren Sinn verloren und es ist daher an der Zeit weiterzugehen. Dies ist die Zeit, zu der man das Loslassen üben sollte. Welche Lektionen auch immer untereinander gelernt wurden, sie sind nun vorbei. Was an Karma bezahlt werden musste, ist nun erledigt. Es ist nun die Zeit zur Beendigung gekommen. Wenn wir beginnen, dieses Durcheinander aufzuräumen, fühlen wir uns zudem frei, um wieder zu atmen. Indem wir diese Art von Durcheinander an Bedürfnissen entfernen, werden wir beobachten können, wie einige unserer Neigungen sich verringern und wir andere reiche Schätze, die für uns bereit stehen, heben können. Es scheint, als ob diese Schatztruhe stets neue Reichtümer beinhaltet, wie z.B. Freunde, neue Bekanntschaften, neue Interessen, immer Weiteres zu lernen und mehr Lektionen zu durchlaufen, die unser Evolutionswachstum beschleunigen.

Quan Yin möchte, dass wir diesen Punkt in unserem eigenen Prozess erkennen. Wenn wir Bedürfnisse entdecken, merken wir, dass diese häufig von Neigungen begleitet werden. Doch die Frage, die wir uns stellen müssen, lautet: Brauchen wir wirklich das, was wir zu brauchen meinen? Wird dadurch noch mehr Durcheinander entstehen? Und ist die Neigung hinsichtlich der Aufrechterhaltung des Bedürfnisses nutzbringend für uns? Um einer Neigung nachzugehen brauchen wir einen Anstoß. Es ist wichtig, dass wir uns selbst diesen Anstoß geben und nicht abhängig sind von anderen, um dieser Neigung nachzugehen. Und es ist außerdem wichtig, dabei nicht zu heftig mit uns selbst vorzugehen. Sehr häufig ist das Verhalten des Menschen sehr fordernd, weil er zwanghaft ist und alles in dem Ausmaß erhalten will, wie er die anderen zwingt. Dies ist auf das negative Ego zurückzuführen: Ich will, was ich will und ich werde es haben, selbst wenn dies bedeutet, dass du aus dem Weg gehen musst, denn ich komme und du sollst zur Seite gehen.

Neigungen saugen viel Energie auf. Im chinesischen Tai Chi manipuliert der Arzt die Luft, um den größten Nutzen aus ihr zu ziehen. Es ist das gleiche wie die Manipulation von Energie, um etwas für uns zu gewinnen. Kung Fu hat ein Grundsystem: es versucht, die Energie des Feindes zu manipulieren, um sich selbst mit dem geringsten Aufwand zu verteidigen. Wir können von diesem Prinzip der Kampfart lernen und es hinsichtlich unserer Neigungen anwenden. Wir bringen unsere eigene Energie auf, um die Energie für unser Ziel zu manipulieren. Es liegt an uns, einen Weg zur

Manipulation zu finden, ohne zu viel von unserer eigenen persönlichen Energie oder sogar von unserer eigenen persönlichen Kraft zu verlieren. Lasst uns bei der Entdeckung unserer reichen Schätze der Bedürfnisse und Neigungen wachsamer sein. Die geliebte Quan Yin zeigt hier einen sehr wichtigen Punkt des Lebens hinsichtlich Bedürfnissen und Neigungen auf,. Ein integrierter spiritueller Meister folgt dem Motto: „Erkenne dich selbst." Durch umfangreiche Selbsterforschung, Selbstbeobachtung, Charakteranalyse, Kenntnis, Selbstentdeckung, absolute Ehrlichkeit mit sich selbst, Selbsterkundung, usw. hat ein integrierter spiritueller Meister das entdeckt, was sich in seinem Bewusstsein und in seinem Unterbewusstsein befindet. Er hat dies nicht nur entdeckt, er hat zudem das Bewusstsein darauf umprogrammiert, in Harmonie mit dem Überbewusstsein zu denken, und er hat das Unterbewusstsein dazu programmiert, in Harmonie mit dem Bewusstsein zu denken und zu fühlen. Auf diese Weise wirken diese drei Bewusstseinsebenen als Einheit.

Ein integrierter spiritueller Meister bleibt ständig freudig wachsam, um sicherzugehen, dass jedes Bedürfnis, jeder Wunsch, jede Absicht, jeder Impuls, jegliche Gedankenmuster und Neigungen mit dem Göttlichen im Einklang sind. Dies wird Leben durch Gnade genannt, anstatt ein Leben durch Karma oder die Schule der harten Schläge. Dies ist nichts, was über Nacht erreicht wird, denn es benötigt viele lange Jahre der spirituellen und psychologischen Übungen, des Studierens und der Anwendung, um es zu erreichen. Ein integrierter spiritueller Meister strebt danach, Vorlieben statt Anhaftungen und Wünsche statt Bedürfnisse zu haben. Er strebt danach, dass seine einzige Neigung in der Selbst- und Gotteserkenntnis liegt. Wenn dies in der richtigen Perspektive geschieht, dann werden alle anderen Wünsche, Vorlieben und Neigungen zu Nebensächlichkeiten neben dieser hauptsächlichen Neigung.

Es muss erwähnt werden, dass das negative Ego sehr trickreich ist und viele in der New-Age-Bewegung und Religion, die meinen, dass diese beschriebene Haltung ihr Antrieb sei, werden in Wahrheit vom Trieb des negativen Egos nach Macht, Berühmtheit, Gier, Sex, Eitelkeit, Selbsterhöhung usw. geleitet. Eine der wichtigsten

Qualitäten, die man erreichen sollte, um dies zu erkennen, ist die Reinheit Gottes. Man muss in der Lage sein, „absolut ehrliche" Selbsterforschung und Selbstbeobachtung durchzuführen. Man muss eine effiziente Wahrnehmung des Selbst und der Realität entwickeln. Man muss das negative Ego mit seinem angstbegründeten, trennenden Denken und Fühlen überwinden und es mit dem spirituellen Christus-/Buddha-/Gottesbewusstsein ersetzen, um dies auf integrierte und ausgeglichene Weise zu erreichen. Um die Reinheit Gottes von Mutter Maria zu erlangen, die mit einer Krone auf ihrem Kopf, welche mit 12 Sternen verziert ist, schwanger mit dem Christuskind auf dem Mond steht, muss man die 12 Schulen, Universitäten und Herausforderungen des Lebens meistern, ohne die traditionelle Astrologie als Vorbild zu nutzen. Stattdessen nutzen wir die direkten Lehren der Aufgestiegenen Meister durch ein spirituelles, psychologisches und irdisches Objektiv, um allen Seelen zu helfen, die danach streben, integrierte Aufgestiegene Meister zu werden.

Die Lehren der Aufgestiegenen Meister wurden aus diesem Grund „die Raketen zu Gott" genannt. Die Geistige Welt, die Meister und ich streben danach, 144.000 integrierte spirituelle Meister zu bekommen, um den neuen Himmel auf Erden zu erschaffen. Gibt es Freiwillige? Wenn ja, dann kümmere dich um das Geschäft des Vaters und erfülle deine spirituellen Hausaufgaben in bedingungsloser Liebe und Freude, denn „Viele werden gerufen, doch nur wenige entscheiden zu hören." Die Schlüsselfrage lautet: *„Hast du die Augen zu sehen und die Ohren zu hören?"* Die Vergangenheit ist unwichtig, denn alles wurde vergeben und alles sind Lektionen. Die Frage wird jetzt gestellt. Entscheide noch mal erneut. Du bist in Wahrheit das „Licht der Welt" und die Welt braucht dein „Licht und deine Liebe". „Möge die Kraft mit dir sein und du bist die Kraft." So steht es geschrieben, so soll es geschehen!

Lektion 35 - Fülle

„EIN GROSSER MEISTER HAT ZUGANG ZU SEINEN EIGENEN GABEN UND TALENTEN. ER ERWEITERT UND VERMEHRT SIE."

In diesem Prinzip deutet Quan Yin auf die Wichtigkeit hin, unsere eigenen Gaben und Talente mit tiefer Demut zu erkennen. Sie sollten als Gnade angesehen werden, als Gunst Gottes zum Zwecke des Dienens und zur Herrlichkeit Gottes. Manchmal wird ein Wunderkind in diesem Leben auftauchen. Es könnte vielleicht sein, dass dieses Wunderkind sich dieser Gaben, die von Gott stammen, nicht bewusst wurde, oder vielleicht nutzte es sie während seiner letzten Lebensspanne nicht und ihm wurde eine weitere Chance gegeben. Es könnten noch weitere Gründe dafür vorliegen. Talente oder Gaben könnten als Licht betrachtet werden; als Licht für andere, damit sie sehen können. Die Bibel sagt, dass man sein Licht nicht unter den Scheffel stellen sollte, wo niemand es sehen kann, sondern dass man sein Licht über der Welt leuchten lassen sollte, so dass es jeder sehen kann. Könnte es sein, um damit zu inspirieren?

Jeder Mensch besitzt eine besondere Gabe oder ein besonderes Talent. Man muss kein Wunderkind sein. Doch was tut man mit diesem Talent? In der Bibel gibt es einige gute Beispiele. Es steht geschrieben:

„Es ist wie bei einem Mann, der verreisen wollte. Er rief vorher seine Diener zusammen und vertraute ihnen sein Vermögen an. Dem einen gab er fünf Zentner Silbergeld, dem anderen zwei Zentner und dem dritten einen, je nach ihren Fähigkeiten. Dann reiste er ab. Der erste, der die fünf Zentner bekommen hatte, steckte sofort das ganze Geld in Geschäfte und konnte die Summe verdoppeln. Ebenso machte es der zweite: zu seinen zwei Zentnern gewann er noch zwei hinzu. Der aber, der nur einen Zentner bekommen hatte, vergrub das Geld seines Herrn in der Erde.

Nach langer Zeit kam der Herr zurück und wollte mit seinen Dienern abrechnen. Der erste, der die fünf Zentner erhalten hatte, trat vor und sagte: „Du hast mir fünf Zentner anvertraut, Herr, und ich habe noch weitere fünf dazuverdient; hier sind sie." „Sehr gut", sagte sein Herr, „du bist ein tüchtiger und treuer Mann. Du hast dich in kleinen Dingen als zuverlässig erwiesen, darum werde ich dir auch Größeres anvertrauen. Komm zu meinem Fest und freu dich mit mir." Dann kam der mit den zwei Zentnern und sagte: „Du hast mir zwei Zentner gegeben, Herr, und ich habe noch einmal zwei Zentner dazuverdient." „Sehr gut", sagte der Herr, „du bist ein tüchtiger und treuer Mann. Du hast dich in kleinen Dingen als zuverlässig erwiesen, darum werde ich dir auch Größeres anvertrauen. Komm zu meinem Fest und freu dich mit mir."

Zuletzt kam der mit dem einen Zentner und sagte: „Herr, ich wusste, dass du ein harter Mann bist. Du erntest, wo du nicht gesät hast, und sammelst ein, wo du nichts ausgeteilt hast. Deshalb hatte ich Angst und habe dein Geld vergraben. Hier hast du es zurück." Da sagte der Herr zu ihm: „Du bist ein Faulpelz und Taugenichts. Wenn du wusstest, dass ich ernte, wo ich nicht gesät habe, und sammle, wo ich nichts ausgeteilt habe, warum hast du das Geld nicht wenigstens auf die Bank gebracht? Dann hätte ich es jetzt mit Zinsen zurückbekommen. Nehmt ihm sein Teil ab und gebt es dem, der die zehn Zentner hat! Denn wer viel hat, soll noch mehr bekommen, bis er mehr als genug hat. Wer aber wenig hat, dem wird auch noch das Letzte weggenommen werden. Und diesen Taugenichts werft hinaus in die Dunkelheit, wo es nichts als Jammern und Zähneknirschen gibt."

Dies ist eine mächtige Lektion. Jedes Talent und jede Gabe sollte genutzt und weiterentwickelt werden. Dies ist ein wahres Zeichen eines Meisters. Die geliebte Quan Yin verweist hier auf einen sehr wichtigen Punkt. Ein integrierter spiritueller Meister nutzt seine Gaben und Talente, die Gott ihm gegeben hat und indem er sie nutzt, werden ihm noch weitere dazu gegeben. Indem er sie nutzt, vermehrt er sie. Ein integrierter spiritueller Meister arbeitet ständig daran, seine Liebe, Weisheit und Kraft und alle Gaben und Talente zu vermehren, damit er Gott, Christus, Buddha, Atma und dem

Ewigen Selbst immer näher kommt, und von größerem Dienst für seine Mitbrüder und –schwestern und für alle empfindungsfähigen Wesen sein kann. Die Gaben und Talente eines integrierten spirituellen Meisters stammen aus vielen verschiedenen Bereichen. Einige stammen aus vergangenen Leben, einige wurden in diesem Leben entwickelt, einige erhielt er auf Nachfrage und sie wurden ihm dann zuteil und einige konnten ihm als besondere Gabe Gottes für eine bestimmte spirituelle Mission verliehen werden. Ich fragte einst Gott nach den erstaunlichen Gaben, Talenten und Fähigkeiten des Meister Jesu und mir wurde gesagt, dass ein Teil davon eine besondere Dispensation Gottes war, auf Grund der einzigartigen und wichtigen spirituellen Mission, die zur damaligen Zeit in der Geschichte so dringend benötigt wurde. Ich fand dies sehr interessant. Moses wurden ebenfalls besondere Gaben und Talente verliehen, damit er seine Mission erfüllen konnte.

Gaben und Talente können durch unseren eigenen freien Willen, persönliche Kraft und Bemühungen verstärkt und vermehrt werden, wie auch auf Wunsch durch die Geistige Welt und die Meister. Wir haben zudem die Gaben und Talente, die wir noch nicht aus den Tiefen unseres Unterbewusstseins gehoben haben, die durch Meditation und Gebete zugänglich gemacht werden können, wenn dies der Wille Gottes ist. Das Wichtigste ist, nicht Siddhas oder Macht für die falschen Zwecke anzustreben. Einige trachten danach, um das Selbst zu glorifizieren, Geld zu verdienen oder andere zu kontrollieren. Man sollte nur nach solchen Gaben, Talenten und Mächten streben, mit denen man selbstlos und frei vom Ego seinen Dienst an Gott erfüllen und Ihn preisen kann. Das größte Talent und die größte Gabe von allen ist die bedingungslose Liebe und dies sollte niemals vergessen werden. Es ist außerdem wichtig, nicht die Talente anderer zu beneiden oder darauf eifersüchtig zu sein und auch nicht versuchen, den Gaben und Talenten anderer nachzueifern, wenn diese nicht für dich bestimmt sind. Dies ist sehr wichtig. Es ist auch sehr wichtig, die Gaben und Talente zu entwickeln, in denen du nicht gut bist. Die meisten Menschen versuchen die Gaben und Talente in den Bereichen zu entwickeln, in denen sie bereits entwickelt sind. Sie sind somit sehr stark in einigen Bereichen, doch sehr schwach in anderen. Versuche dein

Selbst in allen Bereichen, in allen sieben Strahlen, in allen Archetypen, in allen zwölf Schulen, Universitäten und Herausforderungen des Lebens, in allen zehn Sephiroth des Baum des Lebens, allen sieben Chakren, allen vier Körpern, allen drei Geistesebenen und Gott und Göttin zu entwickeln. Ein integrierter spiritueller Meister strebt danach, in allem aktiv und der Meister über allem zu sein. Es gibt ein neues Konzept für diese Welt. Du bist eine Inkarnation Gottes, warum sollte dies also unmöglich sein? Verbringe deine Zeit und spirituelle Freundschaft mit denjenigen, die in den Bereichen entwickelt sind, in denen du es noch nicht bist. Dies ist einer der besten Wege, sich selbst zu entwickeln.

Der Schlüssel ist jedoch das berühmte Zitat von Meister Jesus: *„Suchet, und ihr werdet finden. Klopfet an, und es wird euch aufgetan."* Nutze die Entschlusskraft, von der Quan Yin sprach. Entwickle einen unbezwingbaren eisernen Willen. Entwickle eine unglaubliche Arbeitsethik. Wie Djwhal Khul sagte: „Das Genie wird häufig wegen seiner Arbeitsethik vom Durchschnittsmenschen übertroffen." Denke darüber nach, mein Freund, denn dies ist der Schlüssel deiner spirituellen Erhabenheit, nicht der Grandiosität, wie Sananda gern sagt.

Bete zum Heiligen Geist, damit er dir hilft, die Gaben des Heiligen Geistes zu entwickeln. Bete zur Geistigen Welt und zu den Aufgestiegenen Meistern, damit sie dir helfen, all deine außergewöhnlichen Sinne Gottes zu öffnen. Das Wichtigste ist, jegliche Gaben und Talente, die du besitzt, nach bestem Können für den Dienst zu nutzen. Denn wenn du gibst, so wird dir noch mehr gegeben werden. Dies ist das große Gesetz Gottes. Und letztlich sei gesagt, was immer du an Gaben und Talenten besitzt, nutze sie mit Demut und Bescheidenheit. Dies ist der große spirituelle Test und die Lektion für alle Lichtarbeiter und Suchenden auf dem Weg. Denn wie Meister Jesus sagte: *„Diejenigen, die das Selbst erhöhen, werden erniedrigt werden und diejenigen, die das Selbst erniedrigen, werden erhöht werden."* Lasst dies eine Lektion für uns alle sein. So steht es geschrieben, so soll es geschehen!

Lektion 36 - Fülle

„WENN EIN MEISTER AUF REICHE SCHÄTZE DURCH DIE TÜREN IM LEBEN STÖSST, WIRD DIES TORE UND PORTALE FÜR MEHR WISSEN ÖFFNEN."

Das Leben ist voll reicher Türen. Jede Tür ist ein neues Tor zu weiteren Überraschungen. Die Tür kann als eine neue Möglichkeit betrachtet werden. Quan Yin zeigt uns hier, dass das Leben eine Reihe von Möglichkeiten bietet und wenn wir uns dessen bewusst sind, wenn wir diesen Türen gegenüberstehen, so wird es noch viele weitere Möglichkeiten für uns zu erfahren geben. Manchmal wird sich eine Tür vor dir schließen, doch selbst dann ist dies ein Zeichen oder eine Botschaft für etwas. Viele Dinge geschehen hinter verschlossenen Türen, doch es gibt eine sehr bedeutende Tür, die beachtet werden sollte. Folgendes kann im Buch des Johannes gefunden werden: *„Ich bin die Tür; wenn jemand durch mich hineingeht, so wird er errettet werden und wird ein- und ausgehen und Weide finden. Der Dieb kommt nur, um zu stehlen und zu schlachten und zu verderben. Ich bin gekommen, damit sie das Leben haben und es in Überfluss haben."*

Meister Sananda drückt sich selbst als die Tür aus. Er ist die Tür des reichen Lebens. Indem er in der Lage ist, frei ein- und auszugehen, wird der Suchende Weide und reiche Schätze finden. Es gibt auch viele falsche Türen, die uns angeboten werden. Diese könnten in Form von spirituellen Wegen oder so genannten spirituellen Lehren erscheinen. Nicht jede Tür ist zu unserem Vorteil. Es gibt Zeiten, in denen wir einen bestimmten Weg wählen könnten und dann zum Opfer werden. Wir könnten sogar des Wenigen beraubt werden, das wir besitzen. Manchmal werden wir zerstört oder sogar zurückgelassen, um zu sterben. Wir müssen sehr vorsichtig sein, wenn wir eine Tür öffnen, besonders wenn sie neuartig scheint oder wenn wir uns ihrer Popularität nicht bewusst sind. Nicht jede Tür ist eine gute Gelegenheit. Wenn wir nach dem Beständigen und Ewigen suchen, dann können wir uns dessen sicher sein, wenn wir uns für Jesus, den Weg, die Wahrheit und das Leben entscheiden. Wir können uns des reichen Lebens sicher sein, so wie er es uns versprochen hat. Er ist die Tür zum Königreich, so wie es alle Aufgestiegenen Meister sind. Und wir sollten uns auch fragen: Wo ist das Königreich, von dem gesprochen wird?

Es befindet sich in uns, es ist das Königreich im Inneren. Das Königreich kann auch mit einer Wohnung verglichen werden. In einer Wohnung gibt es auch viele Türen. Wir müssen jede Tür der Wohnung eigens auftun. *„Im Hause meines Vaters gibt es viele Wohnungen. Wenn's nicht so wäre, hätte ich dann zu euch gesagt: Ich gehe hin, euch die Stätte zu bereiten? Und wenn ich hingehe, euch die Stätte zu bereiten, will ich wiederkommen und euch zu mir nehmen, damit ihr seid, wo ich bin. Und wo ich hingehe, den Weg wisst ihr.“*

Es gibt Türen zu diesen Wohnungen. Eine Tür könnte sein

Die Tür des Wissens
Die Tür der Intuition
Die Tür der Kreativität
Die Tür der Visualisierung
Die Tür der Affirmation
Die Tür der Führung
Die Tür des Dienens
Die Tür der Autorität
Die Tür der Kommunikation
Die Tür der Erleuchtung

Und es gibt noch viele weitere Türen. Jede Tür ist ein Durchbruch des Öffnens, des Wachstums, des Lernens und der Beschleunigung. Jeder Durchbruch ermöglicht einem Meister, reichhaltige Erfahrungen zu sammeln und Erneuerung zu erfahren. Nach vielen Durchbrüchen erlangt die Seele mehr Bewusstsein und Erleuchtung, bis sie schließlich so weit ist, ein Meister zu sein. Doch wer kann die Tür öffnen? Es steht geschrieben: *„Das sagt der Heilige, der Wahrhaftige, der da hat den Schlüssel Davids, der auftut, und* *niemand schließt zu, der zuschließt, und niemand tut auf.*" Nur derjenige, der heilig und wahr ist und der den Schlüssel Davids besitzt kann die Tür öffnen. Dies ist die Gelegenheit des Meisters. Die geliebte Quan Yin bringt einen sehr interessanten Punkt über die Entdeckung der reichen Schätze von Türen hervor. Diese erscheinen in vielen Formen. Sie können durch Einsichten, Ideen, Offenbarungen, Synchronizität, Wissen, Erkenntnis, Begreifen, Verstehen, Intuition, Inspiration, innere Führung, das breit gefächerte Bewusstsein, das Öffnen des Dritten Auges, übersinnlich, psychologisch, durch Träume, Seelenreisen, Wahrnehmung, Einstellung, Perspektiven, Interpretation, Bilokation, Channeling, Kreativität usw. erscheinen. Jede einzelne Möglichkeit davon öffnet, wie Quan Yin so eloquent aufzeigt, eine Tür zu einer größeren und weiteren Ebene des Bewusstseins, des Lichts und der Liebe.

Diese Aufstiegsenzyklopädie ist mit tausenden dieser Türen gefüllt, wenn du die Augen hast zu sehen und die Ohren zu hören. Einige Menschen haben nicht die Augen, um zu sehen oder die Ohren, um zu hören, wie Meister Jesus sagte, denn sie werden zu sehr vom negativen Ego oder von einer begrenzten Sicht kontrolliert. Es ist ein interessantes Phänomen, dass einige Menschen spirituelle Bücher nicht mit aufnahmebereitem Geist und mit klarem Bewusstsein lesen, sondern durch die Brille des negativen Egos. Folglich sagen sie, wenn sie lesen: „Ich meisterte dies bereits im Frühling 1972." Denn das negative Ego hat das Bedürfnis, überlegen zu sein. Oder sie verurteilen den Inhalt, denn das negative Ego hat das Bedürfnis, alles zu vernichten, außer das, was es benötigt, um sich gut zu fühlen. Lache das negative Ego von der Bühne, bevor du dieses Buch oder jegliches spirituelle Buch liest, und lies die Aufstiegsenzyklopädie mit der Brille deines Höheren Selbstes, des Heiligen Geistes, des Universellen Geistes und des Überbewusstseins. Dann wirst du die Augen haben, um zu sehen und die Ohren, um zu hören. Jeder Durchbruch ist, als ob man durch einen anderen Filter oder eine andere Facette des funkelnden Diamanten Gottes, der du bist, sehen würde. Dies kann man nur, wenn man versucht, so zu sehen und zu verstehen wie es das Überbewusstsein, die mächtige ICH BIN - Gegenwart, der Heilige Geist, Christus, Buddha und Gott tut.

Wie Quan Yin so eloquent zeigt, gibt es viele Türen, die geöffnet werden können, doch man benötigt spirituelle Unterscheidungskraft, welche Tür zu öffnen ist. Viele Suchende und Lichtarbeiter öffnen jede Tür, die sie sehen. Dies könnte verglichen werden mit dem Essen jeglicher physischer Nahrung, ohne dabei zu wählen. Dies würde Bauchschmerzen, Magenverstimmung und jegliche Art von Symptomen verursachen, denn dein physischer Körper will nicht eine jede Nahrung. Das Gleiche gilt für die Spiritualität. Wie Meister Jesus sagte, es gibt viele falsche Propheten und falsche Lehrer. Es gibt viele Wölfe in Schafspelzen. Es gibt viele „weiße Grabstätten, die gefüllt sind mit den Knochen der Toten." Es gibt nur acht integrierte spirituelle Meister auf diesem Planeten, obwohl Millionen auf diesem Planeten behaupten, Selbsterkenntnis und Gotteserkenntnis erlangt zu haben und Avatare, Heilige und Inkarnationen der Aufgestiegenen Meister zu sein, was jedoch nur eine Illusion ist, mit Ausnahme der acht, die dies wirklich sind. Es ist das negative Ego, das dies behauptet, nicht der Geist. Denn das negative Ego mag es sogar, der Beste im spirituellen Sinne zu sein, selbst wenn dies nicht zutrifft.

Wir können sehen, wie korrupt und verunreinigt die traditionelle Religion wurde und die New-Age-Bewegung ist nicht besser. Sie ist voll von Verblendung, Illusion und Maya. Die Menschen glauben, dass sie die Aufgestiegenen Meister channeln, obwohl sie in Wahrheit beispielsweise astrale Wesen und negative Außerirdische channeln. Die meisten sind spirituell fortgeschritten, jedoch im Bewusstsein sehr unklar, was ihr Channeln, ihre Lehren, ihre übersinnliche Arbeit, ihre Heilung, ihre wissenschaftlichen Lehren usw. verdirbt und verunreinigt. Die New-Age-Bewegung ist voll von falschen Propheten, falschen Lehrern, unklaren Channels, unspirituellen Übersinnlichen, zersplitterten Aufstiegssuchern, desintegrierten Aufstiegssuchern, Lehrern, Channels, Wissenschaftlern, Übersinnlichen, Autoren und Heilern. Die Lichtarbeiter werden von der Geistigen Welt und den Meistern zu den höchsten Ebenen des Lernens, wie z.B. diesen hier, geführt, doch dann werden sie abgelenkt und öffnen Türen, die sie nicht öffnen sollten. Sie lesen Bücher oder finden Webseiten mit einer niedrigeren Ebene und werden dadurch ganz verwirrt. Sie verunreinigen ihren Geist und werden verwirrt. Es ist, als würde man sich einen Film voller Bilder über das niedere Selbst und Gewalt anschauen. Dies erniedrigt deine Schwingung und Energie und verschmutzt deinen Geist. Das Gleiche trifft auch auf niedere, desintegrierte, zersplitterte Lehren zu. Die meisten Suchenden besitzen keine spirituelle Unterscheidungskraft und durchschauen diese Korruption nicht, und daher stürzen so viele in spirituellen Führungsrollen die spirituelle Leiter hinunter.

Finde die höchste Ebene der spirituellen, psychologischen, bewussten und irdischen Lehren und bleibe bei ihnen und unterscheide im spirituellen Bereich, wenn es darum geht, was du in dein Bewusstsein lässt. Denn mehr ist nicht besser, wenn es falsche, desintegrierte und zersplitterte spirituelle Informationen sind, die dich nur verwirren werden. Wenn du seltenes, spirituelles Gold von der besten Qualität findest, bleibe dabei. Wenn man einmal ein integrierter, spiritueller Meister ist, kann man die Korruption dieser anderen Lehren, Lehrer und Channels durchschauen. Geh nicht in die Falle, etwas für wahr zu halten, nur weil es gechannelt ist. Nichts könnte von der Wahrheit weiter entfernt sein. Nur weil jemand behauptet, die Aufgestiegenen Meister zu channeln oder einer von ihnen zu sein, macht es dies nicht zur Wahrheit. 99 % all derer, die dies behaupten, sind es nicht.

Der Großteil der Menschen auf der Welt, inklusive der New-Age-Bewegung, wird vom negativen Ego und vom limitierten Filtersehen geleitet und die Lichtarbeiter müssen sich dessen bewusst sein, und dies schließt die meisten der gut bekannten spirituellen Führer mit ein. Dies soll nicht als Verurteilung verstanden werden, sondern als spirituelle Tatsache, und Lichtarbeiter wären gut damit beraten, wenn sie eine größere spirituelle Unterscheidungskraft hätten. Ich sage nicht, dass dies bei allen zutrifft, doch bei einer großen Anzahl tut es das. Die meisten sind spirituell, oder wenn es um bestimmte spirituelle oder übersinnliche Talente geht, hoch entwickelt, doch im Bewusstsein und in der spirituellen Psychologie sind sie unterentwickelt, was sie zu Fall gebracht hat. Wäge daher spirituell genau ab, wenn es darum geht, welche Workshops du besuchst usw. Qualität ist besser als Quantität. Ein ausgefallener spiritueller

Name macht keinen Meister noch tut es eine gute, dreidimensionale Fähigkeit für Werbung oder eine Kampagne. Man sollte sehr vorsichtig sein, wen man als seinen Lehrer ansieht, andernfalls übernimmt man leicht die toten Winkel, das negative Ego und die Unausgeglichenheiten und den Mangel an Integration des Lehrers oder des Channels. Entscheide dich daher nur dafür, die Tür zur höchsten Ebene zu öffnen. Nutze deine spirituelle Unterscheidungskraft, starke Intuition und bete zu Gott, Christus, dem Heiligen Geist, zu deiner mächtigen ICH BIN - Gegenwart und zu deinem Überbewusstsein und den Aufgestiegenen Meistern, Erzengeln und Engeln, um dir zu helfen, dich in die richtige Richtung zu führen. Sogar der Anti-Christ wird sich als spiritueller Lehrer zeigen. Der Weg zur Hölle ist mit guten Absichten gepflastert. Nur ein wenig zu wissen ist eine gefährliche Sache. Diese Aufstiegsenzyklopädie wird dir enorm dabei helfen, deine spirituelle Unterscheidungskraft aufzubauen und dein Drittes Auge zu öffnen und die Korruption und Verunreinigung dieser Welt zu durchschauen.

Erkenne stets, dass du in anderen nur das sehen kannst, was du in dir selbst siehst. Wenn du also das negative Ego mit seinem angstbegründeten, trennenden Denken und das limitierte Filtersehen in deinem Inneren noch nicht überwunden hast, wirst du nicht, ich wiederhole, wirst du nicht in der Lage sein, es in anderen zu sehen, auch wenn dein negatives Ego dir in diesem Augenblick sagt, dass du dies könntest. Das Potenzial für Selbsttäuschung im Bewusstsein ist astronomisch hoch. Denn was immer wir denken scheint wirklich zu sein. Wenn wir nachts träumen, so scheint dies auch wirklich zu sein, bis wir aufwachen. Die Geistige Welt, die Meister und ich bitten dich, aus diesem „zweiten Schlaf" zu erwachen, dem Schlaf des betrachtenden Lebens vom negativen Ego mit seinem angstbegründeten, trennenden Denken, statt der Wahrnehmung aus deinem spirituellen Christus-/Buddha-/Gottesbewusstsein auf integrierte und ausgeglichene Weise. Denn jeder Gedanke, den du denkst, ist ein Filter, durch den du schaust. Die meisten Menschen sind voll von toten Winkeln und erkennen es nicht. Die meisten Menschen sehen durch die Augen des negativen Egos und erkennen es nicht. Aus diesem Grund sind so viele der spirituellen Führer die spirituelle Leiter hinuntergefallen. Wir alle müssen mit dem Selbst absolut ehrlich sein, um wahrlich die Selbst- und Gotteserkenntnis zu erreichen. Das negative Ego ist sehr trickreich. Die potenziellen Fallen, Hindernisse und Verblendungen sind astronomisch hoch. Daher heißt es in der Bibel: *„Eher geht ein Kamel durch ein Nadelöhr, als dass ein Reicher in den Himmel kommt."*

Wir alle müssen im Geiste reich werden, nicht reich an negativem Ego, Materialismus, limitiertem Filtersehen, Selbstüberschätzung, Selbsterhöhung, falschem Stolz, Narzissmus, Eitelkeit usw. Aus diesem Grund gibt es nur acht integrierte spirituelle Meister auf diesem Planeten. Denk ein bisschen darüber nach, wie mein Freund Djwhal Khul gern sagt. Man kann Gott oder die Aufgestiegenen Meister nicht täuschen. Nur wenn man Gottesreinheit und spirituelle Unterscheidungskraft entwickelt, kann man es durch den Irrgarten der Fallen, Hindernisse und Verblendungen schaffen. Öffne also nur die Tür, die Gott dir zuweist und bleibe bei dieser Tür, die dich wahrlich zum gelobten Land aus Milch und Honig führt, denn in dieser Welt ist sie nicht leicht zu finden, wenn du den wahren Jakob finden willst und nicht eine falsche Illusion.
Wenn du diese Worte liest, dann kennst du die Wahrheit dieser Worte der Geistigen Welt, der Aufgestiegenen Meister und meiner Wenigkeit, denn sie werden nicht nur durch die Meister offenbart, sondern durch die direkte Erkenntnis und Erfahrung und nicht nur durch Theorie. Diese Lehren sind die neuen Offenbarungen der Aufstiegslehren für das neue Zeitalter. Bleibe bei ihnen, wende sie an und verkörpere sie, so wie eine Biene sich vom Honig angezogen fühlt. Denn dies, meine Freunde, ist der spirituelle Honig, den du suchst und das Licht am Ende des Tunnels. Es ist die „Rakete der Aufgestiegenen Meister zu Gott". Buche dein Ticket, indem du dich „um das Geschäft des Vaters kümmerst" und indem du deine spirituellen Hausaufgaben erledigst. Durch treues Festhalten an diesen Lehren wirst du zum lebendigen Christus, lebendigen Buddha, lebendigen Ewigen Selbst und zu einem lebendigen Gott auf Erden in absoluter Demut und Bescheidenheit werden, indem du Gott und deinen Brüdern und Schwestern und allen empfindungsfähigen Wesen dienst. So steht es geschrieben, so soll es geschehen!

Lektion 37 - Fülle

„DER ALLES UMFASSENDE GROSSE MEISTER IST DERJENIGE, DER ALL DIESE 37 PRINZIPIEN IN SEINEM LEBEN AUSGEGLICHEN ANWENDET.“

Die geliebte Quan Yin hat dieses Buch natürlich brillant mit dem einzigen Prinzip beendet, das hier angebracht ist – die Notwendigkeit der Meisterung und Integration aller 37 Prinzipien. Dies ist natürlich Teil des Prozesses, was das Sehen aus dem integrierten breit gefächerten Bewusstsein genannt wird. Ein wahrer integrierter spiritueller Meister ist ein Meister der spirituellen, psychologischen, physisch-irdischen und bewussten Ebene. Er erkennt Gott durch alle vier Antlitze (spirituell, mental, emotional und materiell).

Diese 37 Prinzipien von Quan Yin sind die „Schlüssel zum Königreich“. Ein integrierter spiritueller Meister wendet sie an, demonstriert sie, übt sie aus und verkörpert sie alle auf konstante Art und Weise und in Harmonie mit allen Ebenen des Seins. Auf diese Weise wird man zum integrierten spirituellen Meister. Der erste Schritt in diesem Prozess ist, danach zu streben, ein integrierter, spiritueller Meister zu werden. Der zweite Schritt ist, diese Informationen zu studieren, zu verarbeiten, sie zu integrieren, sie zusammenzufassen, die Präsenz Gottes auszuüben, während man dies übt und dies zu verkörpern. Es ist wie bei der Nahrungsaufnahme. Wenn du Nahrung aufnimmst, aber die Vitamine und Mineralien nicht aus der Nahrung aufnimmst und verdaust, dann ist die Nahrung nutz- und wertlos. Das Gleiche gilt für das Channeln und für spirituelles Studieren. Wir müssen die „spirituellen Vitamine und Mineralien“ aus diesem Buch assimilieren, bündeln und integrieren, um sie zu einem Teil unseres Wesens auf allen Ebenen zu machen. Ich würde dieses Quantensprung-Buch von Quan Yin gern mit einem Zitat des Universellen Geistes, gechannelt von Edgar Cayce, bezüglich dem letzten Punkt, den ich

angesprochen habe, beenden. Der Universelle Geist fasste es am Besten zusammen, als er sagte: *„Erlange das Wissen nicht nur für dein eigenes Missgeschick. Erinnere dich an Adam. Erlange nicht das, was du in deiner eigenen Erfahrung und in der Erfahrung derjenigen, mit denen du Tag für Tag in Berührung kommst, nicht kontruktiv umsetzen kannst. Wissen ohne die praktische Fähigkeit der Anwendung könnte zur Sünde werden. Denn das falsch angewandte Wissen führte zum Fall – oder zur Verwirrung – bei Eva.“*
So steht es geschrieben, so soll es geschehen. Amen!

Om Mani Padme Hum!

Kodoish, Kodoish, Kodoish, Adonai Tsabayoth!

Heilig, Heilig, Heilig ist Gott, der Herr der Heerscharen!

„Sei getreu bis in den Tod, so will ich dir die Krone des Lebens geben.“

Amen! Amen! Amen!

Quan Yin fasst ihre großartigen Prinzipien im oben aufgeführten Zitat zusammen. Es reicht nicht aus, nur in einem Prinzip Meister zu sein. Der umfassende Meister, der großartige Meister, ist in der Lage, alle diese Prinzipien in seinem Leben aufrechtzuerhalten und sie auszubalancieren. Es besagt auch, dass es einem Meister an nichts mangelt, obwohl jedes Prinzip, das umgesetzt wird, auch stärker oder geringer ausgebildet als die anderen sein kann. Dies sind die spirituellen Fähigkeiten eines Meisters. Es bedarf der Liebe und Ausdauer. Wenn man Aufopferung in Betracht zieht, dann wurde diese Aufopferung nun in Handlungen der Liebe, der bedingungslosen Liebe, umgewandelt. Dies sind alles reiche, spirituelle Schätze oder Reichtümer, die der Meister im Königreich aufbewahrt, im Königreich, das im Inneren ist. Quan Yin endet mit einer Botschaft an alle angehenden integrierten spirituellen Meister:

„Geliebte Seelen, ihr befindet euch auf dem rechten Weg, dem Weg ins Königreich. Schaut immer in euer Inneres und konzentriert euch auf das Göttliche in euch. Wendet diese Prinzipien in eurem täglichen Leben an, immer mit der Idee, sie zu vervollkommnen. Denn es steht geschrieben:

Seid vollkommen, wie der Vater im Himmel vollkommen ist. Wenn ihr nach Innen schaut, wisset, dass ihr Götter und Göttinnen seid. Habt ihr dies nicht gewusst? Strebt jeden Tag danach, ein Meister eurer selbst und ein Meister für andere zu sein, mit der Absicht, andere auf ihrer Reise zu führen.

Glaubt an euch. Das, wonach ihr strebt, wird zu euch kommen. Habt Vertrauen in euch selbst, dass das Göttliche im Inneren immer da sein wird. Liebt euch selbst, denn ihr seid Gott. Liebt die anderen und erkennt Gott in ihnen.

Namaste!

Ich segne euch mit meiner tiefen Liebe und meinem tiefen Mitgefühl!

Om Mani Padme Hum!"

Über den Autoren

Dr. Joshua David Stone war Doktor für Transpersonale Psychologie und ein anerkannter Ehe-, Familien- und Kinderberater in Kalifornien. Auf der spirituellen Ebene verankerte er die I AM University - einen integrierten Ashram auf der inneren und äußeren Ebene, der alle Wege zu Gott repräsentiert. Er diente als einer der Sprecher der planetaren Aufstiegsbewegung. Dr. Joshua David Stone ging 2005 in die Geistige Welt hinüber.

Kontaktadresse I AM University:

Gloria Excelsias
Postfach 61, A-1041 Wien
Tel: (0043)-1-505-8001
Fax: (0043)-1-505-8002
www.iamuniversity.org
drstone@iamuniversity.org

weitere Bücher von Dr. Joshua David Stone

1. Band: Das komplette Aufstiegs-Handbuch
- Wie man den Aufstieg in diesem Leben erreicht
416 S., gebunden, EUR 29,90 / CHF 54,80 ISBN 3-933470-60-9

2. Band: Seelenpsychologie - Psychologie der Seele
- Die spirituellen Schlüssel zum Aufstieg
448 S., gebunden, EUR 32,90 / CHF 59,80 ISBN 3-933470-61-7

3. Band: Der Pfad des Aufstiegs - Ein Wegbegleiter
288 S., broschur, EUR 22,90 / CHF 39,80 ISBN 3-933470-63-3

4. Band: Aufgestiegene Meister weisen den Weg
- Leuchtfeuer des Aufstiegs
320 S., gebunden, EUR 26,90 / CHF 49,80 ISBN 3-933470-64-1

5. Band: Integrierter Aufstieg
- Offenbarungen für das neue Jahrtausend
448 S., gebunden, EUR 31,90/ CHF 56,80 ISBN 3-933470-65-X

6. Band: Aufstiegskurse
224 S., broschur, EUR 21,90/ CHF 37,80 ISBN 3-933470-66-8

7. Band: Spirituelle Achtsamkeit im Angesicht des Terrorismus
- Enthüllte Wahrheit und Weisheit Gottes!
176 S. broschur, EUR 16,90/ CHF 29,80 ISBN 3-933470-67-6

8. Band: Verborgene Mysterien
448 S., gebunden, EUR 31,90/ CHF 56,80 ISBN 3-933470-68-4

9. Band: Wie man sich vom negativen Ego befreit
320 S., gebunden, EUR 25,90/ CHF 49,80 ISBN 3-933470-69-2

10. Band: Der Integrierte Lichtkörper
288S. broschur, EUR 23,90/ CHF 39,80 ISBN 3-933470-70-6

11. Band: Goldene Schlüssel für Aufstieg und Heilung
248S. Broschur, EUR 23,90/ CHF 39,90 ISBN 3-933470-71-4

Renate Lippert

Das Geheimnis der Bejahungen

Ein täglicher Begleiter
für das
spirituelle Wachstum

Buch, broschur 112S.
EUR 12,90/ CHF 22,80
ISBN 3-933470-12-9

Lippert-Verlag

Saint Germain *Crea und Sananta*

broschur 128 S., EUR 15,90/ CHF 29,80 ISBN 3-933470-08-0

Durchgaben, Anrufungen und Meditationsübungen von SAINT GERMAIN. Eine Beschreibung des Wirkens dieses großen Meisters. Reinigung und Umwandlung mit der Violetten Flamme.

Sananda *Crea*

broschur 152 S., EUR 16,90/ CHF 29,80 ISBN 3-933470-02-1

Eine Zusammenfassung wertvoller Durchgaben und Meditationsübungen von SANANDA, die das Wirken dieses großen Meisters beschreibt.

LICHT - MEDITATIONEN Bd. 1+2 *Sananta*

mit Engeln und Aufgestiegenen Meistern
broschur 128 S., EUR 15,90/CHF 29,80

ISBN Band 1: 3-933470-09-9 / ISBN Band 2: 3-933470-11-0

Die regelmäßige Anwendung dieser Meditationen bewirkt eine Erhöhung der persönlichen Schwingung und unterstützt die eigene geistige Entwicklung. Diese Meditationen umfassen unter anderem Themen wie: Geistigen Schutz, Heilung, Reinigung, Erdung, Licht, Vergebung, Loslassen, Freude, Liebe, Frieden...

El Morya *Crea*

broschur 96 S., EUR 8,90/ CHF 16,80 ISBN 3-933470-01-3

Eine Zusammenfassung wertvoller Durchgaben und Meditationsübungen von EL MORYA, die das Wirken dieses großen Meisters beschreibt.

Maria - Die Ankunft des Lichtkindes *Sananta*

Empfängnis, Schwangerschaft, Geburt

und Kindheit aus geistiger Sicht

broschur 72 S., EUR 8,90/ CHF 16,80 ISBN 3-933470-00-5